"全球史与澳门"系列编辑委员会

主任：许敖敖

委员（以姓氏笔画为序）：
许敖敖　余秋雨　吴志良　陈乃九　张曙光　唐嘉乐　钱乘旦

澳门科技大学人文社会科学研究丛书

本丛书获澳门基金会资助，谨此致谢

社会科学文献出版社
SOCIAL SCIENCES ACADEMIC PRESS (CHINA)

澳门研究丛书 MACAU STUDIES
"全球史与澳门"系列
主编 钱乘旦

治理与秩序
全球化进程中的澳门法（1553-1999）

GOVERNANCE AND ORDER
Macau Law in the Process
of Globalization (1553-1999)

何志辉 / 著

社会科学文献出版社
SOCIAL SCIENCES ACADEMIC PRESS (CHINA)

总序　全球史与澳门

钱乘旦

本系列研究包括两个主题，一是"全球史"，二是"澳门"，这两个主题都不新鲜，但把二者对接起来进行研究结果会怎样？这是个有趣的问题。

"全球史"已经出现几十年了，在中国也早就成为人们熟悉的话语。但什么是"全球史"？仍旧需要简单地阐述。

巴勒克拉夫（Geoffrey Barraclough）说过："现代意义上的世界历史绝不只是综合已知的事实，或根据相对重要性的次序来排列的各个大洲的历史或各种文化的历史。相反，它是探索超越政治和文化界限的相互联系和相互关系。"他非常推崇 R. F. 韦尔的说法：当人们用全世界的眼光来看待过去时，"历史学便成为对相互关系的研究，而不是对事实的研究：研究文化的、社会的和商业的相互关系，以及外交的和宗教的相互关系"。他认为这种历史叫"世界史"（world history）。①

威廉·麦克尼尔（William McNeill）说："交流的网络支撑了每一个社会群体，也渗透全球一切语言与文化的疆界；专注于这个网络，就能在世界范围内理解我们独一无二的历史。"② 他认为

---

① 杰弗里·巴勒克拉夫：《当代史学主要趋势》，杨豫译，上海译文出版社，1987，第 257、258 页。
② William McNeill, "An Emerging Consensus About World History?" www.hartford-hwp.com/archives/10/041.html.

i

交往与互动是世界历史的主要内容，他把它称为"整体史"（ecumenical history）。

杰里·本特利（Jerry Bentley）说："全球史观要求超越对某个社会的研究，而考察更大的地区，考察各大洲的、各半球的，乃至全世界的背景。全球史观还要考察那些对不同社会中人们之间的交流有促进作用的网络和结构。最后，全球史观要求关注各地区、各民族和社会之间的互动交流所带来的长期影响和结果。以全球史观来研究世界历史，旨在寻找一种理解过去历史的方法，为当代世界提供一个意义深远的背景。"① 他认为这样的历史是"全球史"（global history）。

无论"世界史""整体史"还是"全球史"，其表达的内涵实际上是一样的，② 就是把世界作为整体的对象，写各地区、各文明、各种群、各群体之间的影响与互动。如王晴佳所说："全球史强调文明、区域和群体间的交流和互动，这是全球化在历史观念上的体现。全球史的写作是要为全球化在人类的历史进程中定位，在这个意义上，全球史是'大写历史'的复苏和再生。"③

作为历史的一个部分，全球史其实是客观存在的，并不是人们虚幻的想象。相当长期以来，历史学家习惯于做"国家"的历史，而把历史研究置于"国家"的框架之内，所有课题似乎只有在"国家"范围内才有可能存在，"超国家"和"超地区"的问题似乎不可想象。④ 但"超国家"和"超地区"的历史确实是存

---

① 杰里·本特利、赫伯特·齐格勒：《新全球史》，魏凤莲等译，北京大学出版社，2007，第9-10页。
② 有一些学者分析了三种表达方式的差异，在此不赘述。
③ 教育部社会科学委员会秘书处组编《国外高校人文社会科学发展报告2009》，高等教育出版社，2010，第445页。
④ 如果有"超国家"的课题，那也只是在外交史或国际关系史这样的领域，其他历史都被纳入"国家"框架内了。

在的，近几十年国际学术界的进展表明：这一类事例大量发生过，而且继续在发生。然而在过去，它们几乎完全被忘记，或者没有被意识到。① 举一个简单的例子：美洲的发现给世界各地的生活方式带来变化，比如粮食结构发生变化，这个变化引起人口增长，人口增长对世界很多地区的经济、政治发生影响，可能影响到这些地区的历史过程，造成制度和机制的演变。这些演变如果只放在"国家"的框架中加以研究，那么"国内的"原因是人们关注的主题；可是放在"全球史"的框架中，情况就变得复杂得多。类似例子其实很多，"蝴蝶效应"② 在历史上司空见惯，世界上任何一个地方发生的事，都可能造成超出其地域范围的意想不到的影响，只是这些影响在以"国家"为框架的历史研究中被埋没了，"全球史"则要把它们重新发掘出来。由此看来，"全球史"并非只是一种方法，也不仅仅是"史观"；它既是方法，也是史观，并且也是客观的历史存在。

我们一般把麦克尼尔的《世界史》③ 和斯塔夫里阿诺斯（L. S. Stavrianos）的《全球通史》④ 看做全球史的起点；1978年，英国历史学家巴勒克拉夫在为联合国教科文组织主持出版的《社会科学和人文科学研究主要趋势》丛书撰写的历史学卷中，把它们说成是"用全球观点或包含全球内容重新进行世界史写作的尝

---

① 相关的情况我曾在《探寻"全球史"的理念——第十九届国际历史学科大会印象记》中有过介绍，见《史学月刊》2001年第2期。
② "蝴蝶效应"是说某地方一只蝴蝶拍动翅膀，可能在远方的喜马拉雅山上引起反响。
③ W. H. McNeill, *A World History*, Oxford University Press, USA, 1967.
④ 斯塔夫里阿诺斯（L. S. Stavrianos）的《全球通史》包括两部分，上卷《全球通史——1500年以前的世界》（*The World to 1500, a Global History*）第1版，1970，下卷《全球通史——1500年以后的世界》（*The World since 1500, a Global History*）第1版。1966。1988年上海社会科学院出版社将两卷同时推出称《全球通史》，2005年北京大学出版社根据英文第7版重新翻译出版。

试中"最有影响的两本书。① 这两本书的特点是打破自启蒙以来西方史学传统中以"国家"为基础的编纂体系，尽可能抛弃西方中心论，而把"世界"作为历史写作的对象，强调各文明、地区之间的影响与互动。在当时的学术界，造成很大的轰动。

此后，全球史的观点慢慢扩大影响，而逐渐被越来越多的历史学家所接受，更多的人开始用全球史的观念与方法探讨历史问题，发表了越来越多的研究成果。1995年和2000年，两届国际历史科学大会都把全球史定为大会主题，引起全世界历史学家的普遍注意。国际历史学界已成立专业性的全球史学术研究团体，也出版全球史专门学术刊物，如本特利任主编的《世界史》杂志。一时间，全球史在西方学术界形成风气，许多人都以做全球史为时髦。

国内学术界在2000年左右开始注意全球史，有一些文章发表，介绍全球史的观念与方法。② 这以后的几年中，随着知识的传播，全球史逐渐为国内学者所知悉，最终也有人开始尝试用全球史的方法研究一些问题。③ 首都师范大学组建了国内首个"全球史研究中心"，并出版定期刊物《全球史评论》。2011年夏，以全球史为主旨的美国世界史学会（World History Association）与首都师大合

---

① 杰弗里·巴勒克拉夫：《当代史学主要趋势》，第245－246页。
② 我所查到的最早介绍全球史的文章包括：钱乘旦《探寻"全球史"的理念——第十九届国际历史学科大会印象记》，《史学月刊》2001年第2期；于沛《全球化和"全球历史观"》，《史学集刊》2001年第2期；王林聪《略论"全球历史观"》，《史学理论研究》2002年第3期；多米尼克·塞森麦尔《全球史——挑战与束缚》，《山东社会科学》2004年第6期；伊格尔斯、王晴佳《文明之间的交流与现代史学的走向——一个跨文化全球史观的设想》，《山东社会科学》2004年第1期；陈新《全球化时代世界历史的重构》，《学术研究》2005年第1期。
③ 比如首都师范大学出版的定期刊物《全球史评论》第2期（中国社会科学出版社，2009）上发表的专题研究有：何平《中世纪后期到近代初期欧亚大陆的科学和艺术交流》；刘健《区域性"世界体系"视野下的古代两河流域史》；赵婧《葡萄牙帝国对印度洋贸易体系的影响》。

作，在北京召开第 20 届年会，有数百名中外学者参加。

但实事求是地说，中国历史学界之于全球史，迄今仍停留在介绍阶段，真正用全球史来做研究的成果少而又少，几乎可以忽略不计。很奇怪为什么情况会是这样，也许归根究底，一个原因是人们对全球史是什么及怎么做仍感陌生，甚为茫然；第二个原因可能是大家对全球史的意义还是未理解，没有看出它对以往历史研究的空白方面所具有的填补作用。因此，相对于国际学术界，国内的全球史仍处于初步摸索阶段，真正拿出全球史的研究成果，尚需付出巨大努力。

下面谈第二个主题：澳门。

澳门是中国一个特殊的地区，如果不是 15 世纪中叶发生在世界上的某些事件，至今它都会和它周边的广阔地域一样，是广东沿海的一个小海角，不会那样引人注目。

澳门史研究澳门的历史，澳门史之所以值得研究，是因为从 15 世纪中叶起，澳门成了葡萄牙在远东的立足点。由于这种特殊情况，澳门史研究和一般的中国史研究不同，它有三个支脉：1）中国的澳门史研究，2）葡萄牙的澳门史研究，3）其他国家的澳门史研究。

中国的澳门史源头可追溯到 18 世纪中期，若不算县志，最早的文献是印光任、张汝霖的《澳门纪略》。[①] 但真正的研究要到 20 世纪才开始，起初集中在粤澳划界问题上，后来才慢慢扩大到其他方面，1911 年出版的《澳门历史沿革》可能是第一部"澳门通史"。然而在三分之二个世纪中，澳门史研究并没有很大进展，1900－1979 年，只有 27 种与澳门史相关的图书出现，其中有一些没有学术意义。改革开放以后澳门史研究迅速发展，据统计，1980－2005 年，共出版澳门史著作 218 种，其中包括通史、专著、

---

① 印光任、张汝霖：《澳门纪略》，广州萃经堂，1751。

普及读物、档案集等,① 可说进入大繁荣时期。

葡萄牙的澳门史研究从 19 世纪中期以后经久不衰,按吴志良博士的说法,其中重要者有法兰萨（Bento da França）的《澳门史初探》（1888）、徐萨斯（Montaltode Jesus）的《历史上的澳门》（1902）、科龙班（Eudore de Colomban）的《澳门史概要》（1927）、文德泉（Manuel Teixeira）的《澳门及其教区》（16 卷,1940 - 1979）、雷戈（António da Silva Rego）的《葡萄牙在澳门的影响》（1946）、白乐嘉（J. M. Braga）的《西方开拓者及其发现澳门》（1949）、高美士（Luís Gonzaga Gomes）的《澳门历史大事记》（1954）等,② 其中有一些已经翻译成中文。葡萄牙的澳门研究比较集中于澳门的葡人群体，比如他们的政治治理、经济活动等。

其他国家的澳门史研究也是一个重要的分支，1832 年瑞典人龙思泰（Anders Ljungstedt）的《早期澳门史》首开先河，后来也有其他国家的澳门史著述问世，其中以英国、荷兰和德国为多。

总体而言，澳门史研究可以分为两大类，一类把澳门史放在中国史的背景中进行研究，因此是中国史的一个部分（澳门地方史）；一类把澳门史放在葡萄牙史的背景中进行研究，因此是葡萄牙史的一个部分（海外领地史）。中国的澳门史研究基本上属于第一类，葡萄牙的澳门史研究基本上属于第二类，其他国家的澳门史研究可能二者兼有之，但会偏向于第二类。除此之外偶或可见一些视野更宽阔的作品，比如潘日明（Benjamim Videira Pires）的《16 - 19 世纪澳门至马尼拉的商业航线》（1987），但这种情况极为稀少。

以上两类研究都放在国别史视野下，除这两种视野外，是否还有其他视野？是否可以把澳门史放在"世界"的视野下进行观

---

① 相关统计数字可参见王国强《澳门历史研究之中文书目》,《澳门史新编》第 4 册，澳门基金会，2008，第 12 章。
② 详情见吴志良《生存之道：论澳门政治制度与政治发展》，澳门成人教育学会，1998，第 4 页。

察？16世纪中期以后，澳门就处在新形成的世界贸易体系的一个关键交接点上，它连接了欧洲海上贸易网和中国陆上贸易网两大贸易体系，起着东西方文化社会对冲与沟通的作用，中西文明最早在这里接触，并开始博弈。因此澳门的历史地位非常特殊，而澳门的历史也就有了第三个背景，并且是更大的背景，即世界历史的大背景。一旦把澳门的历史放在世界历史的大背景中进行观察，就一定能发现一个新的澳门，即世界历史中的澳门。换一个方向说：如果把澳门作为观察世界史的窗口，那么世界历史也会呈现出新面孔。于是，我们设计了"澳门在全球化和东西方文化交流中的历史地位、独特作用与现实意义研究"系列课题方案，其目标是：在全球史视野下重新审视澳门史，并以澳门为基点观察全球史。

大约十年前，我和现任澳门基金会行政委员会主席吴志良博士在上海一家咖啡馆喝茶，聊到澳门历史，我们都觉得澳门历史很特别，它既属于中国史，又属于世界史，澳门在近代以后的世界上也有过特别的作用，它既属于中国，又属于世界，因此澳门的特殊之处就在于它沟通了中国与世界，在中国与世界之间搭起一座桥。这样看待澳门，我们就觉得澳门的历史需要用一种新的框架来研究，什么样的框架呢？就是全球史框架。

全球史在当时刚刚被国人所接触，在国外也兴盛不久。全球史明显是一个新的学科领域，有很大的发展空间。中国的世界史学科正处在发展的机遇期上，它在观点、方法、视野等方面，都需要有新的尝试。那一次谈话对我的启发很大，我觉得用全球史来做澳门史，一定能打开一个新局面。两年后，我们的设想付诸实行，我们确定了一个真正意义上的全球史课题："15－18世纪澳门在全球贸易体系中的作用"，希望把它做成一个真正的"全球史"。这是本套书中第一个子课题。

再过一两年，澳门科技大学许敖敖校长到北京开全国政协会议，我去看望他，他当时在考虑如何推进学校的学术研究，希望能做出一些有特色的研究工作。我向他叙述澳门与全球史的关系，他听得很认真，尽管他是天文学家，与文科接触不多，但他非常敏感，很快就意识到课题与思路的超前性。当时他说他会回去想一想，想好了与我联系。不久，他就告诉我已决定要做一套全球史，一方面是追回澳门的国际地位，把遗忘的历史找回来；另一方面要推动一个新学科，让全球史也在中国结果。作为一个科学家，他的判断特别敏锐，他认识到文科和理科其实一样，要走学科前沿，才有发展空间。

这样，在2008年，由澳门基金会资助、澳门科技大学立项的"澳门在全球化和东西方文化交流中的历史地位、独特作用与现实意义研究"项目正式启动，共设11个子课题，现在，这11个子课题都可以问世了。回想项目研究的三年多时间，给我们印象最深的是许敖敖校长始终在亲自过问项目的进展，课题组成员曾多次在澳科大开研讨会，每次开会，许校长都从头听到尾，尽管他对历史的细节并不熟悉，但他对把握全球史的理念却紧抓不放——书必须做成全球史，这是他始终不渝的要求。

但正是在这个问题上，作者们面对最大的困难。尽管作者都是历史学专业出身，受过很好的史学训练，但对于什么是全球史，以及如何做全球史，确实心中无数。但一定要把这套书做成全球史，又是大家共同的心愿。所以我们花了很多时间去理解全球史，不断地讨论，相互交流，探讨每一个子课题怎样才能放到全球史的视野下。这些讨论对每一个人都有很大帮助，大家都感到：通过做这套书，自身得到很大提高。

尽管如此，各书之间还是有差异，对全球史的把握各有不同，有些把握得好一点，有些则略显弱。但所有作者都是尽心尽力做这件事的，而且都努力把书做成全球史的成果。迄今为止，中国学术界对全球史仍旧是说得多，做得少，我们希望这套书可以开始改变这个局面。

目录
CONTENTS

第一章 作为研究对象的澳门法制史 …………………… 1
  第一节　视角调整：二元对垒及其演变 …………………… 1
    一　澳门学：从二元对垒到全球史观 …………………… 1
    二　区域史观及其拓展：中国文献回溯 ………………… 5
    三　殖民史观及其摒弃：西方文献回溯 ………………… 16
    四　还原历史：关于澳门学的档案整理 ………………… 38
  第二节　一种进路：全球史观下的澳门法制史 …………… 52
    一　起步中的澳门法制史研究 …………………………… 52
    二　亟待建构一种全球史观的澳门法制史 ……………… 59
    三　全球史观下的澳门法制史研究范畴 ………………… 63
    四　全球史观与其他方法论的融合 ……………………… 68

第二章 共处分治：早期澳门的治理与秩序 …………… 71
  第一节　驱留之间：允准葡人居澳的政策权衡 …………… 71
    一　中葡早期关系与葡人之居澳 ………………………… 72
    二　明朝治澳政策之定型始末 …………………………… 75
    三　葡人居留澳门之历史反思 …………………………… 79
  第二节　主导治理：明政府对澳门的治理措施 …………… 82
    一　设官与讲武：对澳门的政治控制 …………………… 83
    二　地租与兴作：对澳门的土地管理 …………………… 88

三　市舶与关税：对澳门的海关管理 …… 92
　　四　开市与禁私：对澳门的商贸管理 …… 97
　第三节　特别示禁：治理澳门的立法与司法 …… 102
　　一　明代法制及特别立法在澳门的适用 …… 102
　　二　明代司法制度及其在澳门的运行 …… 108
　　三　作为治理对象的"接济澳夷"现象 …… 115
　　四　作为司法实践的"接济澳夷"问题 …… 122
　第四节　有限自治：澳葡政制的形成与拓展 …… 126
　　一　澳葡议事会：有限自治的权力中枢 …… 126
　　二　葡国王权的侵入与总督制之崛起 …… 133
　　三　葡式殖民政制在近代澳门的展开 …… 135

第三章　殖民管治：近代澳门的治理与秩序 …… 142
　第一节　鸦片战争前后的时局与澳葡政府 …… 142
　　一　战争前夕："鸦片帝国"与澳门的关联 …… 142
　　二　禁烟运动：夹在中英之间的澳葡政府 …… 146
　　三　"中立"的骑墙主义：表现及其实质 …… 149
　　四　条约制度与广州外交模式的开端 …… 155
　第二节　殖民宪制：从治理问题到主权问题 …… 161
　　一　议事会衰落与葡萄牙对华政策的调整 …… 161
　　二　一厢情愿：殖民宪制中的澳门定位 …… 163
　　三　首个"澳门章程"及其殖民拓展 …… 167
　　四　梦寐以求：关涉澳门主权的谈判 …… 172
　第三节　《中葡和好通商条约》与澳门地位条款 …… 174
　　一　条约订立与澳门地位条款之源流 …… 176
　　二　所谓"永居管理澳门"的性质问题 …… 183

三　关于"会订界址"效力及相关承诺 …………… 190
　　四　世纪末的焦虑："海外自治"思潮暗涌 …………… 196
第四节　葡国法的延伸适用与澳门法之嬗变 …………… 199
　　一　澳门葡式法律的传统源流 …………… 199
　　二　近代澳门政制的宪制依据 …………… 202
　　三　近代葡萄牙法典法的延伸适用 …………… 206

第四章　地区自治：现代澳门的治理与秩序 …………… 214
　第一节　告别与重构：《澳门组织章程》之诞生与内容 …… 214
　　一　葡国"鲜花革命"与章程的诞生 …………… 215
　　二　两大本身管理机关：总督与立法会 …………… 217
　　三　总督之下/之外：政府架构、司法与财政 …………… 229
　　四　章程的适时修订及其意义 …………… 235
　第二节　迈向高度自治："一国两制"构想及其保障 …… 237
　　一　"一国两制"：文明共生的政治智慧 …………… 237
　　二　《澳门基本法》的制定及其结构 …………… 244
　　三　特别行政区的宪制定位与政治架构 …………… 252
　第三节　法律本地化运动：内涵、回顾与得失 …………… 256
　　一　法律本地化之内涵：基于范畴的争鸣 …………… 257
　　二　法律本地化之使命：目标与范畴 …………… 260
　　三　法律本地化之得失：对过渡期的反思 …………… 267

第五章　结语：两种文化对垒下的治理与秩序 …………… 272
　第一节　开放精神：共处分治何以可能 …………… 272
　　一　开放精神的另类见证 …………… 272
　　二　怀柔意识下的主导治理 …………… 274

三　葡式政制背后的王道因素 …………………… 276
第二节　殖民主义：主权问题何以滥觞 ……………… 279
　一　"双重效忠"面纱下的殖民主义 ………………… 279
　二　治理格局变动下的"分治"真相 ………………… 281
　三　所谓"主权问题"的文化审思 …………………… 285

参考文献 …………………………………………………… 291
后　记 …………………………………………………… 314

第一章

作为研究对象的澳门法制史

第一节 视角调整：二元对垒及其演变

一 澳门学：从二元对垒到全球史观

经四百余年西力东渐，澳门作为华洋共处之地，积淀了丰厚而独特的文化内涵。与悠久的澳门历史相比，"澳门学"在中国虽可溯至1751年印光任、张汝霖合著的《澳门记略》（或作《澳门纪略》），在西方始于1832年龙思泰（Andrew Ljungstedt）的《葡萄牙在华居留地史纲》（*An Historical Sketch of the Portuguese Settlements in China*，今译《早期澳门史》），却自1980年以来才渐呈蔚然，澳门回归前达致高潮，延至当前退潮而更趋理性。学界关于"澳门学"的共识有三：其一，它是以澳门社会为研究对象，既从纵切面研究澳门社会发展过程，亦从横切面研究澳门社会各个方面，从而发现和阐明澳门社会及其发展规律的特殊性；其二，它不是仅仅冠上"澳门"两字的松散学科联合体，而是各学科融会贯通的综合区域学科；其三，它的研究对象不应是简单地包罗万象，也不应一味钻营故纸堆，还应立足于澳门现在和未来的主要问题。① 因此,"澳门学"是一门以研究澳门问题为导向的地区性学科,是一门关于澳门历史文化与社会发展的综合性学科。

结合"澳门学"的内涵,可见澳门法制史研究完全契合其基本宗旨。作为"澳门学"之有机组成部分,澳门法制史研究横贯史学与法学,又有自身的相对独立性。它以历史上的澳门法之制度、实践与文化为主要研究对象,不是孤立而机械的澳门法制发展的描摹,还须融贯相关学科如政治学、社会学、宗教学、人类学、语言学及其他邻近学科,从而全面、理性、深入地考察历史。它也不是一味钻营故纸堆,亦非单纯印证所谓"一切历史都是当代史",② 用心毋宁在以古鉴今,使之成为当代澳门法制建设的历史参照,因而具有无可替代的学术价值与实践意义。有鉴于此,我们需要认真回顾中外学界的相关文献及研究概况,以期推动这一交叉学科的长远发展。

长期以来,包括澳门法制史研究在内的澳门学,在中外学界基本呈现出民族史观与殖民史观的二元对垒的格局。前者基于爱国主义和民族情怀而形成地方志式写作立场,后者基于殖民主义和欧洲中心而形成殖民史式叙事模式。但是,随着当代史学研究从"新文化史"转向更具宽广视野的"全球史",③ 以全球史观来检视和拓展包括澳门法制史研究在内的澳门学,必将凸显越来越

---

① 据澳门史学者吴志良博士介绍"澳门学"之始末,一批致力于澳门研究的学者自20世纪80年代中期开始积极探索,先是举办"澳门文学座谈会"(1986年1月)以及"澳门文化研讨会"(1988年7月),随后于1989年2月25日在澳门东亚大学(今澳门大学)举行研讨会,与各界代表认真探讨建立"澳门学"的可行性。参见吴志良《东西交汇看澳门》,澳门基金会,1996,第37-38页。又见常绍温《从澳门历史文化的特点略谈建立"澳门学"问题》,《文化杂志》第19期,1994,第168-169页。
② 这一命题为意大利著名史学家贝奈戴托·克罗齐(Benedetto Croce)所论,参见克罗齐《历史学的理论和实际》,傅任敢译,商务印书馆,1982,第2页。
③ 关于这一趋势的最新研究,参见蒋竹山《当代史学研究的趋势、方法与实践:从新文化史到全球史》,台北:五南图书出版公司,2012。

可观的学术价值,具有越来越重要的社会影响。

全球史观的新视角,既包含对于全球化进程的宏大叙事,亦可表现为宏大叙事下的见微知著。"全球化"已成当今毋庸置疑的客观事实,亦是未来可想而知的必然趋势,但学术界论及其历史进程(尤其是历史起点),则因各执己见而众说纷纭。有的认为全球化始于古希腊时期,依据是希腊古典文明由此扩散并产生全球性的影响;有的认为全球化始于基督教的诞生,依据是在《圣经》中即有关于世界与人类起源的整体性思想;有的认为全球化始于15世纪以来欧洲的"地理大发现",依据是它作为欧洲原始资本积累时期不仅为世界市场的形成开辟了道路,也结束了世界各地区的割据与孤立状态,使东西方之间连接一体而成真正具有世界性的历史;有的认为全球化始于18世纪欧洲工业革命,依据是它彻底结束各地区和各民族的封闭状态,最终形成的资本主义世界市场加速了经济生活国际化的趋势。而今较为普遍的观点则认为,[1]全球化始于20世纪80年代,依据是以信息技术为中心的技术革命,进一步加速了经济全球化的进程。

伴随人类文明的全球化进程,一种以其为基本考察对象的全球视野和宏观历史思维也应运而生。早在古罗马史学家波利比的《历史》中,对罗马政治史的考述就建立在当时的"世界史"背景中;14世纪伟大的意大利诗人但丁在《论世界帝国》中,则提出"世界史"是世界各个国家和民族的历史。随着民族-国家的建立和兴起,至18世纪中期德国哥廷根学派的一些史学家提出"西方中心论",经黑格尔、兰克、孔德、海斯等人发展而成根深蒂固的历史偏见,即"白种人是世界历史的主角"。[2] 所幸这种偏见在20世纪前期终遭质疑与批判,先是德国历史哲学家斯宾格勒在《西

---

[1] 参见于沛《全球化和"全球历史观"》,《史学集刊》2001年第2期。
[2] 详见郭圣铭《西方史学史概要》,上海人民出版社,1983,第53页以下。

方的没落》中提倡"文化形态史观"（或称"历史形态学"），引入生物学概念而把文化视为历史研究的单位，并描绘出由八种独立的文化系统构成的世界文化图景，以此替代长期以欧洲为中心的"古代—中古—近代"型世界史体系。汤因比的《历史研究》沿袭这种思路，把人类历史看作一个整体，以"文明"或"社会"为历史研究的单位，从世界性的角度阐释人类史上的 26 种文明，认为西方基督教文明仅是其中之一，而各种文明的价值是"相等的"，① 由此反对以"西方中心论"为典型的各种狭隘的、以自我为中心的思维方式和行为方式。

这种试图摆脱"西方中心论"的新型历史观，在 20 世纪 50 年代以来声势日隆。英国史学者 G. 巴勒克拉夫（Geoffrey Barraclough）的《变动中的历史学》（1955）最先明确提出全球史观，指出西方史学需要重新定向，史学家应将视线投射到所有的地区和时代；随后在《当代史导论》（1967）中重申全球史观的全球性和整体性，认为不采用全球性眼光就"不能理解塑造世界史的诸种力量"，② 并在《当代史学主要趋势》（1978）中强调当代史学著作的本质特征就在于它的全球性，世界史研究的重要任务之一是"建立全球的历史观"。③ 除他之外，美国史学家 L. S. 斯塔夫里阿诺斯的两卷本《全球通史》（1970/1982）通过描述 1500 年前后的全球文明，认为采用全球观点来考察世界史是为了适应全球一体化发展的时代需要，④ 试图建立一种崭新的世界史体系；I. 沃勒

---

① 阿诺德·汤因比：《历史研究》（上），曹未风等译，上海人民出版社，1997，第 53 页。
② G. 巴勒克拉夫：《当代史导论》，张广勇、张宇宏译，上海社会科学院出版社，1996，第 2 页。
③ G. 巴勒克拉夫：《当代史学主要趋势》，杨豫译，上海译文出版社，1987，第 242 页。
④ 斯塔夫里阿诺斯：《全球通史：1500 年以前的世界》，吴象婴、梁赤民译，上海社会科学院出版社，1988，第 55 页。

斯坦的多卷本著作《现代世界体系》则认为世界体系是一个具有有机体特征的"社会体系",[①] 他所倡导的"世界体系分析"则通过呼吁"统一学科的历史社会科学"来超越社会科学中的欧洲中心论倾向。

综上可见,"全球史观"的本质特征在于它的全球性,具有全球性和整体性、系统性和联系性、客观性和公正性等基本特征。它不是对以欧洲中心论为核心内容的传统史学修修补补,而是试图超越民族和地区的界限,评判各个时代和世界各地区一切民族的建树,进而重新理解整个世界的历史进程。

二 区域史观及其拓展:中国文献回溯

作为中国固有领土的澳门,因缘大航海时代以来的早期全球化进程,逐渐发展为举世闻名的中外文化交融与华洋共处之地。与西方学界长期盛行的"欧洲中心论"及由此延伸而成的"殖民史观"不同,明清时期关于澳门的记载多属地方志形态,并未充分考虑该地作为华洋共处之地的异质文化。至于近现代关于澳门历史的叙述以及由此衍生的澳门史研究,则大多洋溢着过于浓厚的民族主义情感而使历史真相遭到一定程度的遮蔽。

(一)地方志式:明清时期澳门学的雏形

明清时期中国政府对澳门全权行使主权,相关治理措施(多涉及立法与司法制度)及实践见诸各类史书、方志与其他档案文献。但在卷帙浩繁的史料文献中,对这些内容的记载分布极为零散,除有谕旨、题奏、官衙往来文书等汉文及满文原始档案外,

---

① I. 沃勒斯坦:《现代世界体系》(第1卷),罗荣渠等译,高等教育出版社,1998,第460页。

还见诸正史杂史类、地理方志类、奏议公牍类、类书笔记类、文集诗钞类，林林总总，不一而论。总体而言，明清时期澳门文献少有法政专题，尤其在涉及葡国法律与澳葡内部自治制度时，体察难免浮光掠影，记载多属片言只语，甚或带有志异和猎奇的跨文化想象色彩。

明代澳门史料分布甚广。明嘉靖四十三年（1564）庞尚鹏《陈末议以保海隅万世治安疏》，① 是迄今所见最早记录"澳门"地名、详述葡人居澳情景并提出治理对策的中文文献。万历三十年（1602）郭棐修撰《广东通志》卷六九"澳门"条，亦为后世研究早期澳门的必引之论。② 至于其他涉及明代澳门的文献，如正史杂史类有《明实录》《国榷》《明通鉴》《中西纪事》《广东赋役全书》等，地理方志类有《东西洋考》《广东通志初稿》嘉靖与万历朝《广东通志》嘉靖朝《香山县志》等，奏议文集类有《明经世文编》《名臣经济录》《甓余杂集》《正气堂集》《盟水斋存牍》等，类书笔记类有《万历野获编》《春明梦余录》《贤博编》《粤剑编》等，以及《明清史料》《徐家汇藏书楼明清天主教文献》与《散编海外档案文书》等涉及澳门史料者，③ 可供明代澳门法制史研究参考。

清代澳门史料更为丰厚。成于雍正十三年（1735）的《明史·佛郎机传》，记载早期中葡交往与澳门状况，是后世研究欧亚交通史及早期澳门史的蓝本，但有若干错讹。张维华对此详加勘

---

① 《陈末议以保海隅万世治安疏》又名《区画濠镜保安海隅疏》或《抚处濠镜澳夷疏》，初见庞尚鹏《百可亭摘稿》，后为《广东通志》《明经世文编》《天下郡国利病书》《澳门记略》及多种《香山县志》辗转摘录。相关研究参见汤开建《明清士大夫与澳门》，澳门基金会，1998，第3－4页。

② 参见费成康《澳门：葡萄牙人逐步占领的历史回顾》，上海社会科学院出版社，2004，第20－21页。

③ 关于明代澳门文献汇编，详见中国第一历史档案馆、澳门基金会、暨南大学古籍研究所合编，杨继波、吴志良、邓开颂总主编《明清时期澳门问题档案文献汇编》（第5卷），人民出版社，1999。

校，撰成《明史佛郎机吕宋和兰意大里亚四传注释》；① 戴裔煊亦对此详加考订而撰成《明史·佛郎机传笺正》（中国社会科学出版社，1984）。尤其是前述印光任、张汝霖合著的《澳门记略》，共两卷三篇，上卷《形势篇》与《官守篇》分述澳门地理形势与历史沿革，下卷《澳蕃篇》记澳葡风俗文化，全面介绍澳门历史、地理、海防、官守和租居澳门西洋人的贸易、宗教、文化、风俗、技艺等情况，附插图21帧及400多条中葡对照词语。作为专事澳门历史文化的地方志，该书虽有不可避免的时代局限性，却对澳葡乃至西方政法制度有所认知，为研究早期澳门法制史之重要文献。②

至于其他涉及清代澳门的文献，亦可谓蔚为壮观。正史传记类如《清实录》《清会典事例》《清朝文献通考》《清史稿》《国朝柔远记》等，地理方志类如《海国图志》《粤海关志》《广东海防汇览》历朝《广东通志》及《香山县志》等，奏议公牍类如《清经世文编》《国朝名臣奏议》《抚粤政纪》《林文忠公政书》《张文

---

① 该书最初在1934年由哈佛燕京学社出版，后改名《明史欧洲四国传注释》，上海古籍出版社1982年重刊。
② 印光任、张汝霖均为雍乾年间的地方长官，于乾隆九年（1744）和乾隆十三年（1748）先后出任澳门海防军民同知，治澳多年，通过"历海岛，访民蕃，搜卷帙"收集了大量材料。乾隆十六年（1751），两人在潮州任官时合作完成此书。作为乾隆年间（1736-1795）专记澳门的唯一志书，该书是中国历史上第一部系统介绍澳门的著作，也是研究澳门历史、地理、风物、文化的重要古籍，被选入《四库全书》，是当时政府和世人了解澳门的指南；并对后世产生了很大影响，如《皇清职贡图》关于琉球、佛郎机等附图及文字说明，《粤海关志》有关"夷商"部分，都是参考该书写成，魏源《海国图志》则将其上卷全部和下卷大部分予以收录。该书已知中文版本有12种之多，现存的有乾隆原刊本、嘉庆重刊本、光绪再刊本、1963年台湾重刊本、1988年《岭南丛书》点校本和1992年《澳门记略校注》本等，其全部或部分内容亦被译成日、法、英、葡等文。参见（清）印光任、张汝霖《澳门记略》，赵春晨校注，广东高等教育出版社，1988。该书在1992年由澳门文化司推出繁体版，增补其他版本序跋、作者传记资料等内容。关于该书作者、版本、内容和特色之相关介绍，参见章文钦《澳门历史文化》，中华书局，1999，第271-310页。

襄公全集》等，野史笔记类如《广东新语》《澳门记》《论澳门形势状》《海国四说》《澳门形势论》等，文集诗抄类如《小仓山房诗文集》《三巴集》《香山诗略》《港澳旅游草》《澳门杂诗》等，① 也对澳门环境、对外贸易、城市经济、人口发展和葡人活动，以及明清政府设置守澳官、澳门同知、澳门县丞等官员管理澳门的政策和措施有可资参照的记载。其间涉及中国政府对澳门的主导治理，以及澳葡社会内部进行有限自治的情形，对研究早期澳门法制史与法文化大有裨益。

（二）民族主义与区域史观：近现代澳门学论文概览

自光绪十三年（1887）《中葡和好通商条约》签订与宣统元年（1909）澳门勘界交涉以来，澳门主权问题遂成20世纪前期中国学者关注的焦点。

截至1980年前，国内的澳门研究集中在考证葡人据澳始末及主权交涉事宜，而专题研究澳门法制史之论著并未出现。据不完全统计，民国时期学界相关论文不多。② 1909-1929年间，仅有《澳门之历史》（载《东方杂志》第6卷第4期）等9篇论文，主要内容是介绍澳门历史及划界等问题。1930-1949年间，亦不过是近20篇文章，张维华、梁嘉彬、朱杰勤等堪为代表，③ 主要阐述葡人非法租占澳门始末，申明中国对澳门拥有主权并望政府收回澳门等

---

① 此处所录不过冰山一角，详见《明清时期澳门问题档案文献汇编》第5卷、第6卷。
② 相关统计及介绍参见黄启臣、邓开颂《澳门历史研究概述（代前言）》一文，载黄启臣、邓开颂编《中外学者论澳门历史》，澳门基金会，1995，第2页。
③ 相关代表作包括：张维华：《葡萄牙人第一次来华使臣事迹考》（《史学年报》第1卷第5期），梁嘉彬：《明史佛郎机传考证》（《国立中山大学文史研究所月刊》第1卷第3、4期合刊），陈祖源：《明代葡人入居濠镜略考》（载《历史学报》第10卷第1期），朱杰勤：《葡萄牙人最初来华时地考》（《社会科学》第4卷第12期），梁嘉彬：《论澳门在历史上条约上的地位》（《中央日报》1947年10月27日），等等。

问题。新中国成立至 1980 年前，囿于众所周知的种种原因，国内学界较少投入澳门问题研究。据不完全统计，1950 – 1980 年，国内学界仅有戴裔煊等人发表一些论文，① 主要内容是揭露葡萄牙人把澳门变为殖民地的历史事实。港台地区对澳门法制史亦少关注，相关成果仅有全汉昇等人的数篇论文。② 纵观这一时期的成果，大多申明澳门是中国的领土，论证澳门的主权一直属于中国，考述葡人非法租占澳门的年代及经过，激愤的民族主义情感洋溢于字里行间。

澳门史研究真正获得长足发展，是在 1979 年中葡建交尤其是 1987 年《中葡联合声明》签订后，回归前夕更掀起引人瞩目的"澳门史热"。在此期间，刊载于内地且较具影响的成果，主要有黄文宽、黄启臣、邓开颂、王昭明、韦庆远、费成康、吴志良等人的文章。③ 因应澳门回归之需，1999 年"澳门热"带来相关论文的井喷。此时各类刊物所载相关论文，虽有大量应景之作，仍涌现一批颇具分量的力作。其中涉及澳门法制史及相关问题的成果，主要有汤开建、黄庆华、吕一燃、刘景莲等人的文章。④ 及至

---

① 戴裔煊：《关于澳门历史上所谓赶走海盗问题》，《中山大学学报》1957 年第 3 期。
② 全汉昇：《明代中叶以后澳门的海外贸易》，《中国文化研究所学报》1972 年第 2 期。
③ 这些代表性作品包括：黄文宽：《关于澳门史的考订》，《岭南文史》1983 年第 1-2 期；黄启臣、邓开颂：《明清时期澳门对外贸易的兴衰》，《中国史研究》1984 年第 3 期；王昭明：《鸦片战争前后澳门地位的变化》，《近代史研究》1986 年第 3 期；韦庆远：《澳门在清代康熙时期的特殊地位和作用》，《中国史研究》1992 年第 1 期；费成康：《重评澳门在东西方文化交流中的地位》，《学术月刊》1993 年第 8 期；吴志良：《〈关于葡萄牙人居留澳门的备忘录〉——葡萄牙寻找澳门主权论据的过程》，《近代史研究》1996 年第 2 期；等等。
④ 这些代表性作品包括：汤开建：《明朝在澳门设立的有关职官考证》，《暨南学报社科版》1999 年第 1 期；黄庆华：《有关 1862 年中葡条约的几个问题》，《近代史研究》1999 年第 1 期；吕一燃：《葡萄牙强占澳门与清政府拒绝批准中葡〈和好贸易条约〉》，《中国边疆史地研究》1999 年第 2 期；刘景莲：《从东波档看清代澳门的民事诉讼及其审判》，《清史论丛》2001 年卷；李雪梅：《澳门明清法律史料之构成》，《澳门论学》1999 年第 1 辑；刘小萌：《葡萄牙与〈中葡和好贸易条约〉的签订》，《中国边疆史地研究》2000 年第 2 期；等等。

回归前夕，澳门出版界更欣欣向荣。颇具影响力的期刊如《澳门研究》《文化杂志》《行政》《濠镜》《澳门法律学刊》、《澳门历史研究》及其他涉及澳门法律或历史文化的连续出版物，以及各类学术会议研讨文集，刊发了大量的相关论文及资料。其中涉及澳门法制史及相关问题的研究成果，除吴志良、金国平发表多篇澳门政治制度史及相关论文外，还有邓开颂、谭志强、柳华文、刘迎胜等以及葡国学者如叶士朋、萨安东、阿丰索等人在继续开掘。①

澳门回归后，"澳门热"虽已退潮，澳门史研究依然枝繁叶茂，研究日趋深入，考订日臻详备。涉及澳门法制史及相关问题者，大多刊载于澳门的学术期刊《文化杂志》，② 另外一些作品散

---

① 这些代表性作品包括：邓开颂、余思伟：《澳门拱北海关的建立及其影响》，《澳门研究》总第1期，1993；谭志强：《澳门主权归属争议的国际法分析》，《文化杂志》总第19期，1994；柳华文：《1887年〈中葡和好通商条约〉国际法简析》，《澳门研究》总第10期，1999；刘迎胜：《谢清高与居澳葡人——有关〈海录〉述者谢清高几则档案资料研究》，《文化杂志》总第39期，1999；叶士朋：《多元文化结构下的法律与正义——关于一宗1925年发生的华人离婚案》，《行政》总第23期，1994；〔葡〕萨安东：《1887年〈葡中和好通商条约〉中有关葡萄牙在澳门主权议题诠释问题》，《澳门法律学刊》第2期，1996；José da Conceição Afonso：《20世纪葡萄牙与澳门——城市规划法律史之研究》，《行政》总第42期，1998。

② 刊载于《文化杂志》的代表作品包括：黄启臣：《澳门主权问题的历史审视(1553-1999)》(总第40-41期合刊，2000)，刘景莲：《从东波档中禀文的变化看清朝中葡关系的变化》(总第43期，2002)，杜婉言：《清代香山县丞对澳门的管治》(总第44期，2002)，郭卫东：《论亚玛勒案件与澳门危机》(总第45期，2002)，邱树森：《唐宋蕃坊与明清澳门比较研究》(总第47期，2003)，杨仁飞：《走私与反走私：从档案看明清时期澳门对外贸易中的中国商人》(总第48期，2003)，黄鸿钊：《早期中国政府对澳门的管治与澳门同知的设立》(总第49期，2003)，刘景莲：《吏役与澳门》(总第54期，2005)，侯杰、高冬琴：《经元善避难澳门与晚清政治考辨》(总第54期，2005)，张廷茂：《澳门总督制缘起》(总第58期，2006)，黄鸿钊：《葡萄牙1783年〈王室制诰〉剖析》(总第65期，2007)，乔素玲：《清代条例的效力：以澳门涉外命案的审理为视角》(总第65期，2007)，等等；葡国学者的文章，则有萨安东《皇帝的权威和对抗的象征——万历和乾隆"法典"在澳门》(总第44期，2002)等堪为代表。

见于《澳门研究》《澳门历史研究》等期刊。① 作者队伍除前述学者之外，还有不少目光新锐的研究者陆续加盟。笔者近年亦在澳门各类刊物发表相关论文多篇。② 坚守于此的这些研究者，立场更趋理性，视野更为开阔，成果也更为多样化。至于研究内容，宏观研究方面仍有人在深入考订澳门主权问题史、梳理中葡关系与澳门政治史，微观研究方面则将触角伸至明清澳门官制、政事、司法诸领域。③

除上述论文及著述外，相关学位论文也从无到有，从有到多，从多到深，从深到广，发展态势良好。

在1990年以前，华人学者以澳门史为题材的博士学位论文屈指可数。代表作品有前述张天泽1934年于荷兰莱顿大学完成的博士论文《中葡早期通商史》(Sino-Portuguese Trade from 1514-1644, A Synthesis of Portuguese and Chinese Sources)，另有林子升1978年于香港大学通过的博士论文《16-18世纪澳门与中国之关

---

① 散见于《澳门研究》的法制史文章有：林干：《论清代前期澳门民、番刑案的法律适用》，《澳门研究》总第40期，2007；王巨新：《乾隆九年定例研究》，《澳门研究》总第51期，2009；等等。散见于澳门其他刊物的相关文章，还有叶农：《澳葡殖民政府早期政治架构的形成与演变》，《澳门历史研究Ⅱ》2003年卷；何永靖：《澳门议事亭杂考》，《澳门历史研究Ⅱ》2003年卷；等等。
② 笔者近年关于澳门法制史的系列论文，主要有《明末葡人居留澳门之历史反思》(《澳门科技大学学报》2008年12月)、《共处分治中的主导治理》(《澳门研究》总第51期，2009)、《全球史观与澳门法律史研究》(《澳门研究》总第52期，2009)、《〈中葡和好通商条约〉与澳门地位条款》(《澳门研究》总第54期，2009)、《〈澳门组织章程〉研究》(《基本法研究》2009年总第2辑)、《鸦片战争前后的时局与澳门》(《澳门研究》总第57期，2011)、《明代澳门的特别立法与司法》(《岳麓法律评论》2012年卷)等，另有《从治理问题到主权问题》《近代葡国宪制与澳门地位问题》等论文刊载于各类学术会议论文集。
③ 例如《张汝霖诈贿隐史》《夷目唛嚛哆考正》等文章，参见金国平《西力东渐——中葡早期接触追昔》，澳门基金会，2000；《红棍与红杖》，参见金国平、吴志良《镜海飘渺》，澳门成人教育学会，2001；等等。

系》，霍启昌 1978 年于美国夏威夷大学通过的博士论文《澳门模式：论 16 世纪中至鸦片战争中国对西方人的管理》(*The Macao Formula: A Study of Chinese Management of Westerners from the Mid-Sixteenth Century to the Opium War Period*) 等，皆广泛征引中外文献，对研究澳门法制史具有一定的参考价值。1990 – 1999 年，涉足澳门法或澳门史的博士论文渐增。其间涉及澳门法制史及相关问题者，主要有谭志强、吴志良、费成康、许昌等人的成果。[1]

澳门回归后，学界仍有不少硕士、博士论文涉及澳门法的发展历程。例如，陈卫忠的《澳门公司法律制度比较研究》（中国政法大学，2000 年），张谦的《国际战略大背景下"一国两制"在澳门的成功实践》（中共中央党校，2000），何超明的《论澳门经济法之形成与发展》（北京大学，2002），查灿长的《澳门早期现代化研究（鸦片战争至 1945 年）》（南京大学，2003），何永靖的《澳门早期议事会研究（1586 – 1850）》（暨南大学，2003），赵利峰的《晚清粤澳闱姓问题研究》（暨南大学，2003），卜奇文的《清代澳门与广州经济互动问题研究》（暨南大学，2003），娄胜华的《转型时期澳门社团研究：多元社会中法团主义体制解析》（南京大学，2004），李长森的《澳门土生族群研究》（暨南大学，2005），崔维孝的《明清之际西班牙方济各会在华传教研究（1579 – 1732）》（暨南大学，2005），严忠明的《一个海风吹来的城市——澳门早期城市发展史研究》（暨南大学，2005），唐伟华

---

[1] 这方面的代表作包括：郑杨：《澳门公司法律研究》（中国社会科学院，1992），谭志强：《澳门主权问题始末（1553 – 1993）》（台湾政治大学，1993），孙大力：《关于澳门法律问题》（中国人民大学，1994），吴志良：《论澳门政治制度与政治发展》（南京大学，1997），张廷茂：《16 – 18 世纪中期澳门海上贸易研究》（暨南大学，1997），费成康：《澳门主权丧失始末的研究》（复旦大学，1998），许昌：《条约在特别行政区适用问题研究》（北京大学，1999），等等。

的《清前期广州涉外司法问题研究》（中国政法大学，2006），刘然玲的《文明的博弈——16至19世纪澳门文化长波段的历史考察》（北京大学，2007），王巨新的《清朝前期涉外法律研究——以广东地区来华外国人为中心》（山东大学，2007）等。笔者亦有《澳门法文化的历史考察——论明清澳门的华洋共处与分治》（澳门科技大学，2007年）。上述博士论文已有部分以专著形式正式出版。

（三）民族主义与区域史观：近现代澳门学著述概览

民国时期关于澳门学的著述甚少。除前述张维华等人的著作外，仅有郑师许等少数学者的作品问世。[①] 其中的代表性作品有二：一是张天泽《中葡早期通商史》(Sino-Portuguese Trade from 1514-1644, A Synthesis of Portuguese and Chinese Sources)，[②] 系1934年在荷兰莱登出版的博士论文，作者用中葡资料研究一些带有争议性的问题，旁征博引，论述详备。二是周景濂《中葡外交史》，[③] 这是一部研究澳门早期历史的重要著作，言简意赅，经络毕现，可资澳门法制史研究参考。

[①] 这方面的代表作包括：郑师许的《澳门问题研究》（出版地不详，1911），王仲达：《澳门地图》（商务印书馆，1928），刘万章：《澳门考略》（广州私立女子中学图书馆，1929），等等。

[②] 参见张天泽《中葡早期通商史》，姚楠、钱江译，香港中华书局，1988。全书共七章：第一章，1513年（明正德八年）前中国海外贸易的历史概述；第二章，中葡早期通商史；第三章，外国人被驱逐出中国与禁止对外贸易；第四章，贸易还是不准贸易；第五章，澳门的兴起；第六章，其他欧洲人到东方；第七章，风雨飘摇中的澳门以及中葡贸易之衰落与萧条。但英国史学家博克塞认为，张氏多沿袭前人资料，略有修正，观点无大创新。见 C. R. Boxer, *Fidalgos no Extremo Oriente*（《远东的贵族》），东方基金会和澳门海事博物馆，1990，第293页。

[③] 周景濂：《中葡外交史》，商务印书馆，1936。全书共15章，分别介绍葡人东来、葡人被逐广东、屯门通商、浪白滘贸易、澳门居留地之由来、青洲教堂被焚、澳门贸易和中葡关系总体情况及特征。

治理与秩序：全球化进程中的澳门法（1553-1999）

    新中国成立以来，两岸四地的澳门史研究虽有起步，但仍未见专题涉足法制史及法文化者。据笔者的初步统计，1980年代，内地仅有戴裔煊、黄鸿钊、费成康等人研究，① 港澳台方面的成果也不多。② 20世纪90年代，随着澳门回归日趋受人瞩目，两岸四地都涌现不少著述。内地主要是通史性介绍或专题性研究，③ 港台方面相对薄弱。④ 研究澳门史（含法制史）的主力集中于澳门，不仅有澳门基金会出版一系列较具影响的著述，⑤ 还有

---

① 相关著述有中国近代经济史资料丛刊编委会编《中国海关与中葡里斯本草约》（中华书局，1983），戴裔煊：《明史·佛郎机传笺正》（中国社会科学出版社，1984），费成康：《澳门四百年》（上海人民出版社，1988）等。

② 澳门出版的相关著述有：李鹏翥：《澳门古今》（澳门星光出版社，1986），戴裔煊：《关于澳门历史上所谓赶走海盗问题》（澳门星光出版社，1987），黄文宽：《澳门史钩沉》（澳门星光出版社，1987）；港台出版的相关著述有张增信：《十六世纪前期葡萄牙人在中国沿海的贸易据点》（台北"中研院"三民主义研究所，1986），黄鸿钊：《澳门史》（香港商务印书馆，1987）等。

③ 内地出版的相关著述有：姜秉正：《澳门问题始末》（法律出版社，1992），徐建斌：《港澳战事实录》（南京出版社，1993），黄启臣：《澳门历史（远古－1840年）》（环球出版社，1993），邓开颂：《澳门历史（1840－1949年）》（环球出版社，1993），米也天：《澳门法制与大陆法系》（中国政法大学出版社，1996），吴志良：《澳门政制》（中国友谊出版公司，1996），邓开颂、陆晓敏主编《粤港澳近代关系史》（广东人民出版社，1996），何芳川：《澳门与葡萄牙大商帆：葡萄牙与近代早期太平洋贸易网的形成》（北京大学出版社，1996），汤开建：《澳门开埠初期史研究》（中华书局，1999），黄启臣：《澳门通史》（广东教育出版社，1999），黄鸿钊：《澳门史》（福建人民出版社，1999），许昌：《澳门过渡期重要法律问题研究》（北京大学出版社，1999）等。

④ 港台方面仅有：郭永亮：《澳门香港之早期关系》（台北"中研院"近代史研究所，1990），谭志强：《澳门主权问题始末（1553－1993）》（台北，永业出版社，1994），郭展礼：《孙中山先生与澳门之研究》（台北，中国文化大学，1997）等少数作品。

⑤ 澳门基金会出版的著述，主要有余振等著《澳门华人政治文化》（1993），李炳时：《澳门总督与立法会》（1994），林昶：《中葡关系与澳门前途》（1994），郑炜明等著《澳门经济四百年》（1994），魏美昌：《澳门纵谈》（1994），章文钦：《澳门与中华历史文化》（1995），林子升：《16至18世纪澳门与中国之关系》（1998），汤开建：《明清士大夫与澳门》（1998）等。

其他出版机构陆续推出相关成果。① 至澳门回归前夕掀起"澳门热",相关著述开始繁荣。不仅前述张维华、周景濂、张天泽等民国时期著作得以重印出版,两岸四地澳门史研究著述也不断增多。

澳门回归后,澳门史研究仍薪火相传。内地出版的相关著述,以广东人民出版社之"澳门丛书"颇具影响,相关著述除前述金国平编译的《西方澳门史料选萃(15-16世纪)》外,还有汤开建《委黎多〈报效始末疏〉笺正》(2004),娄胜华《转型时期澳门社团研究》(2004),韦庆远《澳门史论稿》(2005),严忠明《一个海风吹来的城市:早期澳门城市发展史研究》(2006),查灿长《转型、变项与传播:澳门早期现代化研究》(2006),黄鸿钊《澳门同知与近代澳门》(2008),刘然玲《文明的博弈——16至19世纪澳门文化长波段的历史考察》(2008)等。吴志良、汤开建等学者主持编纂的六卷本《澳门编年史》(2009),则是该社推出的中外澳门史研究之集大成的鸿篇巨制,分为明代卷、清前期卷、清中期卷、晚清卷、民国卷与索引卷,囊括迄今所见各类文献资料及研究成果,嘉惠学林,值得重视。其他出版机构也有相关著述出版,如万明《中葡早期关系史》(社会科学文献出版社,2001),费成康《澳门:葡萄牙人逐步占领的历史回顾》(上海社会科学院出版社,2004),黄庆华《中葡关系史》(黄山书社,2006),谭世宝《澳门历史文化探真》(中华书局,2006)等。至

---

① 澳门其他出版机构的著述,主要有:黄显辉:《澳门政治体制与法渊源》(澳门东方葡萄牙学会,1992),杨允中:《"一国两制"与现代宪法学》(澳门大学出版中心,1996),李鹏翥等:《1976-1996澳门立法会》(澳门东方文萃出版社,1996),何思灵编《宋玉生:公民、法学家和政治家》(澳门法学会,1997),吴志良:《生存之道——论澳门政治制度与政治发展》(澳门成人教育学会,1998)等。

于澳门学界,仍有相关著作可资参照。① 尤其是吴志良、金国平、汤开建主编的四卷本《澳门史新编》(澳门基金会,2008),是近年中外学界通力合作的最新成果,其中以第一卷涉足澳门法制史及相关问题较多。

立足于上述澳门史的研究成果,尤其是借助陆续整理出版的档案文献及法律法规,"澳门学"逐渐出现一批澳门法制史的著述。例如,内地出版有何超明《澳门经济法的形成与发展》(广东人民出版社,2004),刘景莲《明清澳门涉外案件司法审判制度研究(1553 – 1848)》(广东人民出版社,2007),刘海鸥《澳门法律史纲要》(吉林大学出版社,2009),王巨新与王欣《明清澳门涉外法律研究》(社会科学文献出版社,2010),王巨新《清朝前期涉外法律研究》(人民出版社,2012)等。笔者自 2008 年以来专攻此道,亦出版有《澳门法制史研究》(澳门 21 世纪科技研究中心,2008)、《明清澳门的司法变迁》(澳门学者同盟,2009)、《从殖民宪制到高度自治》(澳门理工学院一国两制研究中心,2009)和《近代澳门司法:制度与实践》(中国民主法制出版社,2012)等著述,以深化这一领域的研究。

三 殖民史观及其摒弃:西方文献回溯

(一) 拓殖与猎奇:16 – 18 世纪西方的澳门学

如前所述,全球史观强调对历史考察分析的着眼点应当是全球性和

---

① 例如,金国平:《中葡关系史地考证》(澳门基金会,2000)与《西力东渐——中葡早期接触追昔》(澳门基金会,2000),杨仁飞:《澳门近代化历程》(澳门日报出版社,2000),华荔:《澳门法律本地化历程》(澳门基金会,2000),杨允中:《"一国两制":实践在澳门》(澳门基本法推广协会,2002),林发钦:《澳门史稿》(澳门近代文学学会,2005),以及金国平与吴志良合著的《镜海飘渺》(澳门成人教育学会,2001)、《过十字门》(澳门成人教育学会,2004)和《东西望洋》(澳门成人教育学会,2002),等等。

第一章
作为研究对象的澳门法制史

整体性的，强调世界各地之间与地区内部之间是彼此联系的有机体，强调客观公正地记述历史并平等对待各地区和各民族的历史与文明，它所反对的是形形色色的地区中心主义、种族中心主义或文化中心主义。

客观而言，这些"中心论"盲目以自我为中心，通过贬低或抹杀其他民族或国家在人类文明演进中的作用，来强化本民族或国家的优越感，其中尤以"欧洲中心论"影响最广、危害最大，为殖民统治活动提供了理论根据，对帝国主义在全球的殖民扩张起了推波助澜的作用。[①] 回顾西方澳门学研究史，我们不难看到这种有意无意呈现的"欧洲中心论"长期起着支配性影响，具体表现是将澳门史视为葡萄牙的海外殖民史。

在 16 – 17 世纪西方涉及澳门的文献中，地处中国东南沿海的澳门不过是葡萄牙人在远东殖民拓展的生活场所、贸易重镇与军事基地。此时西方所存澳门史料，多附着于各类游记及信札等载体。迄今所见西方文献中，最早提及"澳门"（Macau）者是葡萄牙人平托（Fernão Mendes Pinto），其涉及游历中国东南沿海的遗作《远游记》（*Peregrinação*，1614）亦非全然"吹牛说谎"。[②] 这类早期澳门史文献，经葡国学者费雷达斯（Jordão de Freitas）于 1910 年整理而成《16 世纪澳门史料》。[③] 另据《葡萄牙人在华闻见录——16 世纪手稿》披露，[④] 除前述平托的游记外，还有一位先

[①] 王林聪：《略论"全球历史观"》，《史学理论研究》2002 年第 3 期。
[②] 早期葡萄牙旅行家平托（Fernão Mendes Pinto）1555 年 11 月 20 日致耶稣会长的一封信是葡文献记载澳门之始，其《远游记》更有专章记叙中国澳门之旅。相关内容参见 Fernão Mendes Pinto, *Peregrinação*, Vol. 2, Publicações Europa – América, Lisboa, 1988。中译相关内容参见费尔南·门德斯·平托《远游记》（下册），金国平译，澳门基金会、澳门文化司署、东方葡萄牙学会，1999，第 221 章，第 698 – 702 页。
[③] *Macau: Materiais para a Sua História no Século* XVI，1988 年澳门文化学会重刊。
[④] 平托等著《葡萄牙人在华闻见录——16 世纪手稿》，王锁瑛译，澳门文化司署、东方葡萄牙学会、海南出版社、三环出版社联合出版，1998。

生向沙勿略神父提供有关中国的信息（1548年），一位被囚中国六年之久的人士在马六甲讲述的中国风俗及法律（1554年），佩雷拉关于中国近况的著述（1553-1563年），以及巴洛斯所著《亚洲史》之节录文献等。

旅葡学者金国平多年潜心挖掘和整理葡文史料，近年编译有《西方澳门史料选萃（15-16世纪）》，① 录有大量经仔细检索、研究、鉴别和翻译而成的早期澳门史料，如广州葡囚信、编年史家笔下早期中葡关系、《中国事务及其特点详论》等文献，早期西方来华传教士如利玛窦（Matteo Ricci）、范礼安（Alessandro Valignano）等人提及早期中葡关系与澳门社会的相关描述，以及诸如《王室大法官条例》与"葡、西征服中国计划"等文献，脉络清晰，译介精当，殊为难得。

17世纪西方所存澳门史料，多受欧洲"中国热"之影响，数量增长，记载更详。在散佚的相关文献中，1648年佚名耶稣会士的报告和两封澳门总督写给葡印总督的信函，收入英国学者博克塞（Charles Ralph Boxer）编《澳门在明朝覆亡中的角色》，② 其中涉及澳门的内容是南明覆亡前明永历太后、皇后受洗天主教，南明王要求澳门葡人遣炮协助抗清复明，以及葡人提供人员、金钱、枪炮协助而未成功的过程。

同期下述文献亦值得注意：一是菩卡罗（António Bocarro）1635年写的《东印度政府所有要塞城镇图集》（*Livro das Plantas de todas as Fortalezas, Cidades e povoacões do Estado da India Oriental*），简述澳门炮台、地理、历史、税收和社会情况，还谈及中国的城镇、税收和防卫，是早期描述澳门的一份完整文献。二是1637年随威德尔（John Weddell）船长到澳门游览的英国人孟迪（Peter

---

① 金国平编译《西方澳门史料选萃（15-16世纪）》，广东人民出版社，2005。
② *Papel de Macau na Quedada Célebre Dinastia Ming*, Macau, 1938.

Mundy）的游记，形式较为松散，内容不甚准确，但对澳门风俗民情描写生动。三是意大利人达瓦罗（Marco d'Avalo）于1638年前后所写的《澳门记》(*Description of the City of Macao*)，介乎编年史和游记体之间，篇幅虽小，但对澳门地理、布防、近史、葡人与广州及其他地区商贸情况的描述清晰，史料价值较高。此外，费雷拉（António Fialho Ferreira）1643年受命赴澳宣布葡萄牙复国消息后向国王所写的报告，门纳泽斯（D. Luís Meneses）《葡萄牙复国史》有关澳门的一章，以及曾任澳门主教的卡尔丁（António Francisco Cardim）有关同一事件的《备忘录》等，也是了解当时澳门葡人社会及早期澳门法制史与法文化的重要参照。这些文献亦由博克塞编成《复国时期的澳门》(*Macau na Época de Restauração*)，1942年于澳门出版，1988年在香港再版时易名《17世纪的澳门》(*Seventeenth Century Macau*)。[1]

其时最具影响的作者，莫过于曾在中国生活22年的葡萄牙传教士曾德昭（Álvaro Semedo）。他于1640年在葡萄牙成稿《大中国志》（初名 *Relaçãao de propagação de sé regno da China e outro adjacentes*，即《中国及其邻近地区的传教报告》），[2] 第一部分详细介

---

[1] C. R. Boxer, *Macau na Época de Restauração*, Macau, Imprensa Nacional, 1942。该书在1988年于香港Heineman公司再版英文本时，易名为《17世纪的澳门》(*Seventeenth Century Macau*)。相关介绍见吴志良《澳门史研究述评》，《史学理论研究》1996年第3期。

[2] 该书作者曾德昭（Álvaro Semedo），字继元，原名谢务禄，1602年入耶稣会，1613年来华传教，南京教案后被驱至澳门，继在圣保禄学院任教（1617－1620年）。1620年，曾德昭改名谢务禄，再入内地传教。曾将唐德宗建中二年所立之"大秦景教流行中国碑"译为拉丁文，轰动欧洲。1658年殁于广州，享年73岁。在华二十余载岁月中，他获得了中国历史、地理、文学、风土人情等方面的知识，在此基础上撰写此书。手稿于1638年在果阿完成，1640年携至葡萄牙，1642年即有西班牙文版，后相继有其他欧洲语言版本面世。葡语手稿早佚，今葡语版本为澳门汉学家高美士从意大利文版回译并于1956年在澳刊行。在圣保禄学院建院400年之际，教育暨青年司与澳门基金会重印葡文版。该书现有中译本，曾德昭：《大中国志》，何高济译，上海古籍出版社，1998。

绍中国情况，实与《利玛窦中国札记》不分伯仲；第二部分保留了南京教案许多珍贵史料，其中记载葡人协助朝廷赶走海盗而获皇帝"赏赐澳门"之事，使子虚乌有的"赏赐说"谬种流传，成为后世所谓"驱盗得赏说"之蓝本。

18世纪有更多涉及澳门的相关史料文献，葡人获允居留澳门的历史真相每被颠倒，甚而成为他们炫耀海外殖民成就的资本。1710年，葡人索萨（Francisco de Sousa）撰《果阿省耶稣会士所征服的东方》（*Oriente Conquistado a Jesus Cristo pelos Padres da Companhia de Jesus da Província de Goa*），详述澳门葡人1582年赴肇庆贿赂两广总督陈瑞以保居澳安身立命的整个过程，对澳门社会也有总体介绍。1735年法国学者竺赫德（Du Halde，又译杜赫德）在巴黎出版的四卷本《中华帝国全志》（*Description de l'Empire de la Chine et de la Tartarie Chinoise*，即《关于中华帝国及满蒙地理、历史、年代、政治及物产等的记述》，亦称《中国详志》或《中国通志》），其中涉及澳门时对曾德昭《大中国志》所载"驱盗说"多有沿袭。1740－1745年间，多明我修士耶稣斯·玛丽娅（José de Jesus Maria）在澳门撰写的《中国和日本的亚洲》（*Ásia Sínica e Japónica*），[①] 搜集了许多后来流失的市议会档

[①] 据《澳门百科全书》相关词条介绍，《中国和日本的亚洲》（*Asia Sínica e Japónica*）成稿于1740－1745年间。《大西洋国——葡属远东档案及年鉴》主编若昂·佩雷拉（João Feliciano Marques Pereira）于1899年发现此书371页抄件，立刻将其注释、连载于《大西洋国》。至1903年，共披露原稿81页。1939年，博克塞（Charles Ralph Boxer）在里斯本一旧书店购得可能是佩雷拉使用过的稿本并在阿儒达图书馆发现另一抄本。1940－1941年间，博克塞在《澳门教区月刊》（*Boletim Eclesiástico da Doicese de Macau*）上连载至第一卷尾。后于1941年在澳再刊单行本。太平洋战争期间，由白乐嘉（J. M. Braga）负责继续在《复兴杂志》上刊印第二卷。后于1950年由澳门官印局复以单行本印行。1988年，澳门文化学会影印发行全书。作者受遣前来澳门对存于大三巴的耶稣会档案进行复制工作，故接触了大量葡文原档。参见吴志良、杨允中主编《澳门百科全书》（修订版），澳门基金会，2005，第49页（以下部分西文书目提要，如非另行标注，均系参引《澳门百科全书》相关词条）。

案，并有整整五编讲述澳门，阐述了澳门开埠至 1745 年的历史，尤其第二卷第八篇以后保存了大量议事会最早的文献，为研究澳门重要史料之一。

1783 年葡萄牙王室颁布的《王室制诰》(Providências Régias) 及相关文献，则是研究 18 世纪中葡关系尤其是澳门法制史的重要文献。《王室制诰》猛烈抨击澳门议事会的不善管理，对居澳葡人对清政府的恭顺臣服表示不满，试图加强代表王室的总督权力，表明葡萄牙王室开始真正关注澳门，澳门葡人政治行政组织从此开始染上殖民色彩。与此相关的其他重要文献，还有受任北京主教的汤士选（D. Frei Alexandre de Gouvêa）神父于 1782 年带给印度总督的信，印度总督给汤士选的指示及其向葡印检察长征询在澳门实施《王室制诰》的信。这些文献于 1943 年整理而成《给北京主教的指示和澳门史的其他文献》，[①] 1988 年澳门文化学会重印。葡人一面继续宣扬"赏赐说"并使之以讹传讹，一面开始主动寻找据居澳门的"主权论据"。正是这些法律文献，表明葡萄牙王室对澳门"殖民化"的高度重视，使所谓"澳门主权问题"开始成为后来主导中葡关系和近代澳门法制发展的核心问题。

（二）19 世纪以来：殖民史观的政治立场及其争辩

19 世纪前期，西方（尤其是葡国）的澳门史研究逐渐围绕所

[①] 有学者分析上述文献认为，后来成为中葡关系主导和中心的所谓"澳门问题"是 18 世纪末才产生的。如果说葡萄牙国王在 1752 年（乾隆十七年）向中国遣使巴哲格（Francisco Xavier Assis Pacheco de Sampaio）只是一种友好表示，那么国务大臣卡斯特罗 1783 年委派汤士选出任北京主教进入清宫廷则有更深远的目的，希望汤士选可以探查清楚中国皇帝究竟给了葡萄牙什么优惠以及澳门的法律地位如何。换言之，葡萄牙除以强硬的总督夺取一向对清政府恭顺臣服的澳门议事会的权力外，已意识到澳门这块土地的所有权问题，除了继续宣扬所谓驱盗得赏澳门之说，开始更加主动地寻找据居澳门的法律依据。相关研究见吴志良《〈关于葡萄牙人居留澳门的备忘录〉——葡萄牙寻找澳门主权论据的过程》，《近代史研究》1996 年第 2 期。

谓"主权论据"而展开。作为西方学界"澳门学"的真正起点，一般认为是1832年瑞典学者龙思泰（Andrew Ljungstedt）在澳门出版的英文著作 An Historical Sketch of the Portuguese Settlements in China（《葡萄牙在华居留地史纲》，今译《早期澳门史》）。① 该书因应19世纪西方殖民者向华扩张势力而急于了解中国情况之需，上篇为"在葡萄牙居留地简史"，下篇为"在华罗马天主教会及其布道团简史"，附篇为"广州概述"，以第一手材料如实介绍澳门的历史、地志、人口、政府、对外关系、天主教会在华传教活动和葡人居澳的发展变化，以确凿史实否定了葡萄牙所谓拥有澳门主权之说，指出澳门一向是中国的领土。其中虽有不少舛错，特别是因对葡人存偏见而有不少主观歪曲，但保留了很多后来散佚的原始资料，是西方学界第一部科学研究澳门历史的英文著作，也是国际史学界公认的研究澳门历史的权威之作，被西方学界誉为第一部"真正的澳门史"。

由于龙思泰的著作使葡萄牙政府陷入尴尬境地，尤其是鸦片战争前后因英国怀疑葡国捏造的种种谬说，葡人居澳的合法性遂成问题，里斯本当局唯有四处谋求所谓拥有澳门主权之证据，罔顾真相、颠倒黑白的"研究成果"大量涌现，服务于这一目标的相关研究由此更趋繁盛。

---

① 龙思泰爵士曾任瑞典驻华领事，因贸易和外交事务在澳门生活了22年，花了近十年时间在两位澳门葡人的协助下搜集有关澳门史料，于道光十二年（1832）完成《葡萄牙在华居留地史纲初稿》并于澳门出版，1835年病逝于澳门，1836年在美国波士顿出版了经修改的合订本。相关评价参见 Charles Ralph Boxer, *Fidalgos no Extremo Oriente*（《远东的贵族》），东方基金会、澳门海事博物馆，1990，第291页。在龙思泰著作1992年再版前言所附的讲词中，文德泉（Manuel Teixeira）神父也作出类似评价。该书中译本改名为《早期澳门史》，见龙思泰《早期澳门史》，吴义雄等译，东方出版社，1997。关于该书作者、版本、内容及特点之相关介绍，参见吴志良《站在超民族的地位》，《澳门日报》1995年8月20日；又见章文钦《澳门历史文化》，第139–163页。

作为这一特殊使命的代表性产物，一是 1835 年安德拉德（José Inácio de Andrade）编撰的《关于击败中国海盗和英国人登陆澳门及其撤退的备忘录》（*Memória sobre a Destruiçao das Piratas da China e o Desembarque dos Ingleses na Cidade de Macau e Sua Retirada*），为葡人打败难以考证的海盗首领 cam – pau – sai 或时空倒错的张保仔树碑立传，重拾所谓"驱盗说"以掩人耳目。二是 1852 年葡国驻法大使圣塔伦子爵（Visconde de Santarém）在巴黎问世的《关于葡萄牙人居留澳门的备忘录》（*Memória sobre o Estabelecimento dos Portugueses em Macau*），对葡外交部责令其研究葡人居澳权利问题作出回应，① 由此挑起了史学界与法学界共同关注的所谓"主权争议"，成为后世澳门法制史研究的主线和焦点。三是 1868 年佩雷拉（Marques Pereira）在《大西洋国》（*Ta – Ssi – Yang – Kuo*）杂志第一辑发表的《澳门历史和中国与基督人民关系史纪事》（*Ephemerides commemorativas da história de Macau e das relações da China com os povos Christãos*）。因圣塔伦子爵并未找到葡萄牙拥有澳门主权的可信证据和合理解释，加之 1862 年葡国试图与清廷缔结通商条约而终告失败，葡萄牙政府冀望学界继续搜求整理有关澳门史料，佩雷拉遂经整理《政府公报》而撰成此文。此外，佩雷拉（Marques Pereira）的《澳门的中国海关》，② 及同一时期的其他葡文著作，亦可资相关问题研究参考。

19 世纪末 20 世纪初，因 1887 年《中葡和好通商条约》签署，澳门地位虽定为葡人"永居管理"，唯划界问题悬而未决，西方尤其是葡国的澳门史研究再度兴起。葡国史学者弗朗萨（Bento da França）的《澳门史初探》，③ 是此时期较早的作品。该书除引言

---

① 参见吴志良《〈关于葡萄牙人居留澳门的备忘录〉——葡萄牙寻找澳门主权论据的过程》，《近代史研究》1996 年第 2 期。
② Marques Pereira, *As Alfândegas Chinesas de Macau*, Tipografia de J. da Silva, Macau, 1870.
③ Bento da França, *Subsídios para a História de Macau*, Imprensa Nacional, Lisboa, 1888.

外，第一部分为《居初至中国海关之设 1556 – 1688》，第二部分为《中国海关之设至其毁 1688 – 1849》，书后附录 35 页中葡围绕亚马留之死的来往公函原件，为研究此事件真相提供了珍贵的原档。除此之外，他还有《澳门及其居民对帝汶关系》（里斯本官印局 1897 年出版），是较早叙述澳门、葡萄牙与帝汶关系的专著。

（三）20 世纪初至 1980 年代：殖民史观的极盛与衰落

至 20 世纪初，西方澳门史研究已淡化所谓"主权论据"的问题意识，但仍充斥着强烈的殖民主义气息。后来居上的葡国史学家徐萨斯（Montalto de Jesus），亦以英文写成并于 1902 年出版《历史上的澳门》，[①] 试图反驳前述龙思泰著作关于澳门主权的观点。该书论述葡萄牙对澳门从租借到占领的历史过程，并阐述葡萄牙人在澳门与内地及亚洲其他国家的贸易情况，所引葡文原始资料丰富，但所论历史和观点有不少值得商榷之处，时代局限十分明显。因"时时处处大谈葡萄牙侵略有理、殖民有理，而攻击中国捍卫主权、管治澳门无理"，[②] 其狂热鼓吹殖民主义的观点、替殖民主义辩护的立场深得葡国政府的欢心，该书作者一举成名而为英雄人物。然 1926 年在澳门出版修订本时，因新增内容涉及对澳葡政府腐败行迹的抨击，加之里斯本政局发生戏剧性变化，这部一度被捧为"迄今为止有关葡萄牙在华居留地的最佳作品"被当局当众焚毁，该作者也一夜之间沦为"叛徒"，在穷困潦倒中病死于香港一家慈善机构，实可谓"历史的嘲弄"。[③] 科龙班神父（Eudore de Colomban）的《澳门史概要》（1927）等作品，也同样试图反驳《早期澳门史》，美化葡人在澳门的殖民主义行径。

[①] Montalto de Jesus, *Historic Macao*, Kelly & Walsh, Hong Kong, 1902.
[②] 徐萨斯：《历史上的澳门》，黄鸿钊、李保平译，澳门基金会，2000，"译序"第 3 页。
[③] 关于徐萨斯其人其书，参见吴志良《历史的嘲弄》，《澳门日报》1995 年 9 月 3 日。

第一章
作为研究对象的澳门法制史

至于曾在中国海关担任税务司的美国人马士（H. B. Morse），在1910年和1918年于上海、伦敦出版的三卷本《中华帝国对外关系史》(*The International Relations of the Chinese Empire*)，以及1926-1929年于牛津大学出版社出版的五卷本《东印度公司对华贸易编年史》(*The Chronicles of the East India Company Trading to China*, 1635-1834)，① 也有大量关于澳门史尤其是相关政治事件与司法实践的记载，具有一定的参考价值。

1930-1980年间，随着西方殖民主义的盛极而衰，尤其是"二战"之后全球范围的民族解放与非殖民化运动蓬勃兴起，西方尤其是葡国又有大量澳门史研究成果，研究风格也趋于理性，对澳门法制史及相关研究具有重要参考价值。

在此期间，葡语学界最具影响的学者首推文德泉神父（Manuel Teixeira）。他不仅毕生致力于整理档案史料，在传教史和澳门史研究领域亦劳苦功高，著有数十部相关作品，如《澳门耶稣会士四百年》②《16-17世纪澳门的日本人》③《澳门王室法官》④ 等，更有洋洋十六卷《澳门及其教区》(*Macau e asua Diocese*)，⑤ 资料

---

① 马士（H. B. Morse）的这两部名著皆有中译，参见马士《中华帝国对外关系史》（全三卷），张汇文等译，上海书店，2000；以及《东印度公司对华贸易编年史》（全五卷），区宗华译，中山大学出版社，1991。

② Manuel Teixeira, *The Fourth Centenary of the Jesuits at Macao*, Salesian School Printers, Macau, 1964.

③ Manuel Teixeira, *The Japanese in Macau in the XVIth and XVIIth Centuries*, Imprensa Nacional, Macau, 1974.

④ Manuel Teixeira, *Os Ouvidores em Macau*, Imprensa Nacional, Macau, 1976.

⑤ 文德泉（Manuel Teixeira）神父所撰《澳门及其教区》(*Macau e a Sua Diocese*)，编写时间跨越半个世纪，为关于澳门教区史之鸿篇巨制，堪称澳门宗教及历史之百科全书。有关澳门的册册如下：第1卷《澳门及其离岛》，1940，250页；第2卷《澳门主教区主教及管理员》，1940，538页；第3卷《澳门宗教会团》，1956-1961，820页；第7卷《澳门教区神父》，1967，651页；第8卷《澳门教区神父》，1972，674页；第9卷《澳门的圣母玛利亚信仰》，1969，468页；第11卷《澳门善会》，1975，420页；第12卷《澳门主教、传教士、教堂及学校》，1976，524页。参见 *Macau e a Sua Diocese*, Macau, Imprensas Diversas, Lisboa, 1940-1977。

浩繁，可资参考。另一学者是白乐嘉（J. M. Braga），享誉西方学界的代表作是《西方开拓者及其发现澳门》，[1] 在全面阐述了葡萄牙海外发现的背景之后，回顾了葡中早期接触的始末，着重探讨了葡人入居澳门问题。该书初刊于1949年《香港葡萄牙学会会刊（历史部）》（Boletim do Instituto Português de Hong Kong（Secção de História））第2卷第7-241页，同年由澳门官印局发行单行本，是葡萄牙史学界较系统地将有关汉籍（多取自周景濂《中葡外交史》）引入澳门史研究的先驱著作。此外，由于作者在文中搜集了大量葡语资料并附以英译，成为阿儒达图书馆《耶稣会会士在亚洲》中的珍贵史料，为海内外华人研究澳门学者的主要葡语资料来源。该书的上述两大特点，使其迄今仍为澳门史研究的重要参考书籍。此外，葡国学者布拉衷（Eduardo Brazão）亦有相关作品，代表作是《澳门：中国圣名之城》，[2] 这是一部研究澳门历史的著作，叙述1550-1887年间澳门历史的发展，并附崇祯十六年（1643）葡王若奥公布的有关澳门的法令。

在其他语种的研究队伍中，前述英国伦敦大学教授博克塞（Charles Ralph Boxer）最为杰出。他从军队退役后投身学术研究，终生研究葡萄牙海外扩张及殖民史，对澳门史研究有较高造诣，所涉澳门史研究考据精湛，代表作是《远东的贵族：1550-1770》，[3] 是研究澳门史的经典之作，论述了葡萄牙人在澳门寻求"自治"与贸易情况，书尾附有要籍介绍，保存了许多原始史料。他的另一作品《热带地区葡萄牙社会——果阿、澳门、巴伊亚和

---

[1] J. M. Braga, *The Western Pioneers and Their Discovery of Macau*, Imprensa Nacional, Macau, 1949.

[2] Eduardo Brazão, *Macau: Cidade do Nome de Deus na China*, Agência Geral do Ultramar, Lisboa, 1957.

[3] Charles Ralph Boxer, *Fidalgos in the Far East, 1550-1770: Fact and Fancy in the History of Macao*, Martinus Nijhoff, The Hague, 1948.

卢安达的市议会（1510－1800）》，① 是其在 1964 年于威斯康星大学讲授葡萄牙海外扩张史的教材，其中有关澳门部分叙述了澳门议事会的产生及其运作。此外，还有 1969 年英语初版的《葡萄牙殖民扩张四百年：1415－1825》，② 后于 1992 年由葡萄牙海外发现纪念委员会赞助 70 年代出版社出版葡语版，作者专为葡语版补充了某些为英语版所遗漏或新近出版的学术论文。此书共上、下两部分，全面论述葡萄牙海上帝国横跨欧、非、亚、美的兴衰并分析其特征，书后附有近百页关于葡印前往东方各地航线、葡萄牙从巴西进口黄金及金刚石、巴西与西非之间贸易船只、安哥拉及孟加拉国的奴隶出口贸易，以及葡萄牙向其殖民地输出工业品的价值表等数据，在西方澳门史学界卓有影响。

西方其他相关著作中，科茨（Austin Coates）的《澳门与英国人》③ 和《澳门记事》，④ 英索（Jaime de Inso）的《澳门：远东最古老的欧洲殖民地》，⑤ 萨博亚（S. Saboya）的《葡萄牙人在中国》，⑥

---

① Charles Ralph Boxer, *The Portuguese Society in the Tropics – The Municipal Councils of Goa, Macao, Bahia, and Luanda, 1510－1800*, The University of Wisconsin Press, Madison, 1965.

② Charles Ralph Boxer, *Four Centuries of Portuguese Expansion, 1415－1825: A Succinct Survey*, 2nd ed., University of California Press, Los Angeles, 1969.

③ Austin Coates, *Macau and the British*, Oxford University Press, 1966.

④ Austin Coates, *A Macao Narrative*, Oxford University Press, Hong Kong, 1978. 《澳门与英国人》是一部研究鸦片战争前澳门与英国历史的英文著作，全书共分九部分，分别为：威德尔（John Weddell）首航中国，法国人之出现，永久居住及司法，马戛尔尼使团，禁止妇女入城，第一次鸦片危机，海上鸦片走私，巴麦尊新统治，对抗。牛津大学出版社出版，1966 年由 Routedge and Kegan Paul 公司印刷，1988 年香港再版。《澳门记事》共分七章，分别为"葡属亚洲""中国沿海之探索""日本贸易之黄金时代""荷兰人入侵澳门""澳门黄金岁月之消逝""欧洲人之居留地""主权"，1978 年于香港首印，1983 年由 Heinemann 教育书社再版。

⑤ Jaime de Inso, *Macau: A Mais Antiga Colónia Européia no Extremo Oriente*, Escola Tipográfica do Orfanato, Macau, 1930.

⑥ S. Saboya, *Os Portugueses na China*, Editorial Labor, Lisboa, 1938.

亚玛勒（Lia Arez Ferreira do Amaral）的《澳门亚玛勒政府的意义（1846－1849）》，① 雷格（F. de Carvalho e Rego）的《澳门》，② 高美士（Luís Gonzaga Gomes）的《澳门历史大事记》，③ 潘日明（Benjamim Videira Pires）的《澳门耶稣会士四百年（1564－1964）》，④ 塞瑙（Joel Serrão）的《葡萄牙历史词典》，⑤ 亦在海外具有一定的影响。特别是黎沙（Almerindo Lessa）的《东方第一个民主共和国的历史和人物：文化岛之生物学及社会学研究》，⑥ 是作者于1970年向法国图卢兹大学提交的博士论文《澳门人类学及社会人类学》（Anthropologie et Anthroposociologie de Macao）的葡语增订版，在葡萄牙海外扩张的背景下，分析葡人在热带地区的人口殖民政策及其定居的五种形态，并从人类学的角度探讨澳门早期居民的构成，提供了十分翔实的澳门人口及都市发展资料，结尾附有一汉语内容简介。该书后于1996年做较大幅度补充修改，以《澳门：热带葡萄牙人类学试论》（Macau－Ensaios de Antropologia Portuguesa dos Trópicos）为题再次刊行，是研究澳门社会文化史的重要参考书目，亦对研究澳门史与法文化有较大参考意义。

随着《中葡联合声明》的签署与澳门回归的临近，西方学界再度兴起"澳门学"，殖民主义史的立场有所收敛。其中涌现的代表作有：彭慕治（Jorge Morbey）的《澳门1999》（1990），萧伟华

---

① Lia Arez Ferreira do Amaral, *O Significado do Governo de Ferreira do Amaral em Macau: 1846－1849*, Agência Geral das Colónias, Lisboa, 1944.
② F. de Carvalho e Rego, *Macau*, Imprensa Nacional, Macau, 1950.
③ Luís Gonzaga Gomes, *Efemérides da História de Macau*, Notíias de Macau, Macau, 1954.
④ Benjamim Videira Pires, *Os IV Centenários dos Jesuítas e Macau, 1564－1964*, Macau, 1964.
⑤ Joel Serrão, *Dicionário de História de Portugal*, Iniciativas Editoriais, Lisboa, 1971.
⑥ Almerindo Lessa, *A História e os Homens da Primeira República Democrática do Oriente*, Imprensa Nacional, Macau, 1974.

(Jorge Noronha e Silveira) 的《澳门宪法历史研究资料（1820 – 1974）》（1991），林慕士（João de Deus Ramos）的《中葡外交关系史》（1991），施白蒂（Beatriz Basto da Silva）的《澳门编年史》（1992），① 马加良斯（José Calvet de Magalhães）的《战后澳门与中国》（1992），迪亚斯（Alfredo Gomes Dias）的《澳门与第一次鸦片战争》（1993），格得士（João Guedes）的《宪法实验室》（1995），李志高（Francisco Gonçalves Pereira）的《中葡与澳门问题》（1995），萨安东（António Vasconcelos de Saldanha）的《圣塔伦子爵关于葡萄牙人居留澳门的备忘录》（1995），② 等等。这些著作大多勇于面对事实，能够兼顾各方史料和立场，试图超越传统民族或国家偏见。其中值得注意的是葡萄牙学者叶士朋（António Manuel Hespanha）的《澳门法制史概论》（1996），③ 这是西方学界迄今仅见冠名"澳门法制史"的著作，然所谈竟为葡萄牙海外属地法律的特性及其海上帝国的政治行政结构，澳门法成为葡国扩张时期政治法律人类学的附庸，与人们通常理解的作为历史与学科的"澳门法制史"相去甚远。

（四）理性化与多样化：1980年以来的西方澳门学概览

1980年以来，葡文、英文及其他语种的澳门史研究欣欣向荣，涉足澳门法制史及法文化领域的相关成果也逐步增长，其中一些代表性著作还被译为中文出版，并产生相当可观的学术影响。

---

① 施白蒂的《澳门编年史》系列由澳门基金会翻译出版，中译本分别是小雨译《澳门编年史》（1995），姚京明译《澳门编年史（十九世纪）》（1998），金国平译《澳门编年史：二十世纪（1900 – 1949）》（1999），思磊译《澳门编年史：二十世纪（1950 – 1988）》（1999）。
② 参见吴志良《澳门史研究述评》，《史学理论研究》1996年第3期。
③ 叶士朋：《澳门法制史概论》，周艳平、张永春译，澳门基金会，1996。但有关附录未译出。

前述葡国学者队伍中，文德泉神父仍有大量澳门史著述问世，如《16世纪的澳门》《17世纪的澳门》和《18世纪的澳门》，[1] 涉猎之广，著述之丰，鲜有匹敌，唯罗列资料不标来源，有时受到一些史家非议。另一代表人物是潘日明神父，代表作是向第五届亚洲史学协会大会提交的《16至19世纪澳门至马尼拉的贸易航线》，[2] 回顾两地贸易的背景，分析1639年日本采取锁国政策导致澳门——长崎航线中断后该航线曾起过的重要作用，详述多次政治动荡及经济萧条，结论是这一时期的澳门、马尼拉之间的关系是良好的，但不时反映了欧洲政治的起伏及列强之间的角逐。他的另一著作《殊途同归：澳门的文化交融》，[3] 是探讨澳门开埠迄今四百年历史奥秘的一部重要著作，侧重为葡中文化交流，由古至今，博大精深。其中第二章叙述葡人早期筹款纳租的方式为汉籍所不载，它以细腻的笔触描述澳门历史风貌，用透视人类精神历史发展的开拓眼光评价澳门文化形成的特殊意义，对研究澳门法文化之源流具有启发意义。此外，还有贡世生（Lourenço Maria da Conceição）的《与华两次缔约期间的澳门》，[4] 费雷达斯（Jordão A. De Freitas）的《16世纪澳门史料》，[5] 埃德蒙（Richard

---

[1] Manuel Teixeira, *Macau no Séc.* XVI, Direcção dos Serviços de Educação e Cultura, Macau, 1981; *Macau no Séc.* XVII, Direcção dos Serviços de Educação e Cultura, Macau, 1982; *Macau no Séc.* XVIII, Imprensa Nacional, Macau, 1984.

[2] Benjamim Videira Pires, *A Viagem de Comércio Macau - Manila nos Séculos* XVI à XIX, 2nd ed., Centro de Estudos Marítimos de Macau, 1987。该文初载1971年《贾梅士学院简报》第5卷第1-2期合刊，后由澳门海事研究中心1987年出版第2版，澳门海事博物馆1994年出版第3版。

[3] Benjamim Videira Pires, *Os Extremos Conciliam - se*, Instituto Cultural de Macau, 1988。该书中译本于1992年由澳门文化司署出版。

[4] Lourenço Maria da Conceição, *Macau entre Dois Tratados com a China*, Instituto Cultural de Macau, 1988.

[5] Jordão A. De Freitas, *Macau: Materiais para a sua História no Século* XVI, Instituto Cultural de Macau, 1988.

Louis Edmunds)的《澳门》,① 从不同领域和视角为澳门法制史及法文化研究提供参考。

除前述葡语澳门史研究队伍外,其他语种的研究队伍亦在壮大。如前述英国学者博克塞仍笔耕不辍,代表作是《从澳门看17-18世纪中葡关系的授受之道》,② 他所总结的中葡关系之"授受之道"(dares-e-tomares)亦即澳门的生存之道,备受学界的广泛重视。他另著有《17世纪的澳门：当代文献与插图》,③ 以及享有盛名的再版作品《澳门来的大帆船》。④ 美国学者威尔斯(John E. Wills)的《使团及其幻想：荷葡使者觐见康熙(1666-1687)》,⑤ 是一部研究早期葡使赴华的重要著作。其中两章研究葡使出使情况及与澳门的关系,第三章关于巴哲格1667-1670年出使情况,第四章论述1678年白垒拉的赴华使团,还附二次使团的旅华日记,对澳门史尤其是中葡关系史研究具有较大的参考价值。德国学者普塔克(Roderich Ferdinand Georg Ptak)的早期作品《葡萄牙在中国：16世纪初及17世纪葡中关系及澳门历史概述》,⑥ 研

---

① Richard Louis Edmunds, *Macao*, Clio Press, Oxford, 1989.
② C. R. Boxer, *Dares-e-Tomares nas Relações Luso-Chinesas durante os Séulos XVII e XVIII através de Macau*, Imprensa Nacional, Macau, 1981.
③ C. R. Boxer, *Seventeenth Century Macau, in Contemporary Documents and Illustrations*, Heinemann Education Books, Hong Kong, 1984.
④ C. R. Boxer, *The Great Ship from Amacon: Annals of Macao and the Old Japan Trade, 1555-1640*, Instituto Cultural de Macau, Centro de Estudos Marítimos de Macau, 1988。该书1959年里斯本首版,1988年澳门文化学会、海事中心联合再版,是一部研究澳门与日本早期贸易的著作,共分两大部分,第一部分介绍历年来往澳门-日本间的中日贸易船队情况,第二部分汇集16-17世纪中日贸易的有关资料。
⑤ John E. Wills, *Embassies and Illusions, Dutch and Portuguese Envoys to K'ang-hsi, 1666-1687*, Harvard University Press, Cambridge and London, 1984.
⑥ Roderich Ferdinand Georg Ptak, *Portugal in China-Kurzer Abriss der Portuguiesisch-Chinesischen Beziehungen und der Geschichte Macaus im 16. und beginnenden 17. Jahrhundert*, Kleinenberg-Verlag, Heidelberg, 1980.

究葡人东来与入居澳门史，另有大量相关论文，也在西方学界颇具影响。

1990年以来，西方学界的相关研究更趋深入。除了前述英国学者博克塞的《远东的贵族》①《澳门史研究》② 以及《葡萄牙海上帝国（1415－1825）》，③ 还有葡国学者施白蒂（Beatriz Basto da Silva）的煌煌五大卷《澳门编年史》，④ 取材于不同时代、不同种类、不同语言的文献和图书，内容除16－20世纪澳门编年史，还附有澳门教区主教和署理主教名单、兵头、澳门总督名单及中国皇帝名单等部分。尤以19－20世纪编年史为全书主体，其中包括澳门历史中许多有趣的细节，书末附有40多幅具历史价值的彩色图片。该套著作虽少征引汉籍，难保客观全面，却对研究澳门历史（包括法制史）极有裨益。

此外，葡文及其他语种的如下作品值得参阅：彭慕治（Jorge Morbey）的《澳门1999：过渡的挑战》，⑤ 是一本在《中葡联合声明》签署后较早对澳门过渡期政治及法制问题进行探讨的论著，在对澳门政治制度历史沿革的回顾及其现状的分析基础上，对澳门各界及其对澳门回归的态度进行反思。克雷默（R. D. Cremer）主编的论文集《商贸文化之城澳门》，⑥ 汇集有关澳门论文多篇，所涉领域包括澳门早期贸易史、宗教史、中西文化接触史、澳门

---

① C. R. Boxer, *Fidalgos no Extremo Oriente*, Fundação Oriente/Museu e Centro de Estudos Marítimos de Macau, Macau, 1990.

② C. R. Boxer, *Estudos para a História de Macau*, 2 Vols., Fundação Oriente, Lisboa, 1991.

③ C. R. Boxer, *O Império Marítimo Português (1415－1825)*, Edições 70, Lisboa, 1992.

④ Beatriz Basto da Silva, *Cronologia da História de Macau*, 5 Vols, DSEJ, Macau, 1992－1998.

⑤ Jorge Morbey, *Macau 1999: O Desafio da Transição*, Lisboa, 1990.

⑥ R. D. Cremer, *Macau: City of Commerce and Culture*, 2nd edition, API Press Ltd., Hong Kong, 1991.

第一章
作为研究对象的澳门法制史

的地缘政治作用及澳门法律体系等，分别由各个领域的专家撰写。林慕士（João de Deus Ramos）的《葡中外交关系史》，[1]详述张安多神父（António de Magalhães）作为康熙皇帝钦差出使葡萄牙的过程。马尔丁斯（A. M. Martins do Vale）的《葡萄牙人在澳门（1750－1800）》，[2]是一部较详尽的澳门断代史，介绍了清代澳葡的政治行政组织、议事会的运作及其同政府的关系、澳门社会及经济，所载21种附录为这一时期的研究提供了翔实的参考资料。马加良斯（José Calvet de Magalhães）的《战后澳门与中国》，[3]为葡萄牙驻穗总领事馆发葡外交部政治报告之一，作者以目击者身份叙述了解放军攻占广州的经过，汇报了中国对澳门的立场，建议葡政府承认新中国政府；书后所载附录之二，收入1947－1948年间葡外交部发驻穗总领事函电多则，为研究战后及中国大陆解放前夕中国内地、澳门和葡萄牙关系的重要史料。迪亚斯（Alfredo Gomes Dias）的《澳门与第一次鸦片战争》，[4]着重分析澳门、中国与英国之间的关系，综述澳门在第一次鸦片战争期间所采取的政治——外交立场及当时总督边度（Adrião da Silveira Pinto）所扮演的角色。李志高（Francisco Gonçalves Pereira）的《葡中与澳门问题》，[5]汇集作者已发表及部分尚未发表文章五篇，着重探讨澳门的政治地位及历史发展，阐述澳门的宪法地位和政府运作体

---

[1] João de Deus Ramos, *História das Relações Diplomáticas entre Portugal e a China*, Instituto Cultural de Macau, 1991.

[2] A. M. Martins do Vale, *Os Portugueses em Macau (1750－1800)*, Instituto Português do Oriente, Macau, 1992.

[3] José Calvet de Magalhães, *Macau e a China no Após Guerra*, Instituto Português do Oriente, Macau, 1992.

[4] Alfredo Gomes Dias, *Macau e a I Guerra do Ópio*, Instituto Português do Oriente, Macau, 1993.

[5] Francisco Gonçalves Pereira, *Portugal, a China e "Questão de Macau"*, Instituto Português do Oriente, Macau, 1995.

系，同时回顾了中国对澳门的管制，并对《中葡联合声明》签署后的过渡模式和基本法进行了分析。格得士（João Guedes）的《宪政实验室》，① 就澳门现代史中某些重大事件进行了新的探讨，对孙中山与澳门的关系，葡国"四·二五"革命在澳门的反响有较详尽的叙述。

此外，苏拉马尼亚姆（Sanjay Subrahmanyam）的《葡萄牙帝国在亚洲：政治与经济史（1500 - 1700）》，② 尤些里斯（W. Robert Usellis）的《澳门的起源》，③ 吉马良斯（Ângela Guimarães）的《一种特殊关系：澳门与葡中关系（1780 - 1844）》，④ 波特（Jonathan Porter）的《澳门：想象之城的文化与社会（1557年至今）》，⑤ 罗理路（Rui Manuel Loureiro）的《澳门寻根》，⑥ 各有可资参考之处。尤其值得一提的是马奎斯（A. H. de Oliveira Marques）主编的五卷本《远东葡萄牙人史》，⑦ 第一卷包括第一册《关于澳门：16 - 17 世纪》和第二册《从澳门到周边》，第二卷《澳门与帝汶：帝国的衰落》，第三卷《澳门与帝汶：从旧制度到共和》，第四卷《澳门与帝汶：共和时期》，第五卷《索引》，均由各领域专家执笔，除第四卷直接引用汉语资料外，其余各卷以葡语史料及汉语

---

① João Guedes, *Laboratório Constitucional*, Instituto Português do Oriente, Macau, 1995.
② Sanjay Subrahmanyam, *The Portuguese Empire in Asia, 1500 - 1700: A Political and Economic History*, Longman, London, 1993.
③ W. Robert Usellis, *As Origens de Macau*, Museu Marítimo de Macau, 1995.
④ Ângela Guimarães, *Uma Relação Especial: Macau e as Suas Relações Luso - chinesas (1780 -1844)*, CIES, Lisboa, 1996.
⑤ Jonathan Porter, *Macau, the Imaginary City: Culture and Society, 1557 to the Present*, Westview Press, 1996.
⑥ Rui Manuel Loureiro, *Em Busca das Origens de Macau*, Museu Marítimo de Macau, 1997.
⑦ A. H. de Oliveira Marques, *História dos Portugueses no Extremo Oriente*, Macau, 1998 - 2003.

资料译文为主，史料充分，图文并茂，印刷精美，关于澳门部分甚多，学术价值较高。

在此期间，葡国学者亦对澳门法制史有所涉足。尤其是萧伟华（Jorge Noronha e Silveira）的《澳门宪法历史研究资料（1822 - 1974）》，① 叶士朋（António Manuel Hespanha）的《澳门法制史概论》，② 萨安东（António Vasconcelos de Saldanha）的《圣塔伦子爵关于葡萄牙人居留澳门的备忘录（1845）》③ 与《葡中关系论文集》，④ 以及博士论文《合法统治权：论作为葡萄牙东方帝国基石的条约》，⑤ 对澳门法制史及相关论题做出了若干开拓性的研究，使这一交叉学科初具规模。

上述外文相关著作中，已有部分作品译为中文出版。

在内地翻译出版的葡萄牙文献著作，主要有苏亚雷斯的《轭下的葡萄牙》（李小冰等译，中国文联出版公司，1992），马丁斯的《葡萄牙的机构及实事》（黄徽现译，中国文联出版公司，1995），马尔格斯的《葡萄牙历史》（李均报译，中国文联出版公司，1995），阿尔布克尔克、阿尔萨达的《葡萄牙的大发现：伟大的行程》（范维信译，纪念葡萄牙发现事业澳门地区委员会，1995），科尔特桑的《葡萄牙的发现》（邓兰珍等译，中国对外翻

---

① Jorge Noronha e Silveira, *Subsídios para a História do Direito Constitucional de Macau (1820 - 1974)*, Publicações O Direito, Macau, 1991.

② António Manuel Hespanha, *Panorama da História Institucional e Jurídica de Macau*, Fundação Macau, 1995.

③ António Vasconcelos de Saldanha, *A Memória Sobre o Estabelecimento dos Portugueses em Macau do Visconde de Santarém (1845)*, Instituto Português no Oriente, Macau, 1995.

④ António Vasconcelos de Saldanha, *Estudos Sobre as Relações Luso - chinesas*, Lisboa, Instituto Superior de Ciências Sociais e Políticas, Instituto Cultural de Macau, 1996.

⑤ António Vasconcelos de Saldanha, *Iustum Imperium - Dos Tratados como Fundamento do Império dos Portugueses no Oriente*, Fundação Oriente, Instituto Português do Oriente, Macau, 1997.

译出版公司，1996-1997)、卡蒙斯的《卢济塔尼亚人之歌》(张维民译，中国文联出版公司，1998)、萨拉依瓦的《葡萄牙简史》(李均报等译，中国展望出版社，1988)、莫嘉度的《从广州透视战争：葡萄牙驻广州总领事莫嘉度关于中日战争的报告》(舒建平等译，上海社会科学院出版社，2000)等。内地另有大量其他语种(如英、法、日、意)的著述出版，其中关涉澳门历史、文化与法制背景的成果，主要有马士、佩雷菲特、龙思泰、滨下武志等学者的作品。

在港澳台地区出版的相关译作亦很丰富。以葡萄牙学者的研究为例，不仅有涉及相关历史背景的著述，例如亚诺尔德、潘日明、施白蒂、尤些里斯、罗理路、徐萨斯等人的作品，[①] 还开始深化或细化到了澳门政治史、外交史甚至法制史的若干领域。关于澳门政治/外交史方面，主要有萨安东的《1909年中葡政府的澳门勘界会谈及其在中葡关系中的意义》(金国平译，澳门行政暨公职

[①] 葡萄牙学者的译著主要有：高德：《欧洲第一个赴华使节：托佩莱斯，药剂师及其〈东方志〉》(李飞中译，澳门文化司署，1990)，潘日明：《殊途同归——澳门的文化交融》(苏勤译，澳门文化司署，1992)，亚诺尔德：《大发现时代》(范维信译，澳门东方文萃，1994)，施白蒂：《澳门编年史》(小雨译，澳门基金会，1995)、《澳门编年史(十九世纪)》(姚京明译，澳门基金会，1998)、《澳门编年史：二十世纪(1900-1949)》(金国平译，澳门基金会，1999)与《澳门编年史：二十世纪(1950-1988)》(思磊译，澳门基金会，1999)，尤些里斯：《澳门的起源》(张东源、周卓兰译，澳门海事博物馆，1997)，罗理路：《澳门历史指南(1500-1900)》(陈用仪译，纪念葡萄牙发现事业澳门地区委员会，1999)，平托等著《葡萄牙人在华闻见录——16世纪手稿》(王锁瑛译，澳门文化司署等联合出版，1998)，平托：《远游记》(金国平译注，纪念葡萄牙发现事业澳门地区委员会、澳门基金会、澳门文化司署、东方葡萄牙学会，1999)，徐萨斯：《历史上的澳门》(黄鸿钊等译，澳门基金会，2000)，等等。另有其他语种的译著，例如，斯当东：《英使谒见乾隆纪实》(叶笃义译，香港三联书店，1994)，苏拉马尼亚姆：《葡萄牙帝国在亚洲：1500-1700政治和经济史》(何吉贤译，纪念葡萄牙发现事业澳门地区委员会，1997)，博克塞：《澳门议事局》(谈霏、周庆志译，澳门市政厅，1997)，等等。

司，1995）及《葡萄牙在华外交政策：1841－1854》（金国平译，葡中关系研究中心、澳门基金会，1997），廉辉南的《澳门：她的两个过渡》（曾永秀译，澳门基金会，1999），马楂度的《勘界大臣马楂度：葡中香港澳门勘界谈判日记（1909－1910）》（舒建平等译，澳门基金会，1999），等等。关于澳门法制史方面，则有叶士朋《澳门法制史概论》（周艳平、张永春译，澳门基金会，1996），萧伟华的《澳门宪法历史研究资料（1820－1974）》（沈振耀、黄显辉译，法律翻译办公室、澳门法律公共行政翻译学会，1997），Mário Júlio de Almeida Costa 的《葡萄牙法律史》（唐晓晴译，澳门大学法学院，2004）等。

此外，在西方尤其是葡语学界，以澳门史为题材的学位论文也不断涌现。其中涉及法制史或可供相关研究参考者，例如，Maria Helena do Carmo 的《18 世纪葡萄牙在澳门的利益》（硕士论文，2000 年），Maria Carla Faria Araújo 的《葡萄牙法与土著居民：澳门（1846－1927）》（硕士论文，2000 年），Alfredo Gomes Dias 的《葡萄牙、澳门及鸦片问题的国际化（1909－1925）》（硕士论文，2002 年），Sérgio de Almeida Correia 的《澳门政治阶层（1986－1999）》（硕士论文，2002 年），张增信的《从马拉巴至澳门：16 世纪在华葡萄牙人》（博士论文，2002 年），Carmen Isabel de Oliveira Amado Mendes 的《葡萄牙与澳门问题的解决（1984－1999）：国际谈判中的实用主义》（博士论文，2004 年），Moisés Silva Fernandes 的《中国与澳门：澳门"文化大革命"的起源及其对中葡关系的影响》（博士论文，2004 年）等。[1] 限于种种条件，笔者所知有限，恕不再列举。

---

[1] 关于西方尤其是葡语学界涉足澳门史的学位论文概况，见金国平编译《西方澳门史料选萃（15－16 世纪）》，吴志良"序"，第 9－11 页。

四　还原历史：关于澳门学的档案整理

（一）相关档案资料及整理

在 1980 年之前，关于澳门史料文献汇编十分匮乏，国内代表性成果仅有《葡萄牙侵略澳门史料》（上海人民出版社，1961）等寥寥几部。至 20 世纪 80 年代，随中葡建交及澳门问题谈判的顺利展开，尤其是《中葡联合声明》关于澳门回归的庄严宣告，学术界对澳门研究不再有"禁区"意识，澳门地区进而发起"澳门学"之倡议，使两岸四地澳门史与澳门法研究逐步繁荣，横贯其间的澳门法制史研究亦随之而有起色。

为研究奠基而整理文献，遂成为两岸四地学者的共识。他们就此多次发出强烈呼吁，有人认为广泛搜集中外文的文献资料，编辑出版澳门历史资料专辑，这是深入研究澳门历史的基础工程，舍此无法进行；有人认为在建立澳门学的计划中，当务之急是先要投入很大的力量，去系统地整理和出版澳门史料（包括中文、葡文和英文史料）；有人认为在澳门史的研究中，除了继续发掘中文史料外，还应直接利用葡文档案史料，否则谈不上全面地研究澳门四百多年的历史发展，也不能深入地研究澳门历史发展中的重大问题；还有人主张设立"澳门历史文献公共中心"、倡导建立"澳门史料学"，[1] 等等。

---

[1] 学界关于文献整理工作的呼吁，参见黄启臣《澳门历史研究刍议》，《澳门历史文化国际学术研讨会论文集》，澳门文化研究会，1995；黄鸿钊编《中葡澳门交涉史料》第一辑，"序言"，澳门基金会，1998；张海鹏：《澳门史研究：前进和困难——国内澳门史研究的动向》，《中国社会科学院研究生院学报》1995 年第 5 期；梅士基德拉：《建立澳门历史文献公共中心》，《澳门历史文化国际学术研讨会论文集》，1995；王国强：《建立澳门史料学来研究澳门历史》，《澳门研究》总第 2 期，1994。

第一章
作为研究对象的澳门法制史

  自1980年以来，学界开始注意相关文献整理，代表作有1985年澳门出版的《澳门问题资料汇编：1553至1985年》。① 尤其在澳门回归前夕，相关文献整理全速推进，出版场面蔚为壮观。澳门回归后，仍有一大批中外原始档案、重要报刊、信札报告等珍贵文献，在澳门、内地及海外陆续整理出版。以下为1990年以来海内外出版的具有一定代表性或影响力的相关成果。

  1991年，广东人民出版社出版《澳门港史资料汇编：1553－1986》，② 选录1553－1986年澳门港口、澳门对外贸易兴衰史料，对研究澳门经济具有较重要的参考价值。全书共分八章，包括：澳门港的自然地理条件，明代澳门港的兴起和繁荣，清代前期的澳门港，明清时期西方列强对澳门港的争夺，近现代的澳门港，澳门的鸦片非法走私和贸易，澳门的苦力贸易，当代的澳门港。书中附有大量统计数据、表格。

  1992－1995年，台湾"中研院"近代史研究所陆续出版四卷影印本《澳门专档》，③ 系清代外交档案中关于澳门事务的史料汇编，黄庆福等主编，收录晚清与民国政府有关澳门问题的各类档案。档案全部照原件影印，时间上起1897年，下迄1928年，内容丰富，包括奏疏、函札、照会、咨文、申呈、禀、告示、电文、会议记录、新闻纸等类别。档案内容可分三大部分：第一部分，关于中葡修约的资料，包括1862年与1887年中葡谈判修约档案；第二部分，关于中葡澳门界务纠纷和主权论争的档案；第三部分，关于清末到北洋政府时期中葡澳门勘界交涉过程的档案。所录原

---

① 黄汉强主编《澳门问题资料汇编：1553至1985年》，澳门《华侨报》编印，1985。
② 黄启臣、邓开颂编《澳门港史资料汇编：1553－1986》，广东人民出版社，1991。
③ 台湾"中研院"近代史研究所编《澳门专档》共四卷，台北，"中研院"近代史研究所，1992－1996。

档文件，均为研究澳门近代史包括法制史的珍贵材料。

1996-2000年，澳门基金会、葡中关系研究中心与澳门大学陆续出版十卷系列 Colecção de Fontes Documentais para a História das Relações entre Portgual e a China（《葡中关系史资料汇编》），[①] 收录葡萄牙"海外历史档案馆""外交部历史档案馆"等机构收藏的大量有关葡中关系和澳门的葡中两种文字档案，分为专题系列和通史系列两种。其中，通史系列已出六卷，时间从1840年代至80年代；专题系列已出四卷，第一卷《第一次鸦片战争期间葡萄牙中立问题文件》，第二卷《太平天国起义及新鸦片战争期间葡萄牙中立问题文件》，第三卷《澳门问题备忘录》，第四卷《省港罢工及其在澳门之影响》，蔚为大观，弥足珍贵。

1997-1999年澳门政府、东方文萃出版社联合出版两卷本《澳门游记：外国作者的评论、描述和记录》，[②] 收录大量的葡、英、法文多语种文献，非常珍贵。

1998年，澳门基金会出版两卷本《中葡澳门交涉史料》，[③] 选辑第一手中文资料，包括档案文献、大臣奏稿、外交函电、清朝实录、方志记载、私人信件和日记等，同时也选用了一些外文资料，时间起自1849年，止于1949年，按13个专题归纳排列，每个专题前有编者按语，包括以下内容：新交涉的开端（1849年澳督遇刺事件），1860年代中葡澳门交涉，澳门苦力贸易交涉，1887年中葡条约，澳门界址争端之开始，修约与广澳铁路问题，二辰丸案与澳门海权，澳门划界与香港谈判，澳门划界交涉及划界期

[①] 萨安东主编《葡中关系史资料汇编》（Colecção de Fontes Documentais para a História das Relações entre Portgual e a China），澳门基金会、葡中关系研究中心、澳门大学出版，1997-2000。

[②] 古靖仪、古维杰（Cecília Jorge e Rogério Beltrão Coelho）：《澳门游记：外国作者的评论、描述和记录》，澳门政府、东方文萃出版社，1997-1999。

[③] 黄鸿钊编《中葡澳门交涉史料》，澳门基金会，1998。

间的人民运动，民国时期的澳门问题，澳门交涉的综述资料和附录。

1998年，中华全国图书馆文献缩微复制中心出版上下卷《澳门问题史料集》，① 系从清代29种文献中节选或全书收录有关澳门的史料汇编而成，列为《中国公共图书馆古籍文献珍本汇刊·史部》中之一种。该书收录如下文献：卷一为清代抄本《澳门新闻纸》六册；卷二为《澳门记略》全书，另从道光、光绪、民国《香山县志》及《广东海防汇览》选录有关澳门内容；卷三主要从《柔远全书》《（雍正）广东通志》《小方壶舆地丛抄》《清嘉庆新外交史料》《筹海初编》《林文忠公政书》等书摘录官员巡澳奏折记略之类；卷四主要从《中葡外交史》《清史稿》《平南王元功垂范》等12部书节选121篇有关葡萄牙与澳门及中葡交涉之奏折、照会、条约等；卷五、卷六收录《海国图志》《达衷集》等11部书节选的65篇文章、奏折、夹片、书信等；卷七收录《澳门杂诗》和《墨井诗钞》。

1999年，四川人民出版社出版两卷本《中葡关系史资料集》，② 收录自明正德十二年（1517）葡萄牙"叩关求市"至1987年《中葡联合声明》签署为止的中葡关系史料，时间跨度长达473年，总字数为300多万字。该书以年为经，以事为纬，共分五编：第一编收入有关葡萄牙与澳门地理历史概括性资料；第二编为明代中葡关系；第三编为清代中葡关系；第四编为中华民国时期的中葡关系；第五编为中华人民共和国时期的中葡关系。每编下设若干大类，每类下系若干专题，每一专题再按时间顺序编排，难于归类或专门性较强的资料则作附录紧系于有关专题之后。所录

---

① 南京图书馆古籍部编《澳门问题史料集》上、下，中华全国图书馆文献缩微复制中心，1998。
② 张海鹏主编《中葡关系史资料集》上、下，四川人民出版社，1999。

中文资料,包括各类外交往来文书、官方档案、官员奏疏、方志传略,以及围绕中葡关系尤其是澳门问题的官私文献等。该书收入迄至当时几乎全部的相关中文史料,外文方面尤以首次译出萨安东主编的《葡中关系史资料汇编》部分葡文档案极具参考价值。

1999年,中国档案出版社出版《广东澳门档案史料选编》,[①]收录近代以来粤澳间历次发生的重大事件演变与处理情况的史料。该书资料起自清嘉庆末期,止于1970年代后期,包括历史沿革、粤澳关系、通商贸易、拐卖华工、社会灾害等五个部分,所录文献有历届广东政府与澳葡当局及相关国家之间的照会、会谈记录、条约草稿,以及广东负责官员对澳葡理事官札饬的往来文书,还有中方各级地方官员关于澳门问题转述的奏报和对上级的禀告及有关批示,另有粤澳之间贸易活动、社会动态及灾害救济等方面的文献资料,梳理百余年间粤澳两地的密切关系。

1999年,浙江华宝斋古籍书社影印出版五卷本《明清澳门问题皇宫珍档》,[②]影印收录大量明清宫廷所藏澳门问题档案文献。该书所辑百余件鲜为人知的档案精品,记录了明、清两朝在对澳门进行管理中商讨决策及其实施的情形,时间跨度从天启三年(1623)到宣统三年(1911),包括明清政府对澳门实施管理的诏令,地方官员呈报澳门情形的奏疏,中葡两国为澳门之事往来的照会,还有清晰直观的澳门地图,记录了一些重大历史事件,如教皇特使从澳门到北京、在澳门设立海防同知、英军兵犯澳门、中葡谈判缔约等。其中,葡人在澳活动的明代卷册、记载天主教在澳传播的满文原档,都是第一次发现的史料。

1999年,人民出版社出版六卷本《明清时期澳门问题档案文

---

① 广东省档案馆编《广东澳门档案史料选编》,中国档案出版社,1999。
② 邢永福主编《明清澳门问题皇宫珍档》,华宝斋书社,1999。

献汇编》,① 由中国第一历史档案馆、澳门基金会、暨南大学古籍研究所合编,邢永福、吴志良总策划,杨继波、吴志良、邓开颂总主编。该书采用编年体,收录明清档案 2197 件、历史文献 397 种,始自明天启三年 (1623),截至清宣统三年 (1911),时间跨度达 288 年。收录的档案方面,有以历届皇帝名义发出的谕旨、朱批,由内阁、军机处、总理衙门、内务府、广东大吏、粤海关监督等衙署的题奏和相互咨呈批示,以及具体负责澳门事务的海防同知、香山县丞禀呈及所获批谕,还有清朝官员官方与葡国政府、澳葡官员及外国使节关于澳门问题的往来文书、照会、电文等;文献方面,既包括一般官书、政书,也收录有关人员的文集、日记、信札、方志、笔记、诗文,从不同角度补正档案资料,有 370 多万字。据称,中国第一历史档案馆过去馆藏澳门档案并未系统整理过,这次编辑出版有 80% 以上材料是第一次公布。

1999 年,澳门出版两卷本《葡萄牙东波塔档案馆藏清代澳门中文档案汇编》,② 根据澳门历史档案馆近年来从葡萄牙东波塔国家档案馆缩微复制回来的有关澳门的中文档案编注而成,主体是清代中国官员在管制澳门的过程中与澳葡当局之间的往来文书。全书共 18 章,包括:居澳民番,屋宇房舍,约单执照,田赋地租,对外贸易,贸易额船,民番交涉,澳门番官,清朝官员与澳门,官府政令文书,剿抚海盗,天主教与传教士,澳门与中国内地的关系,澳门与欧亚各国的关系,澳门与英国的关系,补遗,另有附录及 80 幅书影,收录各种文书 1500 余件,共计 100 多万字。

---

① 中国第一历史档案馆、澳门基金会、暨南大学古籍研究所合编《明清时期澳门问题档案文献汇编》,人民出版社,1999。相关介绍及评价见《人民日报》1998 年 8 月 12 日第 11 版。
② 刘芳辑、章文钦校《葡萄牙东波塔档案馆藏清代澳门中文档案汇编》,澳门基金会,1999。

2000年，中国档案出版社出版两卷本《中葡关系档案史料汇编》，① 为清宫所藏有关中葡关系的档案史料汇编，共计48万字，按文件形成时间排序，辑录了从顺治八年（1651）至宣统三年（1911）中国与葡萄牙国相互交往的档案史料共930件。内容主要包括：中葡两国互遣使臣、呈递国书、庆贺节日进献方物、设使领馆、接待游历等友好往来的有关文件；中葡通商、在澳各种工程建筑及设关征税等相关条款和往来文书；有关中葡之间在澳门的诉讼案件、审办条款、逃犯遣返等文件；中葡两国关于澳门勘界问题的有关文件，等等，是研究清代澳门史及中葡关系的重要档案汇编。

2000年，澳门基金会出版《澳门问题明清珍档荟萃》，② 系中国第一历史档案馆所藏澳门问题珍贵档案集锦，收录1623-1911年珍档125件，影印出版，并配彩色插页，以图文并茂的形式展示关涉澳门史实的皇宫档案原貌，内容主要有：明清中央政府对澳门实施管理的诏令，地方官员呈报澳门情形的奏疏，中葡两国为澳门之事往来的照会，绘制精良清晰直观的澳门地图。这些档案文献具有可信性和权威性，其形成的时间跨度大，澳门史上的重大事件均有反映，且有相当一部分文献系首次发现，值得重视。

2000年，澳门基金会出版八卷本 Correspondência Oficial Trocada entre as Autoridades de Cantão e os Procuradores do Senado 1749 - 1847）（《粤澳公牍录存》），③ 是《葡萄牙东波塔档案馆藏清代澳门中文档案汇编》的葡文姊妹篇，时间上起1749年，下迄1847年。该书收录1500余份藏于葡萄牙东波塔国家档案馆的澳门理事官与广东当局的往来公函，其中一部分为"汉文文书"的葡译，

---

① 中国第一历史档案馆编《中葡关系档案史料汇编》上、下，中国档案出版社，2000。
② 邢永福、吴志良、杨继波主编《澳门问题明清珍档荟萃》，澳门基金会，2000。
③ 金国平、吴志良编注《粤澳公牍录存》，澳门基金会，2000。

另一部分为原始的葡文文献，内容更为丰富。编者还撰有长达 61 页的前言，并编制了 12 种附录。

2001 年，澳门东方葡萄牙学会出版三卷本《葡萄牙及耶稣会参与中国礼仪之争及康熙皇帝与教廷关系研究及文献集》，[①] 第一卷为长达 452 页的研究论文，其余两卷收录藏于欧洲各处档案馆和图书馆的原档 191 件。该书是继《康熙与罗马使节关系文书》（陈垣编）、《中国礼仪之争：历史、文献和意义》（李天纲编）和《中国礼仪之争：西文文献一百篇（1645–1941）》（苏尔、诺尔编）之后的又一重要文献汇编，是了解澳门宗教史与相关法文化的重要材料。

2002 年，中国书店影印出版十卷本《清宫粤港澳商贸档案全集》，[②] 在浩如烟海的清宫档案中编选出反映粤港澳三地商贸历史的档案 1000 余件，旨在反映清代粤港澳三地商贸历史问题的全貌，篇幅浩大，内容丰富。

2003 年，澳门历史文化研究会出版《澳门史料拾遗：〈香山旬报〉资料选编》，[③] 收录 1908 年 10 月至 1911 年 10 月出版的近代报刊《香山旬报》中关于中葡澳门划界交涉的地方资料及相关的大量新闻与政论文章，是研究中葡勘界交涉的重要文献。

2004 年，中华书局出版的两卷本《清代外务部中外关系档案史料丛编——中葡关系卷》，[④] 辑录了有关中葡关系档案 553 件，时间为同治元年至宣统三年。全书包括国书、照会、条约、信函、

---

① 萨安东辑《葡萄牙及耶稣会参与中国礼仪之争及康熙皇帝与教廷关系研究及文献集》，金国平汉译，东方葡萄牙学会，2001。
② 中国第一历史档案馆、中国古籍整理研究会编辑《清宫粤港澳商贸档案全集》，中国书店影印，2002。
③ 黄鸿钊编《澳门史料拾遗：〈香山旬报〉资料选编》，澳门历史文化研究会，2003。
④ 中国第一历史档案馆、北京大学、澳门理工学院编《清代外务部中外关系档案史料丛编——中葡关系卷》，中华书局，2004。

电报等，内容涉及两国互设使领馆、呈递国书、通商贸易、澳门事务、文化交流等史料。

2005年，广东人民出版社出版《西方澳门史料选萃（15-16世纪）》，① 编译者金国平对15-16世纪有关澳门的葡萄牙文原始资料进行检索、研究、鉴别和翻译，比照中文相关史料进行勘比互证而编成，内容包括：第一部分，为15世纪史料，分为葡人东来与印度初识两章；第二部分，为16世纪史料，分为中葡初交与澳门曙光两章。该书补充了现有中文澳门史料的不足，对研究早期澳门史尤其是法制史与法文化大有裨益。

2006年，上海古籍出版社出版《香山明清档案辑录》，② 由广东省中山市档案馆与中国第一历史档案馆合作，将馆藏明清档案中有关原香山县的部分进行复制分类整理，起讫时间由天启三年（1623）至宣统三年（1911），时间跨度约280多年；以时间为经，内容为纬，包括政务、军务、政法、外事、宗教、财贸、农务和文教八个类目，收录广东香山地区明代档案4件，清代档案863件，多达1200多页、150万余言，被看作是新中国成立以来中山档案史上工作量与工作难度都最大的一项编研工作。

2009年，广东省出版集团与广东教育出版社联合推出十六卷影印版《葡萄牙外交部藏葡国驻广州总领事馆档案（清代部分）》。③ 档案内容丰富，多为葡文、中文和英文，间或有日文和法文资料，涉及地域以广东、澳门为主，兼及香港、广西、福建及

---

① 金国平编译《西方澳门史料选萃（15-16世纪）》，广东人民出版社，2005。
② 中山市档案局、中国第一历史档案馆编《香山明清档案辑录》，上海古籍出版社，2006。
③ 《葡萄牙外交部藏葡国驻广州总领事馆档案（清代部分）》，广东教育出版社，2009。这批资料精选自葡萄牙外交部档案馆藏的珍稀档案，共320个卷宗，可辨识者313个，近10万页。经多方努力，澳门基金会、葡萄牙外交部档案馆、广东省立中山图书馆、澳门大学图书馆合作编选，现已整理出版清代部分中文档案，共计8000余页。

东南亚等地。主体内容除照会、函件外，还有抄件、副本、函封、名片、报刊、剪报、签条、法规等，如外交事务的照会、公函或信件，也有处理民事纠纷以及涉及刑事案件的档案；有关于通商、缉私、缉匪、渔业、狩猎、传教、游历及催缴饷银、海事交涉、递解嫌犯的公文，也有涉及军事方面的情报文档；还有许多关于制度法规、章程文书、募股公告和证件护照、地契样本、户籍管理、邀请函、洋行票据、名片便笺，以及地图、报摘、价目格、税务表、调查表、统计表等杂件，涉及近代中西政治、经济、外交、军事、社会民生等方面。其中录有大批法律文件、案件卷宗及其他相关材料，是研究近代澳门政治发展、法制建设与司法实践的最新一手文献。

2012年，广西师范大学出版社组织整理影印出版《美国驻中国澳门领事馆领事报告，1849－1869》，① 内容包括美国国务院于1849－1869年收到的驻澳门领事发来的函件和补充附件的原始档案，以及这些函件的登记汇总表，共计204份文件，依时间先后顺序编排。报告中有对澳门的历史、地理、气候、人口、农业、手工业与进出口贸易的调查及对商业形势的分析；记录了清朝政府不承认1862年《中葡条约》有关澳门独立条款的态度；陈述了台湾之于美国的战略意义；介绍了中国的鸦片生意；评述了贩卖苦力的罪恶行径；报道了林肯总统遇刺和西沃德国务卿遇袭等重大事件。

上述文献弥足珍贵。正如整理文献的学者们所言，这些档案"原始地记录了明清两朝政府在对澳门进行经营管理过程中如何商讨决策及这些决策的实施情况，反映了中央政府和地方政府对澳

---

① 《美国驻中国澳门领事馆领事报告，1849－1869》，广西师范大学出版社，2012。该书是广西师范大学出版社所出"美国政府解密档案（中国关系）"系列丛书之一种，由美国驻华大使馆美国教育交流中心收藏的缩微胶卷"Despatches from U. S. Consuls in Macao, China：1849－1869"复制整理影印而成。

门管辖的意志和行为，其史料具有绝对的可信性和权威性"，① 从而雄辩地证明了中国历来对澳门拥有主权的事实。

（二）相关报刊文献汇编概况

1994 年，澳门基金会影印出版《蜜蜂华报》（*Abelha da China*, 1822 - 1823）。该报亦译《中国的蜜蜂》，1822 年（道光二年）9 月 12 日在澳门创办，每周四出版，由当时澳门葡人主张变革的立宪派首领之一巴波沙（Paulino da Silva Barbosa）少校创办，多明我会教士编辑，主编为安东尼奥。系葡文周刊，并有增刊数种，是新政权的喉舌，宗旨是鼓吹立宪派的主张，攻击批评保守派。1823 年巴波沙被捕后，保守派大肆镇压立宪派，《蜜蜂华报》先是其中的一些版面被宣布为内容恶毒，旋又被阿利亚加（Arriaga）查封和焚毁。终刊于 1823 年 12 月 27 日，共出版 67 期。1824 年易名，两年后停刊。该报定期向国外传播关于中国的消息，虽只存在一年的时间，但它是中国境内出版的第一份近代报纸，外国人在中国境内创办的第一份报纸，澳门历史上第一份报纸。此后才有《澳门钞报》《帝国澳门人》等葡文报刊出版，才有《广州记录报》《中国丛报》《广州周报》等英文报刊出版，也才有《东西洋考每月统记传》等华文报刊出版。②

1995 年，澳门基金会影印出版三卷本《大西洋国》。③ 该刊系葡人在澳门出版的葡文报刊，社长为飞南地（José Gabriel

---

① 中国第一历史档案馆编《澳门问题明清珍档荟萃》，邢永福"前言"，澳门基金会，2000，第 5 - 6 页。
② 《蜜蜂华报》（*Abelha da China*），澳门基金会影印，1994。程曼丽博士对该报进行了相当系统深入的研究，其成果曾获第四届吴玉章人文社会科学优秀成果奖和北京市第六届哲学社会科学优秀成果二等奖。参见程曼丽《〈蜜蜂华报〉研究》，澳门基金会，1998。
③ 《大西洋国》（*Ta - Ssi - Yang - Kuo*），Ⅰ - Ⅲ卷，澳门基金会影印，1995。

Fernándes）。1863年（同治二年）10月8日创刊，1866年4月26日停刊。该报共出版134期，为一新闻、历史、文学杂志，曾刊载不少与澳门历史有关的文章，对研究早期澳门史具有参考价值。

1996年，澳门基金会与上海社会科学院联合出版两卷影印本《知新报》。① 该报原系康有为、梁启超创办，1897年（光绪二十三年）2月22日创刊，初为五日刊，不久改旬刊；原先定名《广时务报》，因避免重复而用现名，1901年1月停刊，共出版133期。《知新报》成为戊戌变法失败后国内外唯一继续鼓吹变法维新的报刊，是维新派在华南的重要舆论阵地，又在康有为等在海外成立保皇会后成为保皇会的喉舌。这份报刊也是澳门第二份中文报纸，对于近代澳门社会与政治研究具有珍贵的史料价值。

2000年，澳门基金会与上海社会科学院联合出版影印本《镜海丛报》。② 该报全称《镜海丛报——政治、文学、新闻杂志》，于1893年（光绪十九年）7月18日创刊，周刊形式，葡文版逢星期二出版，中文版逢星期三出版，中文版及葡文版内容有异；中文版于1895年12月25日停刊，共出版125号，葡文版于1899年9月停刊。《镜海丛报》主要内容包括社论、新闻和广告三部分，所涉文章包含当时的政治、经济、社会消息和革命党的活动，是中国近代第一份与资产阶级民主革命密切相关的报纸，同时是澳门有史可查最早的中文报纸和第一份双语新闻报纸，有很高的史料价值。

2001年，花城出版社出版《鸦片战争后澳门社会生活记实——近代报刊澳门资料选粹》。③ 该书选录摘译《中国丛报》《遐迩贯珍》《中西闻见录》《华字日报》《申报》《循环日报》《点石斋画报》《镜海丛报》《知新报》《博闻报》《广东日报》《东方杂志》等12

---

① 《知新报》上、下卷，澳门基金会、上海社会科学院出版社影印，1996。
② 《镜海丛报》，澳门基金会、上海社会科学院出版社影印，2000。
③ 汤开建、陈文源、叶农主编《鸦片战争后澳门社会生活记实——近代报刊澳门资料选粹》，花城出版社，2001。

种近代报刊有关澳门的资料,时间上起所收报刊创刊年代,下迄1911年12月,内容包括澳门近代城市发展与市政建设,葡华商工集团经济活动,市内司法治安行动,澳门博彩、鸦片、妓女、走私及移民等经济社会行为,华葡民众的宗教信仰、生活习俗,文化、教育与艺术活动等,颇具参考价值。

2002年,澳门基金会出版《〈澳门宪报〉中文资料辑录(1850 – 1911)》。① 《澳门宪报》是历史上葡澳政府出版的地方官报,也是澳门历史上出版发行时间最长的一份报刊。该刊从1850年起刊登中文文章,1879年正式以中葡双语出版发行。该书所辑资料来自该报自1850年12月7日第4号起至1911年12月30日第52号止所刊中文文字,凡与澳门有关的记载大都收录,但删去各种类型的重复记录及部分琐细杂事。

此外,澳门基金会1998年再版的六卷本葡语期刊《新生周报》(Vida Nova),澳门官印局1998年再版的四卷本葡语期刊《澳门档案》(Arquivos de Macau),澳门基金会2000年再版的六卷本葡语期刊《杂俎》(Mosaico),② 亦可资澳门法制史尤其是近现代史研究参考。

---

① 汤开建、吴志良主编《〈澳门宪报〉中文资料辑录(1850 – 1911)》,澳门基金会,2002。
② 《新生周报》(Vida Nova)系葡萄牙人在澳门出版的葡文周报,1909年1月创办,以报导政治消息和新闻为主要内容,曾因报导军队暴动消息而两次被勒令停刊,共出版100期。刘易斯.施利华(Luiz Nolasco da Silva)任社长。1910年(宣统二年)被当局勒令停刊。《澳门档案》(Arquivos de Macau)时称《澳门故事》,经1924年1月19日第3期《政府公报》上刊登的第8号立法性法规决定,由官印局出版,作为葡萄牙人在东方历史的补充资料,宗旨为刊登存于本澳档案馆中、从葡萄牙及其他葡语国家或外国档案馆中获得的有关本地区历史文献的抄件或原件,为一重要的澳门史料汇编,从1981年起易名《澳门历史档案简报》(Boletim do Arquivo Histórico de Macau)。《杂俎》(Mosaico)系澳门葡文化协会(Círculo Cultural de Macau)机关报,以葡、英、中三种语言出版,由澳门瑞生中西印务局承印,从1950年9月1日至1957年12月共发行17卷88期。汉学家高美士许多重要论文在此发表,澳门基金会自1999年起重印。相关介绍见《澳门百科全书》(修订版),第383、548、579页。

这些活态的报刊资料，是研究 19 世纪澳门历史与文化的重要文献。它们反映了当时葡萄牙、澳门以及大清帝国之间政治经济社会的变动与互动，对研究中国近代史、澳门政治变迁、澳门主权问题、中外文化传播交流等极具参考价值。其中涉及法律制度、司法实践及法律文化的有关内容，更是研究澳门法制史的重要参考资料。

　　上述文献整理出版，是澳门历史文化研究尤其是澳门法制史研究得以深入推进的坚实基础。"澳门学"历来在中外学术交流互补上做得不够，中国学者难以利用葡文，葡国学者很少参照中文，无法比勘原始文献，以至研究屡陷僵局。这些档案文献的整理出版，无疑打破了这一局面。

　　总之，史料文献的整理编纂为澳门史研究奠定基础，相关工作在回归前后亦在全速推进。这些档案原始地记录了明清两朝政府在对澳门进行经营管理过程中如何商讨决策及这些决策的实施情况，反映了中央政府和地方政府对澳门管辖的意志和行为，其史料具有绝对的可信性和权威性，[1] 从而雄辩地证明了中国历来对澳门拥有主权的事实；而近代史料文献的整理出版，涵盖了清末至民国中葡两国关系、粤港澳关系和广东的一些重大事件、社会民情、历任葡领与广东军政大员的个人性情、行事风格、职守和个人关系往来的重要文献，对研究近代澳门社会、经济、外交尤其是法制史具有弥足珍贵的参考价值。

　　当然，档案文献整理工作是无止境的。随着中外学术交流日益密切，各种档案文献仍在陆续整理。挖掘不同国家和地区、不同语言的档案史料，仍是学界努力的基础性工作。有学者指出，近年整理出版的澳门史料尽管数量可观，但相比世界各地藏量巨大的相关档案文献，仍只占其中一小部分；尤其是葡萄牙和英、

---

[1]　中国第一历史档案馆编《澳门问题明清珍档荟萃·前言》，第 5 – 6 页。

法、意、日、西班牙、荷兰等国所藏档案相关史料,以及相关报刊资料或手稿文集,发掘、刊布和翻译都很不够。① 还有学者呼吁加强澳门当代史资料的整理,它离我们最近却最不为人所熟悉,现有史料及相关研究甚少涉及澳门当代,因此建议从整理出版档案资料入手(如葡国萨拉查个人档、国际国防警察厅档、外交部历史——外交档等),② 开创澳门当代史研究的百花齐放时代。

第二节 一种进路:全球史观下的澳门法制史

一 起步中的澳门法制史研究

在前述中外学界的相关文献及研究中,有一批专涉澳门法制史的成果值得瞩目。虽然相比"澳门学"其他领域,这个综合性与边缘性的交叉学科尚在起步,但在逐步探索不断开拓的过程中,已展示出良好的发展势头。在此择要介绍如下。

葡国学者萧伟华(Jorge Noronha e Silveira)曾任教于澳门大学法学院,根据授课内容结集而成的《澳门宪法史初探 1820 - 1974》,③ 是澳门法制史领域的一部专题研究及文献汇编。该书1997年中译改名《澳门宪法历史研究资料(1820 - 1974)》,五章内容依次为:引言;统一同化阶段;相对特别处理阶段;真正特

---

① 赵春晨:《澳门历史研究与新史料的刊布和利用》,《学术研究》2003年第6期。
② 金国平:《西力东渐——中葡早期接触追昔》,澳门基金会,2000,第319 - 320页。
③ *Subsídios para a História do Direito Constitucional de Macau 1820 - 1974*, 1991.

别处理阶段；1972 - 1974 年间澳门的宪制法律状况。该书对澳门史上某些重大的问题，如澳门起源、议事会设立、总督权限、混合管制、地租交纳、议事会求存之道、1783 年《王室制诰》及澳门宪法制度的确立等进行阐述，随后回顾澳门在葡历次宪法及有关法令中地位的变化，并重点分析 1972 年至 1974 年间澳门之宪法地位问题。该书言简意赅，但仅参引葡文，未以中文互证，观点难以公允。为方便读者查阅论述涉及的部分法令，葡文版刊有详细附录，唯中译本略去未译。

葡国学者叶士朋（António Manuel Hespanha）曾执教于澳门大学法学院，根据授课内容撰成《澳门法制史概论》。[①] 该书 1996 年出版中译本，四章内容依次为：绪论；葡萄牙帝国；海上帝国的政治及行政结构；法律与正义。附录略去未译。该书篇幅短小，对葡萄牙历史上从海外扩张到 20 世纪初的海外法制体系，以及澳门立法、司法组织结构与特点进行了系统介绍，指出葡萄牙海外法制的特点是多轨制，即承认殖民地当地的特殊法制及多种体制并存；并从法学、政治学、人类学等理论出发，以葡萄牙当时的具体国情和各殖民地的实际需要为根据，对此论点进行阐述和论证，尤其是详细介绍这一多轨制的特点在当时澳门立法与司法组织方面的体现。该书是最早冠名"澳门法制史"的著作，然而，作者谈论的是葡萄牙帝国时期海外属地的法律特性、政治行政结构以及帝国扩张时期的政治法律人类学，这与通常所理解的"澳门法制史"相去甚远。

葡国学者萨安东（António Vasconcelos de Saldanha）长期从事葡萄牙法律史、国际公法及国际关系理论方面的教学工作，在葡萄牙法律史及中葡关系领域著述颇多。他的硕士论文《海外特别自治区：葡萄牙海外扩张过程中的地主所有制》（Lisboa，1992）

---

① *Panorama da História Institucional e Jurídica de Macau*, 1995.

与博士论文《合法统治权:论作为葡萄牙东方帝国基石的条约——国际法史及葡萄牙法律研究》(Macau,1996),分别获得葡萄牙海外发现委员会"唐·若奥·德·卡斯特罗奖"及东方基金会"东方葡萄牙学会奖"。在中葡关系史及澳门政治史领域,因掌握葡萄牙外交部和前殖民地部的大量原始文件,他有更为深入的研究成果问世。他在此领域的代表作之一,是《圣塔伦子爵关于葡萄牙人居留澳门的回忆录——葡萄牙人居澳合法性探讨之始》(*A Memória Sobre o Estabelecimento dos Portugueses em Macau do Visconde de Santarém———os Primórdios da Discussão da Legitimidade da Presença dos Portugueses em Macau*, 1995),全书共三部分内容,依次为:争取合法性,对葡萄牙在澳门主权三百年历史及法律求证过程中出现的圣塔伦子爵回忆录;圣塔伦子爵关于葡萄牙人在澳门居留地之"回忆录";比加哆(José Gregorio Pegado)"特别备忘录"。该书超越常见的民族主义倾向,以中外档案为研究基础,对葡萄牙夺取居澳权利之过程作出了较为全面而客观的分析。他的另一代表作是已译为中文的《葡萄牙在华外交政策(1841-1854)》(1997)。该书共18章,详述1841-1854年间的中葡交涉诸事,如莲峰庙会议、对华谈判政策与展开接触、澳门议事亭九请、葡使广州谈判及其失意、葡英关于澳门主权之争、亚马留执政澳门及其遇刺事件,等等,对葡萄牙在华外交政策推本溯源,拾遗补阙,探疑索隐,资料披露之多,互相印证之细,在同类研究中鲜有比肩之作。

澳门学者谭志强的《澳门主权问题始末(1553-1993)》(1994),从现代国际公法的视角重新审视澳门史。该书共七章,依次为:葡人来华与澳门港的建立(1513-1557);明末至鸦片战争前后的澳门(1553-1849);《中葡和好通商条约》与清末中葡澳门划界交涉(1887-1910);中华民国在大陆时代的澳门(1911-1949);中共建政到中葡澳门前途问题谈判以前的澳门

第一章
作为研究对象的澳门法制史

(1949－1986)；中葡澳门前途问题谈判、澳门协议（即《中葡联合声明》）与《澳门基本法》(1987－1993)；结论。该书广泛征引中、葡、英文资料，研究澳门主权问题和中葡关系的宏观演进，注重社会科学层面的澳门历史分析，尤其是国际公法层面的澳门主权归属分析，以及中国长期没有在澳门恢复行使主权的政治分析，颇多新意。

澳门学者杨允中的《"一国两制"与现代宪法学》(1996)，从宪法学角度全面考察"一国两制"的历史源流。该书共两部分：第一部分考察社会主义宪法自我完善的历史进程，阐述"一国两制"这一命题的含义、特征、理论与实践价值及其深远历史意义；第二部分论述《澳门基本法》这部宪制性法律文件的性质和地位，比较研究由《澳门组织章程》所确立的澳门现行政治制度与澳门基本法所设计的政治体制的异同，论证实现平稳过渡与顺利衔接的可行途径，解答澳门后过渡期所面临的若干现实社会问题，并提出制宪的趋同性与国情特色、"一国两制"与宪法学等理论课题，被视为一部颇具创意且具有中国特色与澳门特色的法学研究新成果。

澳门学者吴志良的《生存之道——论澳门政治制度与政治发展》(1998)，从政治学的视角全面考察澳门政治发展史。该书共七章，依次为：导论；中葡交叉航行与葡人据居澳门；澳门葡人内部自治时期；议事会权力衰落时期；葡萄牙殖民管治时期；实现地区自治与进入过渡时期；结语。该书广泛征引中文、葡文、英文资料，尤其是大量葡文档案史料，将其贯穿于政治发展理论分析之中，立论严谨，论证翔实，广征博引，深入浅出，所见尤多超越前人。该书以坚深的中葡文字造诣及广博的历史文化知识，赢得茅家琦、姜义华、邓正来与旅葡学者金国平等人的高度评价，尤以内部视角对澳门政治发展分期进行的"七阶段论"与"双重效忠""另类蕃坊"及"共处分治"等观点备受关注,① 对澳门法制史研究极具借鉴参考意义。

澳门学者何超明的《澳门经济法的形成与发展》(2004年),是澳门经济法史的拓荒之作。该书共三编、九章,依次为:上篇"经济法产生、发展与功能模式的一般规律",两章分别为经济法产生和发展的一般条件与规律,经济法功能模式的比较分析与借鉴;中篇"澳葡经济法的形成、规范体系与评价",六章分别为澳门法制历史演变,澳门经济法的形成与发展,澳门经济法的部门结构,澳葡经济法功能与结构问题的分析评价;下篇"澳门特别行政区经济法的发展方向",三章分别为澳门特别行政区经济法发展的宪政基础与经济立法实践,澳门特别行政区政府经济职能定位与经济法功能模式选择,经济法的价值目标与澳门经济法体系的完整。该书直接选取地区经济法史论题,在路径上做了较大的理论跨越,使我国经济法史研究进入地区经济法史层面。

内地学者黄庆华的《中葡关系史》(2006年),从国际关系的视角考察中葡关系及澳门政治发展史。该书共三卷、八章,依次为:明代对外政策概述;葡萄牙海外扩张缘起;天朝体制与中葡关系;明朝末年的中葡关系(1573-1644年);清代中葡关系

---

① 相关评论参见茅家琦"序一"、姜义华"序二"、邓正来"序三",以及金国平"跋"。学界评论参见邓正来《澳门政治发展与宏观政治研究》,《中国书评》总第11期,1998,第132-139页;何亮亮:《澳门问题的必读书》,《文汇报》1998年5月31日;黄枝连:《在"前五百年"和"后五百年"之间》,《文汇报》1998年10月15日;汤开建:《评吴志良〈澳门政治发展史〉》,《澳门研究》总第13期;徐新:《〈生存之道〉与澳门学》,《澳门研究》总第11期;于沛:《一部研究澳门史的力作》,《史学理论研究》1998年第3期,等等。至于批评文章则有,谭世宝:《澳门历史文化探真》,中华书局,2006,第519-548页;张海鹏:《居澳葡人"双重效忠"说平议》,《近代史研究》1999年第6期。作者对这些批评的回应参见《再论"蕃坊"与"双重效忠"》一文,载金国平、吴志良著《镜海飘渺》,澳门成人教育学会,2001。

(1644－1840年);清末中葡关系(1840－1911年);民国时期的中葡关系(1912－1949年);从新中国成立到澳门回归(1949－1999年)。该书广泛利用中、葡、法、英及其他语种文献,经由梳理澳门史而放大中葡关系,并通过大量史料论证若干历史疑案,是迄今所见中国学者独立撰写的篇幅最长、内容最丰、取材最广的澳门史研究之作,其间涉及法制史及相关问题,值得参考。

内地学者刘景莲的《明清澳门涉外案件司法审判制度研究(1553－1848)》(2007),是一部颇具深度的澳门司法史著作。该书共五章,依次为:明清时期的澳门与明清澳门涉外案件司法审判制度研究;明清管理澳门的行政机构与涉外案件司法审判机构;明清澳门涉外民事案件及其司法审判制度;明清澳门涉外刑事案件及其司法审判制度;明清澳门的司法审判权与主权。该书在葡萄牙国立东波塔档案馆藏清代澳门中文档案及中国第一历史档案馆藏文献的基础上,从文书记载的大量涉外冲突案件入手,依据案件的恶性程度、主审官员审级状况与判决结果,将案件分为民事和刑事两类加以具体研究,初步再现清中叶澳门有序的经济运作程序及社会治安状况,论述澳门司法制度实施的具体程序、司法制度变化发展的基本脉络及特点。

内地学者刘海鸥的《澳门法律史纲要——澳门法的过去、现在和未来》(2009),是内地出版的第一部澳门法制史通史著作。该书共七章,依次为:葡人定居前后澳门行政及法律沿革;葡萄牙法律传统及殖民政策;葡萄牙法对澳门的初步影响;澳门葡萄牙法律体系的初步确立;葡萄牙法律传统对澳门的全面影响;回归后澳门法律的发展;澳门法律未来的发展趋势。该书梳理葡萄牙法在澳门的移植与变迁,侧重比较法与法律文化理论的运用,脉络清晰。唯相比前述研究成果,所引文献史料较为单薄,相关问题未及展开。

内地学者王巨新、王欣合著的《明清澳门涉外法律研究》

(2010),对明清时期澳门涉外法律制度进行系统研究。该书共七章,依次为:明政府对澳门之主权管理与明代澳门涉外法律;清前期澳门之主权管理与澳门地区涉外立法;清前期澳门涉外经济法律;清前期澳门涉外民商法律;清前期澳门涉外刑事法律;清前期澳门宗教管理法律;明清澳门涉外法律比较研究。该书通过考察明清政府在澳门地区制定实施的涉外法律,揭示了中国传统涉外法律与对外政策的内在属性与若干特征。

笔者近年涉足澳门法制史领域,除撰有博士论文《澳门法文化的历史考察——论明清澳门的华洋共处与分治》(2007),另已出版《澳门法制史研究》(2008)、《明清澳门的司法变迁》(2009)、《从殖民宪制到高度自治》(2009)、《近代澳门司法:制度与实践》(2012)等著作。

《澳门法制史研究》是继叶士朋《澳门法制史概论》(*Panorama da História Institucional e Jurídica de Macau*)之后的第二部冠名"澳门法制史"的专著,八章内容依次为:明代澳门法制;清前期澳门法制;鸦片战争与澳门政治;《中葡通商互换条约》始末;同光年间中葡订约交涉;《中葡和好通商条约》始末;《中葡和好通商条约》内容;清末澳门主权交涉。

《明清澳门的司法变迁》是国内继刘景莲《明清澳门涉外案件司法审判制度研究(1553-1848)》之后第二部专题研究明清澳门司法史的专著,六章内容依次为:明政府的治澳体制与司法;明末澳葡的自治体制与司法;清初澳门的司法体制;华洋命案交涉与权力较量;《王室制诰》与澳葡司法体制;乾嘉以来华洋民刑案件与交涉。

《从殖民宪制到高度自治》是继萧伟华《澳门宪法史初探1820-1974》(*Subsídios para a História do Direito Constitucional de Macau 1820-1974*)之后第二部澳门宪制史专著,八章内容依次为:《王室制诰》与殖民宪制下的澳门问题;鸦片战争以来之躁动、谈判与焦虑;20世纪前期之共和宪制与海外自治;"二战"以来之反殖民浪潮与澳门章程;《澳门组织章程》之内容与进展;过渡期澳门政治之立法会和总督;过渡期澳门司法之改革与发展;"一国两制"与澳门基本法的诞生。

《近代澳门司法:制度与实践》叙述澳门在葡萄牙殖民管治时期的司法制度与实践,共六章,依次为:鸦片战争与司法管辖体系的裂变;寻求缔约:反客为主的司法管辖权;从华政衙门到法区法院:司法双轨制的近代嬗变;通过司法推进殖民管治:缔约前后的民刑案件;发展与转型:从殖民管治到地区自治的司法变迁;改制新颜:过渡后期司法体制的重构与本地化。该书是第一部澳门近代司法史的中文专著,有助于重新审视澳门司法体系在社会发展与政治转型中的制度变迁,以便深入理解"一国两制"与现代澳门司法制度的文化根基。

上述专著均广泛参引中外文献,力求考证与阐释相结合,并在若干问题上尝试推进,使现有的澳门法制史研究得以拓展。

二 亟待建构一种全球史观的澳门法制史

回溯东西方澳门史研究可知,尽管澳门政治史、经济史与文化交流史等领域硕果累累,澳门法制史领域却十分薄弱。事实上,经400余年西力东渐、华洋共处,澳门已积淀了极为丰富而独特的法律文明,需要我们重返历史的现场,探究其演进的真相。笔者近年专事澳门法制史研究,鉴于原有的二元对垒的视角难以拓展和深化,有必要彻底摆脱殖民主义史观的影响,克服狭隘民族主义史观的冲动,从而建构一种超越对垒的全球史观的澳门法制史。

(1)建构一种全球史观的澳门法制史,不仅契合"澳门学"的学术主旨,还将推进它的纵深发展,具有不可忽视的学术价值与实践意义。

"澳门学"作为迭经450余年变迁史的产物,在东西方分别起步于《澳门记略》和《早期澳门史》时代,但直至20世纪80年代后期才渐呈蔚然之势,澳门回归前后达致高潮,延至当前则趋于理性。"澳门学"大致有三层内涵:它是以澳门社会为研究对象,既从纵切面研究澳门社会的发展过程,亦从横切面研究社会的各个方面,从而发现和阐明澳门社会及其发展规律的特殊性;它不是仅冠上"澳门"两字的松散学科联合体,而是各学科融会贯通的综合区域学科;它的研究对象不应该是简单地包罗万象,也不应一味钻"故纸堆",而应立足于澳门现在和未来的主要问题。[1] 由此可见,澳门学是一门以研究澳门问题为导向的地区性学科,是一门关于澳门历史文化与社会发展的综合性学科。

结合澳门学的内涵,可见澳门法制史研究完全契合它的学术宗旨。毫无疑问,澳门法制史是以澳门历史上的法律制度与实践和由此凝结而成的法律文化为基本研究对象,它正是澳门历史发展过程中极为重要而特殊的有机内容,是认识澳门社会状况及其演进轨迹的一扇窗口。置身于全球史观下的澳门法制史研究,不再是孤立的、单纯的澳门法律制度史的机械复制或简单描摹,而必须融贯如历史学、政治学、文化社会学乃至宗教学、人口学、人类学等多门学科,更加全面地、理性地考察其独特的演进轨迹和纷繁的历史真相。这样一种东西方文化交流与全球化进程视野下的澳门法制史研究,既不是一味"为历史而历史"而沉湎于只钻"故纸堆",也不是为单纯印证所谓"一切历史都是当代史",用心毋宁在经由考证与述评而试图以古鉴今,使之成为当代澳门法律发展与未来政治建设的历史参照。

(2)建构一种全球史观的澳门法制史,既要摒弃西方盛行的欧洲中心论及其衍生的殖民主义史观,也要克服矫枉过正的东方

---

[1] 吴志良:《东西交汇看澳门》,澳门基金会,1996,第37-42页。

中心论及其渲染的狭隘民族主义情绪。

在东西方澳门史学界，研究者往往因为立场不同而难以达成真正客观理性的共识。正如澳门史学者吴志良所言，在早期记载澳门的中外文献中，即使存在史料与观点出入，基本上还可以就事论事；自鸦片战争以来，随着澳门历史深受中葡两国政局尤其是中葡关系的影响，研究澳门历史与文化的中外学者们非但观点经常针锋相对，连对方的史料也往往断章取义，加之语言文化障碍而难以交流，各自只能为本国利益寻找最有利的史料论据，这都使原本需要理性客观的学术研究染上浓厚的"政治意味"。[①] 这种政治意味集中表现在殖民主义与民族主义的较量上，双方各自直接、间接或潜意识地维护殖民或反对殖民的立场，使作为历史主体与文化载体的澳门自身反而被遮蔽或被忽视，一种旨在重现澳门法制史进程或呈现澳门法文化的纵深研究也就无从真正独立和全面地展开。

（3）建构一种全球史观的澳门法制史，意味着澳门法的发展变迁必须置身于"大航海时代"以来的全球化进程与东西方文化交流史的背景。

这将是对既有的澳门史研究和澳门法研究的双重挑战，也是对西方与中国的澳门学研究者的双重考验。尽管迄今所见的澳门史和澳门法领域各有丰硕成果，但畸轻畸重的局面并未真正改观。例如，在澳门史方面，中外研究者多集中于葡人据居澳门的早期史及其衍生的中葡关系史或澳门交涉史，或者热衷于介绍明清时期澳门作为东西方文化交流桥梁的史事，而忽略澳门如何不断融会东西方文化并在本地独特的物质基础、经济基础和文化基础上结晶成澳门自身独特的文化形态。在澳门法方面，中外研究者多停留于对葡萄牙法及其延伸适用于澳门的法律体系以及澳门自身

---

① 参见吴志良《澳门史研究述评》，《史学理论研究》1996年第3期。

形成的法律制度的一般介绍或比较研究,很少留意它们在东西方文化交流与全球化进程中的渗透与裂变过程,更少留意它们是否真正成为澳门社会生活中的有机组成部分。就探询真正具有历史主体性的"澳门法制史"而言,这类长期被忽略的问题其实同等重要。

(4) 建构一种全球史观的澳门法制史,一方面是将"总体史""长时段"与"跨学科合作"的思路纳入澳门法制史这一微观领域,另一方面是将澳门在特定历史阶段的法律制度与实践及其凝结而成的法律文化置于全球化进程这一宏大视野,从而摆脱由史家囿于个人识见所建构的主观史局限,获得一种交织于特定时空的精确定位。

尽管全球史观并未像西方"年鉴学派"史家那样明确主张"以问题为导向的史学",[①] 但这种放眼全球化进程的时间概念与俯瞰全球性局面的空间视野,与年鉴学派倡导的"总体史""长时段"与"跨学科合作"等基本方法及理念不谋而合。这些方法及理念是考察宏观性质的澳门法制史所必需的,因为澳门法制史不仅仅是彼此割裂的立法史或司法史的简单汇总与集合,还是一种规制澳门社会秩序的行为规范体系及其实施与发挥作用的历史,在更广泛的意义上则是日常生活中人们对于一般性的行为规则的认知及其遵守、破坏及其矫治的历史。这些真正具有质感的生活史、心态史、文化史或其他一切相关问题的历史,才是作为全球史观下的澳门法制史的文化底色。这样的文化底色仅靠传统意义上的实证主义史学无法充分描摹或渲染出来,而有赖于旨在关注东西方文化交流与全球化进程的全球史观。

当然,正如一些学者质疑全球史观被过分夸大的普适性时所

[①] 关于"年鉴学派"史学的一般介绍,参见彼得·伯克《法国史学革命:年鉴学派,1929-1989》,刘永华译,北京大学出版社,2006。

第一章 作为研究对象的澳门法制史

言，它不过是一种借用历史哲学和历史学已有成果的"新提法"，而不是解释世界历史的"新方法"，更不是一种博大周密的"理论体系"，① 全球史观的视野虽然可能遍及澳门法制史研究的全部范畴，但不可能在所有领域都有纵深发展的机会。事实上，在真正触及澳门法制史的微观层面时，全球史观只能为任一局部问题设置一个特定时空坐标的参照系。因此，挖掘、收集、整理史料并由此复原或解释客观历史的实证主义史学方法，仍将是考察澳门法制史上一切呈现出的或者潜伏着的历史问题的基本方法，全球史观的介入则有助于我们真正深入澳门法律制度自身的源流变迁、尤其是深入制度背后的文化机理。

三 全球史观下的澳门法制史研究范畴

立足于前述中外澳门史学界的既有成果，建构一种置身东西方文化交流与全球化进程中的澳门法制史可谓机遇与挑战并存。它一方面要求我们对澳门法制史的宏观形态及其变迁规律进行全球史性质的整体把握，另一方面又要求我们在特定时空坐标体系中对澳门法制史呈现或潜伏的一切微观问题进行重新定位和纵深展开。它们大致包括（但不局限于）以下方面。

（一）澳门地位及主权归宿

由于澳门在中国历史尤其是中外关系史上具有极为独特的位置，是西方殖民主义向东方扩展到中国的第一个基地，它的沉浮起落不仅折射了明清时期中外关系与时局之间的内在关联，更承载着近代以来中国半殖民地进程的风雨。这一进程无不贯穿着同样一个主题，即澳门主权问题。在此意义上，学者们大都把澳门

---

① 参见郭小凌《从全球史观及其影响所想到的》，《学术研究》2005年第1期。

主权问题作为澳门史研究的重要问题来对待，因为它"反映了中外关系史上新老殖民主义在中国更替的历史进程以及帝国主义在中国侵略所造成影响的其他侧面"。①

从法学角度考察澳门主权问题，我们更应该承认这样一个论断：认识澳门法，必须先认识澳门主权，即澳门在中葡两国的法律地位究竟如何。有学者曾经指出澳门问题的独特性所在："无论从政治、法律还是社会、人文角度看，澳门都好像一个虚构的现实，其奇特的发展演变过程不单在中国历史上独一无二，在世界历史上也绝无仅有"，②这里的症结恰恰就在澳门主权问题关涉澳门在历史上和现实中的法律地位，不明白澳门主权问题的源流与归属就不可能真正认识澳门法制发展的历程。从另一角度看，澳门法律地位的变化也是不同历史阶段澳门政治与法制发展演变的根本标志和实质原因。澳门主权问题的几经变易，构成了我们今天回顾澳门历史文化的逻辑起点。事实上，澳门政治与法制发展史，同时也是澳门主权问题变易史。而主权问题不仅仅是澳门政治史的研究对象，更是澳门法制史必须探究的一大基本内容。

澳门主权问题的讨论首先涉及历史分期的认识。自澳门开埠以来的400余年里，澳门主权问题可谓一波三折。从明清时期中国政府享有完全的主权但又允许澳门葡人在城区内有限自治开始，随着中葡关系乃至整个近代世界体系的局势发展，逐步演变为澳门葡人自治权的不断扩展和逐步逆转的局面，直至鸦片战争以来完全架空中国对澳门的主权行使，澳门主权问题的变易构成了澳门法制史之核心内容。这些内容大致包括以下值得探索的问题：其一，作为中国属地的澳门，中国政府是如何逐步丧失对澳门主权的控制的，这里涉及明清政府对澳门葡人实施的基本政策与法

---

① 参见王昭明《鸦片战争前后澳门地位的变化》，《近代史研究》1986年第3期。
② 参见吴志良《生存之道——论澳门政治制度与政治发展》，第3页。

律制度，鸦片战争以来中葡之间如何围绕澳门主权展开立约谈判以及谈判结果的基本内容，民国时期与新中国成立以来中国政府对澳门问题的基本立场与相关举措，等等。其二，作为葡人居留的澳门，明清时期的澳门葡人是如何建立自治体系并逐步扩展其自治范围的，19世纪以来随着葡萄牙对华政策的演变，他们又是如何配合葡国政府的意图步步为营，最终又如何通过缔约方式谋取到其企望已久的非分之想，并由此如何在澳门试图全面展开殖民治理，使澳门法制由传统中国法文化的支配转为葡萄牙法文化渗透的混合法制形态。

事实上，澳门主权问题还涉及中葡两国围绕澳门主权展开的一系列政治斗争，其中蕴涵着以法律制度为武器的治理策略。这一问题还需要放在国际形势的变迁之下，以便清晰地把握澳门之逐步卷入世界的复杂过程及表现。这些事件及交涉所蕴涵的澳门法制发展轨迹，从明清时期围绕澳门土地与居民管辖等问题起步，在鸦片战争期间围绕不平等条约及亚马勒事件等问题而日趋复杂，至清末围绕中葡和好通商条约及勘界谈判等问题而更趋激烈，在民国与新中国时期围绕如何收回澳门主权等政治问题而呈现新的特点，都需要仔细考证分析。在这些重大事件及相关交涉中，澳门法制的发展脉络也毕现其中。

（二）立法进程及相关文本

早在明清时期，中国政府为治理澳门和约束葡人，一方面将适用于全国的明清律例同样推行于此，另一方面又针对澳门华洋共处的特殊情形有所变通，出台相应的专项法律规范。例如明末张鸣冈等人拟定的《海道禁约》，清乾隆年间印光任拟订的《管理澳夷章程》，张汝霖等人拟订的《澳夷善后事宜条议》，诸如此类规范均有其特殊的时代背景，是澳门早期立法实践并推动澳门法制发展的重要内容。

与之相应的是澳门葡人成立议事会这样的自治机构，他们也相继围绕澳门社区葡人内部社会治理与社会治安等问题颁行禁令规章，使澳门早期法律文化一开始就打上了混合法色彩。至于18世纪末19世纪初葡萄牙王室开始高度重视澳门对于王室的利益问题以来，从1783年《王室制诰》到1822年葡萄牙第一部《宪法》均体现了葡萄牙政府试图把它纳入其殖民地的野心和对澳门政治的不断介入。

　　自鸦片战争至清末以来，葡萄牙更是不断将其本国法律延伸到澳门。而在民国时期与新中国成立以来的所谓殖民管治期间，以五大法典为核心的葡萄牙法律体系逐步全面延伸适用于澳门地区，使原本以中华法系为主导的传统澳门法在形式上逐步被纳入大陆法系的范畴。在这一系列被后来者线性化和平面化的静态文本里，潜藏的正是澳门法制发展的动态轨迹。这些立法活动及法律文本既是澳门政治史的附庸，更是澳门法制史的见证。因此，研究澳门法制史，不仅需要重新认识这些立法活动及法律文本，更要认真考证这些立法活动的相关背景，分析这些文本所透露的文化特征及其历史意义。

（三）司法制度及相关实践

　　澳门作为华洋共处分治之地，聚居人口成分复杂，利益关系亦盘根错节，基于利益与文化等因素而形成的冲突、发生的纠纷，屡屡升级而为各种形式的讼案。这些讼案同时交织着中国政府与澳门葡人如何行使司法管辖权的政治斗争，因而每宗讼案都并非如内地一样简单依照中国律例即可解决，更非如葡人所愿依照葡人法律予以解决，而成为一场接一场危机四伏的政治较量。其中，如1743年、1748年相继发生的两宗华洋命案及其交涉，1759年发生的英商洪任辉诉粤海关监督案，以及华洋之间围绕租赁、借贷和其他类型的讼案交涉，就都体现了华洋之间错综复杂的社会关系和中葡之间跌宕起伏的政治较量。而这些讼案交涉本身，又是我们重新认识不同历史时期澳门法律如何运作的典范。诸如司法机关设置状况、司法体制运作状况、诉讼制度与相关程序等问题，均可在这些讼案交涉中得到展示。

（四）社会发展与法律文化

综观澳门自开埠以来的历史，它不仅是一部独特的区域政治发展史，也是一部独特的地区经济发展史。葡萄牙人自 16 世纪初来华，即在殖民扩张过程中始终不改寻求贸易机会、追逐经济利益之基本目标，这与中国传统儒家义利观之间形成隐伏的冲突。为调整或压制这些冲突，明清政府在治理澳门的过程中，屡屡出台相关的禁令规范。为此，需要考察澳门经济之兴衰如何受制于特定时期的政策与法律，又是如何导致法律制度自身的变迁，例如明清时期的海禁政策及相关法律规范之与澳门经济发展的关系。

至于文化与宗教等因素对于澳门法律发展的影响，亦是颇值得注意的问题。澳门作为中西文化传播与交融之地，杂糅着不同的文化基因，这就使澳门法制从一开始就不再沿着中华法系的单一风格发展，而逐渐通过两种文化的冲突与互补演化成一种极为特殊的混合型态。自近代以来，澳门纳入葡萄牙的殖民管治之下，既吸收两种文化之精华，又容纳两种文化之糟粕，通过法律规范来治理诸如鸦片、赌博、贩卖华工等丑恶现象，便成为近代澳门法制发展的另一重要内容。

（五）法政人物及其思想

这一问题归属于澳门法文化的范畴，但同时也是澳门法制史的基本内容。就重要人物的法律思想而言，虽然澳门本地并没有诞生法律思想家，但关于澳门法制与政治等问题的基本认识，以明代为例，仍散见于诸如明末庞尚鹏等人的奏疏、张鸣冈等人的规约、颜俊彦等人的判牍之类文本，其中蕴涵的治理思想至今仍有启迪。至于近代以来，更有郑观应、张之洞、梁启超等人针对澳门各种问题的精彩论说，此外还有近代创办的一些报刊如《镜海丛报》《知新报》等刊载的时文，都蕴涵着关涉澳门的法律文化与思想。

关于澳门历史上华洋居民的法律观念，则是澳门法律文化史中一个颇难把握的问题。但通过一些零散史料仍可循其踪迹，体察这一独特地区不同群体、各个阶层的风俗习惯与法律观念，认识这种中西文化尤其是法文化并存发展的可能与表现。这些问题既是澳门法制发展的附属产物，反之又在客观上推动着澳门法制的历史发展。

四　全球史观与其他方法论的融合

在大致设定实体性的研究领域后，我们还需要着手考虑如何切入这些领域。立足全球史观的澳门法制史研究，必须充分借鉴和发扬诸如历史学、政治学、社会学、文化人类学等相关学科的方法论优势，结合中外史料的参照比较、历史社会学与文化人类学等边缘学科的综合考察，实行跨学科的复合研究。

在采择中外文献、立足学界成果时，描述性文献与解释性研究并重。描述性文献主要是涉及澳门历史、文化与法律的各种原始资料，包括各种文件、档案、方志、信札之类，它们的客观存在昭示我们必须回到历史的现场去考察澳门法制史的发展进程、结构形态与基本特质。解释性研究则是中外学者历年关注澳门问题的思考结晶，虽然各自秉持不同立场、附加不同情感，但随着澳门的顺利回归与中葡关系的平稳发展，如今我们完全可以摒弃偏见、澄清误解，实事求是地寻求共识。

借助全球史观所定位的特定时空坐标体系，在纵深考察澳门

第一章
作为研究对象的澳门法制史

史上的法律制度与法律文化时,应当注重历史、法律与文化之间的有机统一。这种考察需要我们时刻立足于对澳门社会自身的把握和关注,关注不同历史阶段的澳门法律制度与法律文化的形态与性质,以及它们得以变迁的制度基础和历史机缘。一方面注重考据,对传统澳门法制史这一宏大论题所涉的诸种制度、人物、事件,进行考证,其间又以中外文献相互比勘,力图在零散的史料中,重构澳门法制史的历史面貌。另一方面也不放弃必要时的阐释,这种阐释立足史实,重视一切学术成果,吸纳在我们看来较为客观、公正、理性之论,但对某些中外人士习以为常的成见保持高度警惕,摒弃"以今释古""以洋释中""以港释澳"之类做法,通过以古释古、以中释中、以澳释澳从而不断逼近澳门法制发展历程的历史真实。① 其间需要充分发挥考据者的史学想象力,是我们得以超越证据面向事实的基础,也是随后予以阐释适可而止的基础。

全球史观下的澳门法制史研究,还需充分借鉴比较文化学与文化社会学的方法,对澳门不同历史阶段的法律文化进行分析。这种分析包括以下方面:一是反映该时期澳门法制史性质和特点的文本(如《澳夷善后事宜条议》),力图剖析文本背后的文化渊源与流变。二是集中体现特定时期中葡文化冲突与融合的事件(如形形色色的华洋命案及其交涉),它不是澳门法制史本身的应有内涵,却是理解澳门法制史如何应运而生、因时而变的基础。三是澳门社会内部法律文化在司法个案中的体现,这类个案是剖析中葡法律文化在澳门社会的冲突与融合的上好材料。

综上所述,中外学界关于澳门史的文献资料与研究成果相当

---

① 有学者指出澳门研究中常见的三种"成见":一是以今释古,二是以洋释中,三是以港释澳。为避免上述成见妨碍我们对澳门问题的真实认知,应先从历史事实出发。参见谭志强《澳门主权问题始末(1553 – 1993)》,台北,永业出版社,1994,第 8 – 13 页。

丰富，唯独复合型的澳门法制史领域相对薄弱。横贯历史、法律与文化之间的澳门法制史研究，既有必要继续展开宏观研究，从整体把握澳门法制史的整体架构、基本形态及其变迁规律；更需要深入微观研究，从细节入手探究澳门法制史上不同阶段各种问题之面目、性质与内涵。由此出发，我们需要重新梳理和继续深入研究上述初步展开的基本问题。虽然这一研究殊非易事，它所横贯学科之多，涉及问题之杂，跨越时空之广，比预想的要艰难而复杂得多，的确任重而道远。即便如此，中外学界的不断拓展，足以证明这一领域仍有深挖掘、广开拓的余地。

总之，我们有必要明确并为之奋斗的基本目标是：建构一种具有相对独立地位的澳门法制史学。这门学科应该显现澳门独特的历史文化背景与法律变迁的关系，立足于澳门历史文化自身的发展进程，而不至流为中国法制史之地方志，更不至于沦为葡萄牙法制史之海外殖民地史；应该在立足史实的基础上挖掘和探询澳门历史文化的基本特质与发展规律，从而为当前与未来的澳门法制建设工作奠定良好的文化基础，提供深具启发意味的历史参照。

第二章
共处分治：早期澳门的治理与秩序

第一节　驱留之间：允准葡人居澳的政策权衡

澳门历来是中国领土不可分割的一部分，属广东省香山县管辖的一个海滨小渔村。在嘉靖三十二年（1553）葡萄牙人进入澳门之前，它已有悠久的历史。随着澳门开埠、葡人居留与中外贸易的发展，这一弹丸之地一跃而成明清时期世人瞩目的广州对外贸易外港和东西方国际贸易基地。

与之相应，则是明政府与居澳葡人对澳门进行治理的政治较量与法制发展。随着澳门治理形态从酝酿到定型，以明政府对澳门拥有完整主权而充分行使管辖权为前提，明代澳门法制也逐渐被纳入澳门社会极为独特的华洋共处分治形态之中。[1] 一方面，主导性质的中国传统法制全面覆盖和适用于此，无论是管理体制还是司法实践均纳入其中；另一方面，葡萄牙人带来的欧洲中世纪

---

[1] 关于澳门社会呈华洋共处分治形态之说，参见吴志良《澳门政制》，中国友谊出版公司，1996，第23页；又见吴志良《生存之道——论澳门政治制度与政治发展》，第9页。

传统法制也逐步生根于此，体现在自治性质的议事会机构与司法体制之中，使明代澳门法制呈现一种早期混合法色彩。

在此，本节试图探讨的这种混合文化的形成基础，即明政府与澳门葡人治理的关系：首先考察明政府对澳葡的早期态度，进而分析明政府治理澳门政策的逐步定型过程，以及澳门葡人争取自治的初步尝试，最后针对澳葡何以得到明政府允准而长期居留的问题予以反思，以冀望于重新回溯历史上的澳门问题。

一　中葡早期关系与葡人之居澳

自从15世纪欧洲掀起伟大的"地理大发现"之后，西欧各殖民主义国家在追求黄金和土地的狂潮中，竞相发展半海盗式的航海通商事业。作为最早稳定政治疆界的欧洲民族国家之一的葡萄牙，因当时严峻的社会矛盾与经济形势的需要，随时势发展而使扩张成为"解决国家集体生活的主要矛盾的一种办法"，且成为一项全国的大事，以至于"每个人都想从扩张中得到好处"，[①] 遂极力注目东方，觊觎东方（首要是中国）的领土、资源和市场。

在15世纪时期的欧洲人看来，中国几乎是一个神话般的地方，葡萄牙国王计划开辟一条海上航道以取代中西交通长期依赖的丝绸之路，以便把中国商品直接运往里斯本。为实现这一梦想，自明代正德年间开始，远航亚洲的葡萄牙人几度窥测和试探中国。正德六年（1511），葡萄牙占领至为关键的东西方贸易枢纽马六甲海峡，随后里斯本政府试图与中国建立贸易关系，且迅速展开外交性质的接触，继而则是中葡之间在东南沿海地区的军事冲突。正德十二年（1517），葡人安特拉德（F. P. de Andrade）率舰队从

[①] J. H. 萨拉依瓦：《葡萄牙简史》，李均报、王全礼译，澳门文化司署、花山文艺出版社，1994，第125页。

马六甲出发前往中国，曾在马六甲完成著述《东方志》(*Suma Oriental*) 的"东方通"皮莱资 (*Tome Pires*)，[①] 则以葡印总督特使身份随行。使团一行抵达屯门后"盖房树栅，恃火铳自固"，随即直达广州要求通商，又于正德十五年（1520）北上南京，翌年初抵北京，欲寻找一切机会交涉中葡通商之事。

令在京使团所料不及的是，因另一葡人西蒙·德·安特拉德（Simao de Andrade）借口"寻找皮莱资"而于1518年抵屯门以来的胡作非为被广东当局向朝廷告发，而马六甲王遣使来华送交的求援信也极力控告葡人恶行，加之武宗皇帝于3月突然病故，这次通商之行即刻化为泡影。不仅如此，因4-5月间广东海道副使汪鋐率军围困屯门葡人，中葡交恶的后果遂使皮莱资等人被逐出京城，至广州后又被捕押送监狱。

嘉靖元年（1522）春，葡人阿丰索·德·梅罗（Afonso de Mello）率军舰再次赴华，然因前次交恶而使此行求互市之愿无从得遂。至8月间葡人抵新会西草湾，又被中国守军截击痛剿。葡人不得已而只得转往闽浙沿海一带，继续私下展开贸易活动。此后历经嘉靖二十七年（1548）宁波双屿和次年福建走马溪之战，想继续在华活动的葡人不得已而前往浪白澳。

尽管葡人的外交与军事两手均未得逞，但随着沿海商贸经济发展形势对明政府海禁政策的冲击，朝野一部分有识之士开始主张解除海禁，与保守力量进行较量。

主张开海的典型代表当推广东巡抚林富，他在嘉靖八年（1529）上奏朝廷，请准允蕃舶来粤互市，一再申明广州重开市易之利，指出"助国利军，既有赖焉，而在官在民，有无不给，是

[①] 关于葡萄牙皮莱资（又译皮列士）生平概略及其代表作《东方志》，可参看皮列士《东方志——从红海到中国》，何高济译，江苏教育出版社，2005。

因民之所利而利之者也，非所谓开利孔而为民罪梯也"。① 林富的开海主张随即受到朝廷保守人士的反击，例如嘉靖九年（1530）刑部给事中王希文上奏认为，佛郎机人"犬羊之势莫当，虎狼之心叵测"，② 因担忧其"冒禁为患"而反对广州重开市易。

朝廷基于时局与利益考虑，最终批准了林富的请求，并重申"自今诸国进贡，宜令依期而至，比对勘合验放，其番货抽分交易如旧"。③ 在此大局下，广州市舶司舶口于嘉靖十四年（1535）由电白移至澳门，此即澳门开埠之始。④

然葡人长期在东南沿海的劣行素为朝廷所恶，朝廷与广东地方均明令禁止葡商来广州通商贸易，亦未允准其往来澳门一埠。他们辗转迁往浪白澳后，台山上川岛逐渐成为与中国贸易的主要场所。嘉靖三十一年（1552），葡萄牙远征日本舰队司令官索萨（Leonel de Sousa）率领商业舰队抵达广州。嘉靖三十二年（1553），他们假冒其他国家名字请求与华通商，又请借地晾晒，暗中贿赂广东海道副使汪柏，得允在澳门搭棚暂住。翌年，因得到广州官员的信任，根据口头协议及缴纳合法贸易的税款（即抽盘），葡人终于借助行贿手段获得了在澳门居住和贸易的机会。

在特定的历史机缘下，澳门从此便陆续有葡人登陆居住和建造房屋。起初葡方来船和来人都很有限，还能遵照在被准暂住的指定范围内活动，不敢张扬早期葡人东来时的殖民扩张意图。随着时间的推移，葡人携家带眷簇拥而来，围地建垣而几近化外之

---

① （明）黄佐：《泰泉集》卷20，《代巡抚通市舶疏》。
② 《明世宗实录》卷118，嘉靖九年十月辛酉条。
③ 《明世宗实录》卷118，嘉靖九年十月辛酉条。
④ 中国史学界关于澳门最早开埠时间持论不一，主要有1535年说、1553年说及1557年说。另有学者认为澳门正式开埠时间是1554年，参见汤开建《澳门开埠初期史研究》，中华书局，1999，第82-103页。本文持1535年开埠之通说。

区，渐显"凌轹居民，蔑视澳官"之迹，以至"筑城聚海外杂番，广通贸易，至万余人"，至嘉靖三十六年（1557），筑室建城竟"雄踞海畔若一国"，地方官吏却又"皆畏惧莫敢诘，甚有利其宝货，佯禁而阴许之者"。①

葡人在对明政府管辖表示恭顺接受之时，亦有诸多远远超出正常贸易范围的活动。诸如勾结闽粤沿海的奸商海枭，大肆进行非法走私贸易，甚至擅筑堡垒、设置军事设施等，盘踞澳门以为基地的野心难以敛迹，由此日渐激发中国官民的不满，引起朝廷的警觉，一场究竟如何处置澳门葡人去留问题的争论也即将展开。

二 明朝治澳政策之定型始末

自澳门开埠后，远涉重洋的葡萄牙人因未获得明政府的正式许可，居留澳门的合法性问题无从解决。他们只能依赖其惯常的伎俩，即以"谦卑的态度和礼物"大行贿赂，使海道等有关官员对此"视而不见"。②

由于澳门葡人逐渐增多，试图进行自治，其拒受汉官约束、不遵汉官法度的举止终被广东地方乃至朝廷所察。嘉靖末年，朝野上下多有驱逐之议，为保国家安全和领土主权，请求"早为万全之虑"。各级官员纷纷上疏朝廷，反复强调葡人居留澳门已成国家隐患，敦促朝廷加强管理，为此还展开了长期而激烈的政策争论。

在葡人大举入居澳门私行搭棚造屋之初，广东御史庞尚鹏较早意识到朝廷应设法管治，并于嘉靖四十三年（1564）上疏请饬澳门葡人撤屋居舶。他明确指出：澳门葡人"举国而来"已逾万

---

① 《明史》卷325，《外国六·佛郎机传》。
② 龙思泰：《早期澳门史》，第35页。

人,"诡行异服,弥漫山海,剑芒耀日,火炮震天。喜则人而怒则兽,其素性然也。奸人且导之凌轹居民,蔑视澳官,渐不可长,若一旦豺狼改率,不为狗鼠之谋,不圆锚铢之利,拥众入据香山,分布部落,控制要害,鼓噪直趋会城,俄顷而至,其祸诚有不忍言者,可不逆为之虑耶",因而担忧其"窃据内地,实将来隐忧";为此提议"欲将巡视海道副使,移驻香山,弹压近地,曲为区处,明谕以朝廷德威,厚加赏犒,使之撤屋而随舶往来,其湾泊各有定所,悉遵往年旧例"。① 这一思路即令澳门葡人离开澳门前往浪白澳贸易,后来又被郭尚宾所继承和发扬。

与之相对的一种意见,则是动用武力将葡人驱逐出澳门。例如嘉靖四十四年(1565)俞大猷上书吴桂芳之《论商夷不得恃功恣横疏》,指出澳门葡人强横盖屋成村,澳官姑息已非一日,今欲剪除可以"水陆并进",且"军令一严,冒死一冲,彼自破也",②并主动请缨出马驱逐。虽然该提议并未获得允准,但颇得部分朝廷官员之心,是以隆庆六年(1572)又有两广总督吴桂芳上疏《议筑广东省会外城疏》,指出"香山县濠镜澳互市番夷,近年聚落日繁,骜横日甚,切近羊城,奸宄叵测,尤为广人久蓄腹心深痼之疾",担心"非我族类"的澳门葡人势必成为广州城"肘腋之隐祸"。③ 该类驱逐澳门葡人的意见,在后来亦有人继续持此主张。

明万历初年,朝廷步入张居正新政时期,鉴于时局而对澳门葡人动静日渐关注,逐渐形成了在怀柔基础上兼用遏制的治理策略,以此管治澳门葡人。

对澳门葡人进行治理的首要措施,是规定澳门葡人须每年向明政府缴纳地租银500两,并正式载入作为官府征税依据的《广

---

① 《明经世文编》卷357,《题为陈末议以保海隅万世治安疏》。
② (明)俞大猷:《正气堂集》卷15,《论商夷不得恃功恣横疏》。
③ 《明经世文编》卷342,《议阻澳夷进贡疏》。

东赋役全书》。地租银的形成和规范化,不仅从根本上说明澳葡在中国的赁居地位,也表明广东政府在事实上承认其赁居地位。① 另一重要措施则是万历元年(1573)在澳门北面莲花茎上设关建闸,置官防守;又设广州府海防同知,以便就近弹压。关闸之设,意义重大,以此控制澳葡出入,形成控制澳葡的"戎索",在平时则坐而困之,若不法即扼其咽喉,使之"仰我濡沐"。② 此举成为明朝对澳政策日趋成熟的一个标志。

自1580年葡萄牙归属西班牙以来,澳葡面临窘境,只有承认西班牙政权的合法性才能维护在澳门的既得利益。此时,明政府因新政改革而短暂中兴,沿海稍靖,治理澳门力度加大,而澳葡并无足够的抗衡之力。

万历十年(1582),新任两广总督陈瑞奉旨加强对澳门的管辖,但在葡人代表的甘词厚礼下改变态度,最终宣布澳葡可以继续居留,结束了默许葡人居澳的非正常状态。由于此举系中国官员首次代表朝廷允准葡人居澳,对澳门葡人自治而言意义尤其重大,以至于被人视为"明朝对澳政策最终确立的标志"。③

一旦得到明政府允准居留的许可,澳门葡人立即做出反应,加紧筹建自治组织,迅速成立自治机构。他们先在1583年选举产生澳门议事会(senado da camara),相关举措也紧锣密鼓地陆续出台。虽然这一时期他们的努力集中在葡人内部以及一部分涉及葡人的华洋事务上,并非主权行使,治权亦不完整,但其谋求自治的倾向日益明显。

由于澳葡终系远人,并不情愿,亦不可能完全成为天朝顺民,本意在于争取自治,而遥远的时空距离又导致"葡萄牙对澳门并

---

① 万明:《中葡早期关系史》,社会科学文献出版社,2001,第101页。
② (明)王以宁:《东粤疏草·条陈海防疏》。
③ 关于陈瑞召见情况,参见万明《中葡早期关系史》,第103-107页。

无采取任何有效的管治措施"，① 因此，澳葡不可能真正对明政府和葡萄牙政府实行"双重效忠"；即使有相关表现，至多只能算是一种策略上的"效忠"。②

然而朝廷对此并无足够警惕，至 17 世纪初期才日渐暴露危机，为地方人士所洞悉。先是万历三十一年（1603）福建巡抚徐学聚在《初报红毛番疏》中论及此事，认为葡萄牙人将会祸及福建以至中原，香山地方允准葡人居留互市"渐则不可收拾，为粤隐忧"。③ 万历三十五年（1607），广东番禺举人卢廷龙会试入都，上疏"请尽逐澳中诸番出居浪白外海，还我壕境故地"，④ 发扬了前述俞大猷等人动用武力驱逐澳门葡人的意见。

为克制这些危机和加强沿海防范，广东地方与朝廷政要陆续开始积极行动。万历三十六年（1608），蔡善继为香山知县"即条议制澳十则上之"，⑤ 并对违法夷人严厉惩处。万历四十一年（1613）刑科给事中郭尚宾在《粤地可忧防澳防黎孔亟疏》中则沿袭前述庞尚鹏的建议，指出粤地可忧而需"锄乱本以固东南疆事"，认为澳门葡人"窃据香山境内"实为"腹心之疾"，还道破了他们"踞澳为己有"而实则"盘固之寇也"；因而提议令澳门葡人离开澳门到浪白澳去贸易，即"令夷人尽携妻子离澳，其互市之处，许照泊浪白外洋，得贸易如初"。⑥

与以上移驻浪白澳说与武力驱逐说不同，广东巡抚霍与瑕提

---

① 吴志良：《生存之道——论澳门政治制度与政治发展》，第 63 页。
② 有学者认为，在澳门议事会时期（1583－1783 年），澳葡名义上接受葡萄牙王室和法律的管治，实质上则受到明清政府之严格制约，为维护相关的切身利益，议事会不得不长期奉行双重效忠的原则，并认为这"完全是生存的需要"，参见吴志良《生存之道——论澳门政治制度与政治发展》，第 56－72 页。
③ 《明经世文编》卷 433，《初报红毛番疏》。
④ 《明史》卷 325，《外国六·佛郎机传》。
⑤ （清）印光任、张汝霖：《澳门记略》上卷，《官守篇》。
⑥ （明）郭尚宾：《郭给谏疏稿》卷 1，《粤地可忧防澳防黎孔亟疏》。

出了准许葡萄牙人租居澳门贸易、加强防范和管理的方针。霍与瑕认为对于澳门葡人不能不察其顺逆、辨其奸良,指出:对策有上、中、下策之分,上策在"建城设官而县治之",中策为"遣之出境,谢绝其来",下策为"握其喉,绝其食,激其变而剿之";并指出"欲行上策,当先要之以中策",建议"设城池,置官守,以柔道治之,不动而安,诚策之得"。①

万历四十二年(1614),两广总督张鸣冈上奏重申这一建议,指出"粤之有澳夷,犹疽之在背也。澳之有倭贼,犹虎之傅翼也",认为驱逐之策难在"兵难轻动,而濠镜则在香山内地,官军环海而守,彼日食所需,咸仰于我,一怀异志,我即制其死命",而移驻之策也因"巨海茫茫,奸宄安诘,制御安施",折中权衡"似不如申明约束,内不许一奸阑出,外不许以倭阑入,无启衅,无弛防,相安无患之为愈也"。②

鉴于国力急剧衰败而内忧外患日益严重的形势,以及对澳葡控驭策略、贸易、税费和防务等多方面的考虑,朝廷反复权衡之后,决定放弃以"饬令"或"武力"驱逐的办法,接受两广总督张鸣冈和广东巡抚霍与瑕的奏请,即所谓"建城设官而县治之",③采取允准葡萄牙人继续以租住方式居留澳门,但采取加强防范和管理的治理方针。

三 葡人居留澳门之历史反思

至此,朝野上下围绕澳门葡人问题延续了数十年的争论终于尘埃落定。尽管上述争论意见对澳门葡人的去留问题态度不同,

---

① 转引自(清)卢坤《广东海防辑览》卷3,《险要》。
② 《明史》卷325,《外国六·佛郎机传》。
③ 黄启臣:《澳门通史》,广东教育出版社,1999,第69页。

但都不牵涉澳门主权的归属问题,① 因为当时尚无近代国际法意义的"主权"概念。事实上,综观葡人居澳以来朝野上下的论争,可见他们无不以维护中国政府对澳门行使主权和保持领土完整为前提。这完全表明了澳门归属中国的历史真实,回击了那些企图为殖民主义行径辩护的葡萄牙人或别有用心的其他人士所谓"久占之地必有主权"之类谬说。由此,我们需要秉持历史唯物主义的立场,置身历史语境而设身处地进行辩证反思。

首先,站在历史发展的立场上,从明政府的角度进行设身处地的考虑,朝廷最终准许葡人居留澳门和经营对外贸易,客观上有利于当时的国计民生和朝廷财政。

在葡人居留澳门从事商贸活动期间,"边民乐与为市"而"有利于吾民",② 这不仅实现了中外商品流通,也使澳门经济得以欣欣向荣。在澳门商贸繁盛的同时,因"各夷遵守抽盘,中国颇资其利"。③ 通过从澳门外商船钞货税抽盘的方式,这不仅可以解决"广东文武官月俸多以番货代"的问题,还可以为朝廷增加额外收入。这种所谓"两利"局面,正如广东巡抚林富主张"许佛郎机互市有四利"所指出的"助国裕民,两有所赖"。④ 在明末朝廷日趋腐败而财政危机日益严峻的情势下,寄望于澳门葡人商贸利益的分享,遂成为允准葡人继续居留的经济动因。

其次,站在民族利益的立场上,澳门葡人为获得居留允准,表面对明政府的管理极尽谦恭态度,实则既靠大肆贿赂地方官吏,又不失时机抓住一切历史机遇,这在客观上也进一步加剧了明政府之吏治腐败,加深了东南沿海的海防危机,以至积弊难返而成历史遗留问题。

---

① 相关分析参见黄启臣《澳门通史》,第 64 – 73 页。
② (明)林希元:《同安林次崖先生文集》卷5,《与翁见愚别驾书》。
③ 《明经世文编》卷342,《议筑广东省会外城疏》。
④ 《明史》卷325,《外国六·佛郎机传》。

第二章
共处分治：早期澳门的治理与秩序

葡人在多次冲突与交锋中明白他们无法以军事征服中国谋取澳门，但发现朝廷吏治腐败大有可乘之机。澳门从开埠之日即与葡人行贿有关，上至两广总督下至普通守澳官，大多得到葡人的种种好处。这种利益关系也是明朝官吏难以实施武力驱逐的重要因素。澳门葡人对此丝毫不加掩饰，他们向国王报告时曾特别强调他们是用金钱贿赂中国官吏才免于驱逐的，为了维持在此地居留而"必须向异教的中国人花费许多"，因此，西方学者毫不客气地指出，葡人在澳门得以维持其地位，就在于依靠"贿赂"与"地租"。①

与这种贿赂相配合，则是澳门葡人对朝廷的"谦恭"姿态。早期来华的葡人曾经以海盗式的面貌和剽劫行旅、掠买人口、欺负良民、杀人越货的行径，激起东南沿海军民公愤而屡遭中国军民的驱逐扫荡。他们在设法居留澳门之后，只能适时收敛劣迹而改变往昔的"佛郎机"形象。在陈瑞召见而正式允准居留澳门以来，葡人为表示服从中国官府管辖，更以所谓效忠姿态试图赢取朝廷的信任、避免被驱逐的命运，实则并非"双重效忠"。②

再次，综观明末治理澳门的措施及效果，就总体而言可谓基本收到了预期效果。这种"建城设官以县治之"的分治策略，不仅比较有效地发挥了"以夷治夷"和"以夷制夷"作用，还通过澳门华洋共处而开展海外贸易，引进外来文化，传播中华文明，对东西交通枢纽澳门的兴起和发展起了积极作用。③

---

① 参见马士《中华帝国对外关系史》（第1卷），张汇文等译，上海书店，2000，第41－43页。
② 关于这一问题的批判分析，参见张海鹏《居澳葡人"双重效忠"平议》，《近代史研究》1999年第6期；谭世宝：《澳门历史文化探真》，第519－548页。相关回应文章参见金国平、吴志良《镜海飘渺》，第86－121页。在本文看来，吴志良博士认为广东的葡人形成了正确的中国观，以"双重效忠"为生存方式等观点，是值得商榷的。事实上，葡萄牙人并没有形成正确的中国观，也没有真正诚恳地对明清政府效忠过。
③ 万明：《中葡早期关系史》，第113页。

事实上，明政府治理澳门是一种完整的主权行使，兼有绝大部分的治权，集中表现在行政、司法、税收等方面的特殊管治。例如，将澳门划归香山县管辖，兼受广东海道副使管理，并派驻提调、备倭、巡缉三行署（统称"守澳官"）、海防同知和市舶提举来"约束"澳葡；将其视为中国百姓，并实行保甲制度；并在澳葡中选任"夷目"（理事官），设立议事亭作为向其宣读政府命令之所，等等。

然而，时间推移到王朝行将覆亡之际，明政府既无能力遏制内部已深入骨髓的腐败，也绝无实力对付猖獗无忌的澳葡势力，上述一厢情愿色彩的"共处分治"方式非但难以再如所愿，反而使澳葡中的不法分子借此合法形式与国内贪官污吏、奸商地痞、豪棍盗贼等密相勾结、走私漏税，甚至以澳门为基地而在广东沿海各地劫掠人口，所谓"建城设官而县设之"的方略"无非是一纸空文"；[1] 反之，则是澳门葡人获准居留之后，以"谦卑的态度和礼物"与强取豪夺之行动，与明政府始终有着或明或暗的政治较量，不放过任何一个可供其扩展权力的机遇。

总之，明政府允准澳门葡人继续居留，有着深刻而复杂的各种因素。这也涉及澳门葡人对自身居留的合法性问题，成为中葡历年来关于澳门问题无法回避的根源性问题，同时也左右着澳门政治与法律发展的进程，成为早期澳门法文化研究中必须严肃对待的基本内容。

第二节 主导治理：明政府对澳门的治理措施

自葡萄牙人获允入居澳门贸易以来，早期澳门一跃而成举世

---

[1] 参见《明清时期澳门问题档案文献汇编》（第1卷），韦庆远"序言"，第11页。

瞩目的广州对外贸易外港和东西方国际贸易基地。与之相应，则是明政府与居澳葡人围绕这个新兴的华洋共处之地如何进行治理的历程。随着澳门治理政策的逐步成熟与定型，一方面明政府对澳门拥有完整主权而充分行使行政管理权，另一方面则是大明律例体系也纳入这个以"华洋共处分治"特色著称的微型社会中。[1]与此相应，踏浪东来的葡萄牙人带来的欧洲中世纪传统法制也逐步生根于此，随后进而体现在自治性质的议事会机构及相应的司法体制之中，使明代澳门地区的法制呈现一种中西并存的混合法特质。在此，本文试图探讨明政府在澳门治理结构中的主导治理，它充分表现在政治控制、土地权利、海关管理及商贸管理等方面。

一　设官与讲武：对澳门的政治控制

踏浪东来的葡萄牙人何以获允入居澳门，这是中外学界多年仍有争议的一个话题。早在19世纪前期即向西方世界揭示澳门早期史之真相的瑞典学者龙思泰，指出葡人为解决居留合法性问题所做的耐人寻味的举措，即依赖"谦卑的态度和礼物"使广东海道及相关官员自此视而不见。[2] 前往澳门的葡人逐年增多且至于携家带眷，一些不法分子拒受汉官约束，不遵大明法度，招致广东地方乃至朝廷诟病，遂有嘉靖末年朝野上下"驱逐澳夷"之声，有识之士纷纷敦请朝廷对澳门葡人严加管理，不同趋向的建言策论为此还展开了长期而激烈的争辩。

万历四十二年（1614），两广总督张鸣冈秉持广东巡抚霍与瑕的奏请，重申驱逐之策与移驻之策难以施行，乃折中权衡称"似

---

[1]　关于澳门社会呈"华洋共处分治"形态之说，参见吴志良《生存之道——论澳门政治制度与政治发展》，第9页。
[2]　龙思泰：《早期澳门史》，第35页。

不如申明约束，内不许一奸阑出，外不许以倭阑入，无启衅，无驰防，相安无患之为愈也"。① 鉴于国力急剧衰败而内忧外患日益严重的形势，以及对澳葡控驭策略、贸易、税费和防务等方面考虑，明朝廷在反复权衡之后决定放弃以饬令或武力驱逐的办法，改而接受张鸣冈和霍与瑕等人的奏请，允准葡人继续租住澳门，但须加强防范和管理，即所谓"建城设官而县治之"。② 围绕建城设官政策而陆续出台的多种治理措施，深刻表明中国政府对澳门拥有完整的主权，也表明中国传统治理文化在澳门有着不可动摇的支配性地位。

首先，针对澳门葡人特别增设相关机构，并强化与之相应的管理职能。明代澳门在行政区划上归属香山县主管，香山知县是负责管辖澳门的行政和司法长官。据相关文献记载，当时居住在澳门的葡萄牙人"是被看作中国皇帝子民的"，葡萄牙人犯罪"可由葡萄牙人自行处置；但一有牵涉华人，则须交中国官员审判，常有葡萄牙人被送去广州审判而受鞭打"。③ 另据西方史学者研究，明政府在 1587 年以前"曾经派遣一位官员驻守澳门，'承皇帝之旨，管理该地'；凡牵涉中国人在内的案件，不论他是原告或被告，都归他裁判"，④ 可见澳门葡人基本受制于香山县管辖。

为增强对澳门葡人的管理力度，朝廷特设提调、备倭、巡缉行署等专门机构。据《澳门记略》载，由于澳门处于海疆，海道纵贯其中，明朝"故有提调、备倭、巡缉行署三"。⑤ 提调负责查验外商船舶进出口状况，代为向海道副使申报及向广东巡抚备案和征收船钞、货税等事项。备倭是防止倭寇、掌管海贼、奸宄拘

---

① 《明史》卷 325，《外国六·佛郎机传》。
② 黄启臣：《澳门通史》，第 69 页。
③ 邓开颂、黄启臣编《澳门港史料汇编》，广东人民出版社，1991，第 120 页。
④ 马士：《中华帝国对外关系史》（第 1 卷），第 49 页。
⑤ 印光任、张汝霖：《澳门记略》卷上，《形势篇》。

捕事宜。巡缉则负责流动巡查、缉捕走私事宜。这三个机构的行署官员统称"澳官"或"守澳官",具有军事镇守和海防、治安之责,兼掌海上贸易事宜。明代史籍对此多有记载。如庞尚鹏上疏就指出"其余番商私斋货物至者,守澳官验实申海道,闻于抚按衙门,始放入澳"以及往年俱泊浪白澳时"守澳官权令搭篷栖息,追舶出洋即撤去"云云。① 然而,在澳门葡人居留期间,守澳官往往未尽其责,如1565年俞大猷主张驱逐澳门葡人时就指出"商夷用强梗法盖屋成村,澳官姑息,已非一日"。②

值得注意的是,朝廷后来又将海防同知移驻雍陌。据史籍记载,"预绸缪以弭衅隙。谓倭奴入犯,皆由奸人为之响导。近闽粤多贩海奸徒,而境澳亦蓄奸薮泽,议将广州海防同知出镇雍防,会同钦总官严加查察,不许违禁夹带。陆路则谨塘基环一线之关。夷商入广,验明给票,方许停泊。海道每巡历濠境一次,宣示恩威,申明禁约",③ 此处"雍防"即指雍陌营防地,雍陌是香山县距澳门较近的一个圩市,可知万历四十五年(1617)明政府又将广州海防同知移驻雍陌。

明政府设置上述机构并出台相应的管理规章,并沿袭传统治道之"以夷制夷"的精神,经常派出官员前往澳门办事,在议事亭召见"夷目"处理澳葡事宜。所谓"夷目"并非明政府正式授予澳葡的职衔,而是澳葡议事会机构中专事与中国官府打交道的检察长,明代文献多以"委黎多"或"唛嚟哆"称之。议事亭则是澳葡议事会的办公之所,据清初吴历《三巴集》载,其时澳内"凡海上事,官绅集议亭中,名议事亭"。但凡中国官员向"夷目"宣读政府命令,或双方会谈政务及商谈贸易等大事,均在此亭进

---

① 《明经世文编》卷357,《题为陈末议以保海隅万世治安疏》。
② 俞大猷:《正气堂集》卷15,《论商夷不得恃功恣横疏》。
③ 《明神宗实录》卷557,万历四十五年五月辛巳条,兵部复广东巡按田生金会同总督周嘉谟条陈第六款。

行。葡人遇有问题时，也须到议事亭向守澳官请示报告："文武官下澳，率坐议事亭，夷目列坐。进恭毕，有欲言则通事翻译传语。通事率多闽粤人。"① 此亭后来还放置以中葡两种文字刻录重要法令的石碑，作为官员办事的依据，亦为约束葡人的准则。

其次，建立关闸并设官置守。早在1564年庞尚鹏上疏时就提议设关闸，称"欲将澳夷上、雍麦以下山径险要处，设一关城，添切府佐官一员驻扎期间，委以重权，时以讥察，使华人不得擅入，夷人不得擅出，惟抽盘之后，验执官票者，听其交易而取平焉"。② 万历二年（1574），明政府"建闸于莲花茎，设官守之"。③ 明代所建关闸地址与今不同，为一座中国式的古代城楼，城牙如排齿，分两旁斜下，可直达城楼，楼前悬一匾额，上刻"孚威镇德"四字；城楼正中开一城门，门楣枕有碑石一块，上刻"关闸门"三字。关闸两旁各建兵房一所，为关闸汛营，左右立有桅杆两支；靠水滨处又建小石室三间，为哨兵瞭望站。该关闸后于1874年被澳门葡人拆除而在新址重建。④ 据史载，关闸设把总1员，领分防员60名把守，每月六次启闭关闸。"闸官司启闭"，"莲花茎一闸，岁放米若干石，每月六启，文武官会同验放毕，由广肇南诏道驰符封闭之"。⑤ 开闸时对来关前贸易和购买粮食或副食品的葡人进行检查，不许他们夹带违禁货物；待贸易完毕再关闭闸门，负责贴上六张印有"畏威怀德"字样的封条。关闸之设，意义重大，以此控制澳葡出入，形成控制澳葡的"戎索"，在平时则坐而困之，若不法即扼其咽喉，使之"仰我濡沐"，⑥ 可谓明朝

---

① 申良翰：《康熙香山县志》卷9，《澳夷》。
② 《明经世文编》卷357，《题为陈末议以保海隅万世治安疏》。
③ 印光任、张汝霖：《澳门记略》卷上，《官守篇》。
④ 黄启臣：《澳门通史》，第76页。
⑤ 印光任、张汝霖：《澳门记略》卷上，《官守篇》。
⑥ 王以宁：《东粤疏草·条陈海防疏》。

对澳政策日趋成熟的一个标志。

此外，明政府特别增设相应的军事机构，借此强化对澳门葡人的军事震慑。由于澳门对外贸易的不断发展和葡人的急剧膨胀，明政府管理澳门的难度也随之加大。为加强对澳葡的军事威慑，朝廷最初曾派驻守澳官，允其设置军营以驾驭澳夷。在葡人居留澳门之初，出任守澳官的王绰已注意到葡人谋求自治的不轨。时有文献称"绰以番俗骄悍，乃就其所居地申设军营一所，朝夕讲武以控制之，自是番人受约束"，[①] 可见其时已开始设置专门针对澳门葡人的军营，后世称澳门"营地"者亦与之有关。

为加强对澳门葡人的防范管理，万历四十二年（1614）两广总督张鸣冈得兵部批准，令广州海防同知出镇距澳门一日之程的雍陌营房地，"设参将府于中路雍陌营，调千人守之"。[②] 自万历四十四年（1616）发生"南京教案"后，明政府将耶稣会传教士驱逐往澳门，再次引起朝廷对澳门的重视。经过兵部官员及新任两广总督周嘉谟、广东巡抚田生金等人讨论，虽一致认为不必将葡人驱逐出澳门，但必须"防患未然，随宜禁戢"以加强管理。于是在天启元年（1621）改移参将府于规制宏备的前山寨，防守部队大为增加，并有海陆两个兵种，组织严密，分成石龟潭、秋风角、老万山等地。[③] 参将府建筑气势威严，府前辟广场一片作为练兵场所，又置号角鼓吹亭两间分布左右，参将府居于其中，分前后两座，左为钟楼，右为书斋，后为膳堂，可谓规模宏伟、设施齐全。按明代官制，参将官属三品武官，可见天启年间管理澳门的官员又升格。通过如此部署，澳门军事治理可谓"防制渐密，终明之世无他虞"，[④] 在水、陆两方面都有了严格的军事防范管理。

---

① 李卓揆：《乾隆香山县志》卷1，《王绰传》。
② 《明熹宗实录》卷11，天启元年六月丙子条按语。
③ 印光任、张汝霖：《澳门记略》卷上，《官守篇》。
④ 印光任、张汝霖：《澳门记略》卷上，《官守篇》。

二 地租与兴作：对澳门的土地管理

葡人携家带眷簇拥而来澳门居住贸易，起初还能遵令在被准暂住的指定范围内活动，随着时间推移而围地建垣几近"化外之区"，不但渐显"凌轹居民，蔑视澳官"之迹，其筑室建城且至于"雄踞海畔若一国"，地方官吏却又"皆畏惧莫敢诘，甚有利其宝货，佯禁而阴许之者"。① 为整顿对葡人治理并借此加强东南海防，明政府亦对澳门充分行使土地所有权的管理职能，包括向葡人征收地租银和严格约束葡人擅自兴作等举措。这也是中国政府对澳门拥有主权的明证。

首先，香山政府每年定期向澳门葡人征收地租银，以示中国对澳门的全权所有。

据中外文献相关记载，地租银的前身是葡人居留澳门之后例行贿赂中国地方官员的"海道贿金"，但自万历初年一次偶然事件后即转化为正式缴纳官府的地租银，② 自此明政府每年向澳门葡人征收地租银500两，并正式载入作为官府征税依据的《广东赋役全书》。直到1849年亚马勒政府强横无理拒绝缴纳而清政府默认既成事实为止，虽然其中偶有几次豁免地租，但中国政府始终坚持不变，延续时间达276年之久。应当说，当时中葡双方都未有清楚的现代国家主权观念，但土地所有权的观念是清楚的。澳门葡人很清楚地知道澳门的土地是属于中国的，是以基本上遵从着每

---

① 《明史》卷325，《外国六·佛郎机传》。
② 关于澳门葡人第一次向明政府缴纳地租的时间，中外史籍记载不一。中文记载中，有的认为在万历初年："澳有地租者，大约不离乎万历中者近是"，见《澳门记略》卷上《官守篇》。葡文记载有不同说法，有的认为是1570年，参见施白蒂《澳门编年史》，第17页。也有认为在1572年或1573年，参见徐萨斯《历史上的澳门》，第25页。

年缴纳地租的义务。

其次,严厉禁止澳门葡人擅自兴作,否则予以干预和惩处。

所谓"普天之下,莫非王土",明政府对于澳门土地的管理是十分严格的。朝廷虽然允准葡人居留澳门,但明文禁止他们在此擅自兴作:不仅规定葡人不得买卖土地,还规定不经广东地方官员准许,也不得在澳门建造房屋或改造、扩建房屋,否则要受到明政府的干预和惩处。例如1614年广东官府颁布五款《海道禁约》,其中之一便是"禁擅自兴作"的规定:"凡澳中夷寮,除前已落成,遇有破烂,准照旧式修葺,此后敢有新建房屋,添造亭舍,擅兴一土一木,定行拆毁焚烧,仍加重罪"。这一规定对后世影响甚深,直至1749年澳门同知张汝霖等人勒石立约,被扩展为约束葡人的十二条禁令仍沿袭该约内容,其中第七条即重申当年所订禁约的内容。

由于明政府对澳门的土地管理比较严格,一切兴作须经中国官吏准许才能进行,澳门葡人只能屡屡通过秘密贿赂中国官员行事,否则便遭拆毁且被官府施以惩罚。关于这一点,后来不断有澳门葡人颇多怨言,例如澳门主教在1803年12月20日的一封信函中抱怨说:"澳门仅在名义上属于葡萄牙。葡萄牙人在这里并不拥有任何土地,也不能买得土地。没有中国官吏的允许,他们不能建一堵墙,开一扇窗户和修理他们自己的房屋和房顶。"[①] 当然,实践中的澳门葡人并非总是恭顺如斯,只要条件允许即会经常或明或暗地擅自兴作。例如1605年耶稣会圣保禄修道院院长贾华路和天主教东方巡视员范礼安未经明政府批准,就擅自在青洲建筑天主教教堂,高六七丈,规模宏大,"非中国所有"。[②] 至1606年,

---

① A Margues Pereira, *As Alfândegas Chinesas de Macau*, Macau, 1870, p. 33. 转引自王昭明《鸦片战争前后澳门地位的变化》,《近代史研究》1986年第3期。
② 《明史》卷325,《外国六·佛郎机传》。

此事因流言纷起而为地方官员所知，广东巡抚王尊德令香山知县张大猷亲赴澳门，带领官兵一举烧毁了这座擅自兴建的教堂。其时因烧毁教堂而激发葡人骚动，还一度导致澳内华洋关系的高度紧张。在明政府实行经济封锁的压力下，澳葡最终不得不派出代表团前往广州"卑词厚币"，贿赂地方官员之后才得以缓解事态，香山官员亦借此事件订立《制澳十则》并最终催生了《海盗禁约》五款。①

概览明末澳门葡人种种违背禁令擅自兴作及其结局，可见一旦被朝廷与地方官员发现，势必要被严厉制止。唯葡人多以贿赂手段行事，加之明末局势日趋严峻，朝廷与地方官员无暇多顾，他们的擅自兴作行为也就一再发生而难以全面遏制，这类禁令也就往往成为一纸虚文。

再次，禁止澳门葡人修筑防御工事，以示明政府对东南海防的治理。

17世纪的欧洲，新崛起的荷兰人正在四海纵横和不断拓殖，作为其时已驰名西方的国际商贸重镇的澳门，不可避免地成为他们在远东世界拓殖的觊觎对象。但自1601年首次来犯澳门而遭失败开始，②到1603年、1604年、1607年、1622年、1627年又多次进犯澳门。澳门葡人借口抵御外敌进犯，频频修筑防御工事，用心亦在借此防范明政府的管束。在当时，一些葡人甚至会以是否在澳门防御工程上积极作为来评判澳门兵头的政绩。例如，时任澳门兵头兼王室大法官的弗朗西斯科就因没能为澳门之防御工程有所作为（加之失职放纵）而在1616年被押回果阿；所幸此人曾在非洲和印度有过军事生涯，后来与罗雅谷神父一起对大三巴炮台和城堡的设计做出了贡献。其中较大规模的工事，即大三巴炮

---

① 周景濂：《中葡外交史》，第93-94页。
② 施白蒂：《澳门编年史》，第31页。

台的城堡建设，大致在1617年动工兴建。① 至1623年，葡萄牙王室贵族马士加路也被葡印总督任命为第一任澳门总督，就职澳门之后即建起城墙，且最终完善了澳门的堡垒体系。②

澳门葡人修造工事的活动，是在设法瞒住官府耳目的情况下进行的。明政府一旦察觉，则极力惩处之。其中几次交涉尤有影响，第一次是天启元年（1621）拆毁青洲工事。因上年澳门葡人在广东地方政府反对的情况下，仍以防御荷兰海盗为名擅自在青洲岛修筑防御工事，两广总督陈邦瞻闻讯后即派广东布政使司参政冯从龙、参议徐如珂、中军孙昌祚前去，将澳葡所修之墙垣"尽撤而毁之"，澳门葡人"不敢拒"。③ 此事又据地方志载："时徐如珂署海道副使，澳夷奔告红毛将犯香山，请兵请饷请木石以缮垣墉，如珂昌言于两府：'此澳夷尝我也'。已而夷警寂然，而澳夷日筑百丈，如珂遣中军领兵戍澳，谕之曰：'垣墉不毁，澳人力少也，吾助若毁。'不两日，粪除殆尽"，自此葡人稍戒心。④ 第二次是1624年。因1622年荷兰再犯澳门，1624年澳门总督马士加路也借口防御荷兰侵扰而在青洲筑城，建起三巴寺等六座炮台，又筑南、北两段围牌，并在沙梨头一带建造一个规模巨大的城堡，城堡周围的高墙上环架数十门大炮，并建一道夹墙与大炮台相通；他还计划在中间空地建筑宫殿和高塔作为自己的驻地。此事被两广总督何士晋得悉，他不能容忍他们如此任意兴建城堡，遂传令澳葡予以拆除，但马士加路也蛮横拒绝，于是何士晋与已升任领西道的蔡善继通力合作，"首绝接济，以扼夷之咽喉；既絷揽头，以牵夷之心腹；官兵密布，四面重围；严拿奸党，招回亡命"，⑤

---

① 施白蒂：《澳门编年史》，第33页。
② 施白蒂：《澳门编年史》，第36页。
③ 《明史》卷325，《外国六·佛郎机传》。
④ 祝淮：《道光香山县志》卷4，《海防》。
⑤ 《明清史料》乙编，第614页。

包围葡人士兵，迫使他们拆毁城堡，"内奸绝济，外夷畏服，原自毁其城，止留滨海一面，以御红夷"。[①] 这类拆毁葡人防御工事之举，足以显示中国政府在澳门行使有效的土地管理权。

澳门葡人真正征得明政府同意而修筑防御工事，是在1630年以来。因荷兰一再进犯澳门，朝廷多次派兵协助葡人抗击，广东官府同意他们在1622年"留滨海一面"城墙的基础上修筑城墙，东起嘉思栏炮台，西北转水坑尾，又转西北至大炮台，再往西北到三巴门，转北沿白鸽巢到沙梨头门，向西南至海边高楼，周长1380丈，从此城墙就成为葡人赁居地的界墙，墙以南为葡人赁居地，墙以北的望厦、龙田等七村居民户口编入香山县，通常情况下，葡人只能在墙以南地带活动，中国官员则可以在城墙的沙梨头、三巴、水坑尾三处城门出入，中国官府设置的管理澳门机构则位于墙界以南，以便行使主权。[②]

三 市舶与关税：对澳门的海关管理

明政府对澳门葡人进行经济管理的措施，不仅体现在关于澳门葡人缴纳地租银的规范化，这一制度正式载入作为官府征税依据的《广东赋役全书》，表明广东政府在事实上承认其赁居地位，[③] 还体现在针对澳门葡人的海关管理方面。

第一，设市舶提举司负责海外商贸管理，安排市舶司官员与香山官员共管澳门海关贸易。

广东历来为中国对外贸易之重镇。明政府早在洪武四年（1371）设置广东市舶提举司，驻扎广州负责管理外贸，经常派一

---

① 《明熹宗实录》卷58，第31页。
② 黄启臣：《澳门通史》，第80页。
③ 万明：《中葡早期关系史》，第101页。

第二章
共处分治：早期澳门的治理与秩序

副提举到澳门检查征收外国船货关税。明中叶以来，对澳门外贸管理和征税通常由广东地方官员操持，凡外国船只到达澳门，守澳官先查明情况，申报海道副使，再报广东巡抚，放行入澳，由他们委托派香山知县前去封籍、抽分，实行"抽其十之二，乃听贸易"。①

自万历以来，朝廷不再派中官干预市舶司，遂改由广东地方政府让市舶司官员与香山县官员共同管理澳门海关，执行盘验、丈抽、监督外商等职责。据时人记载："广属香山，为海舶出入喉喉，每一舶至，常持万金。并海外真异诸物，多有至数万者。先报本县，申述藩司，令舶提举同县官盘验，各有长例"。②另据万历四十八年（1620）《广东赋役全书》所载《澳门税银》称："每年洋船到澳，该管澳官见报香山县，通详布政司并海道俱批。市舶司会同香山县诣船丈抽，照例算饷。详报司道批回该司，照征饷银。各夷办纳饷银，驾船来省，经香山县盘明造册，报导及开报该司，照数收完饷银存库"。③这种管理方式延至明末不变，据明李侍问《罢采珠池盐铁澳税疏》载，即"香山澳税隶市舶司，而稽盘验责于香山县"。④

第二，形成一套比较严格的海关管理措施，通过颁发部票等方式管理澳门进出口贸易。

明政府注意对澳门往来商业贸易事项进行区别管理。据史籍可知，其时不仅严格区分"贡舶"与"海商"，指出"贡舶者，王法之所许，市舶之所司，乃贸易公也。海商者，王法之所不许，市舶之所不经，乃贸易之私也"；⑤还将外商分为"饷商"和"私

---

① 庞尚鹏：《百可亭摘稿》卷7，《题为陈末议以保海隅万世治安疏》。
② 《涵芬楼秘籍》第8册，《泾林续记》。
③ 转引自黄启臣《澳门通史》，第85页。
④ 张嗣衍：《乾隆广州府志》卷53。
⑤ 邓钟：《筹海重编》卷10，《经略二》。

93

商"，饷商是海外朝贡国来华朝贡时与明政府进行官方贸易的使臣人等，其货物是随进贡船只附载而来的非贡品，照例抽盘十分之五，其余以官价收买，随后允准其在华贩卖。私商只是一般商人，而非具有进贡职责的贡使，因而与明政府也不具有官方贸易关系。明政府对私商实行的税收办法异于饷商。终明之世，葡人未成为朝贡之国，因而葡商只作为私商与华人进行贸易。

明政府在完备征税机构的同时，对澳门商贸活动还实行进出澳门许可证制度，严格管理进出口贸易。根据明政府规定，凡葡国或他国商船想要进入澳门停泊和贸易，必须持有明政府颁发入港许可证即"部票"，负责管理港口的官员即"把水"。守澳官必须严格把关，遇有外国商船到澳门，须检查其是否持有部票之后才能放行。

第三，改革关税征收方式，对来澳贸易的各国商船征收进出口关税。

明初对外国商船征税，依照贡舶贸易制度实行实物征收的"抽分制"。据《明会典》载："凡番国进贡，内国王、王妃及使臣人等附至货物，以十分为率，五分抽分入官，五分给还价值"。[①]但这种高达50%的抽分税率并非固定不变，到正德四年（1509）改为十抽三，正德十二年（1517）改为十抽二，时人记载称"正德十二年，巡抚两广御史陈金、会勘副使吴廷举奏：欲或仿宋朝十分抽二，或依近日事例十分抽三。责细解京，粗重变卖，收备军饷。题议，只许十分抽二"。[②] 自此，广东市舶司在澳门征收关税税率一般维持在"十抽二"左右。对于外国商船私货征税，抽分税率也大致如此："番商私赍货物入为易市者，舟至水次，官悉

[①] 申时行：《明会典》卷113，《给赐番夷通例》。
[②] 黄佐：《嘉靖广东通志》卷66。

封籍之，抽其什二，乃听贸易"。① 另据庞尚鹏云："往年夷人入贡，附至货物，照例抽盘，其余番商私赍货物至者，守澳官验实，申海道闻于抚按衙门，始放入澳，候委封籍，抽其十之二，乃听贸易焉"，②可知当时抽分之程序与税率状况。

抽分制在隆庆五年（1571）被丈抽收银制所取代。明中叶以来，随着对外经济贸易进一步发展，源源流入的外国白银丰富了国内货币资源，遂有嘉靖十年（1531）御史傅汉臣倡议实行以银代征实物的"一条鞭法"，将实物税改为货币税。加之长期以来各国商船"报官纳税者不过十之二三而已"，③引起朝廷的警觉，遂在隆庆五年进行关税改革："隆庆五年，以夷人报货奸欺，难于查验，改定丈抽之例，按船之大小以为税额，西洋船定为九等，后因夷人屡请，量减抽三分。东洋船定为四等"。④至万历三年（1575）朝廷制定征税则例，万历十年（1582）以后，白银成为中外贸易的通货，丈抽收银制得以定型。

丈抽收银制即饷税制，有丈和抽两种收税方法：丈是对船舶大小的丈量，所征之税称为船税、舶饷，外国人称"固定吨位税"；抽是对船舶所载货物征收从量或从价税。关税形式包括三种：⑤第一种是"水饷"，即对外国商人到澳门贸易征收的商舶税，性质类似后世海关征收的船钞，但税率不是以船之载重量而是以容积量为标准，丈量时以船的梁头尺寸为定，从腹阔处丈量，依据船面的阔度分为11个等级，按每尺抽税，用累进税率计算。第二种是"陆饷"，即根据外国商船所载到澳门贸易的货物征收的进口货税，征自铺商。当时明政府害怕外国商人隐藏货物或少报货

---

① 戴璟：《嘉靖广东通志初稿》卷30，《番舶》。
② 庞尚鹏：《百可亭摘稿》卷1，《抚处濠镜澳夷疏》。
③ 周玄暐：《泾林续记》，《涵芬楼秘籍》第8册。
④ 梁廷枏：《粤海关志》卷22，《贡舶二》。
⑤ 万明：《中葡早期关系史》，第134页。

物数量，故命令外国商船入港时，商人不得先起货，以铺商接买货物，据应税之数给予号票，由铺商就船纳饷以后，听其转运。陆饷初为从价税，是十分之二的低税率，后因货物高下及时价不等，遂于万历十七年（1589）改为从量税。第三种是"加增饷"，这是一种特别税，仅对吕宋（菲律宾）船只征收。因当时吕宋"地无他产，夷人悉用银钱易货，故来船除银钱外，无他货携来，即有货者亦无几"，遂在水、陆饷外"每船更追银百五十两，谓之加征"，① 一般由船主负责缴纳。由于后来商人均叫负担过重，即于万历十八年（1590）减为120两。

至于出口货物征收关税，明政府对于澳门各国商人征收的货物出口税率一般为十一制。如时人记载："三十六行领银，提举悉十而取一，盖安坐而得，无簿书刑杖之劳。"② 出口纳税起初是由外国商人缴纳，即当他们购买中国的丝货瓷器时，直接向中国官府缴纳；但当时地方官员往往有迟到或不到的情况，他们又不愿久等，不纳税的情况遂经常发生。为堵塞漏税，曾有官员提议改由中国出卖货物的商人缴纳，先由广东市舶司发部票给商人，待他们与葡商及其他外商交易后，由部票商人代外商缴纳出口税，以保证该税征收。③

明政府不仅允准葡人居留澳门从事商贸，还在进出口贸易的海关管理上一再优待，在进口关税丈抽征收时也减收葡人商船税三分。这一点，辗转欧亚各处贸易的葡人也是有比较和体会的："在税制方面，中国对入港费和进出口货物所征收的关税，仍比葡人在亚洲其他贸易地区要轻一些"。④ 然而，欲壑难填，为谋取更多利益，包括葡人在内的各国商人还是设法钻营，偷漏税款。

---

① 《明经世文编》卷433，徐学聚《徐中丞奏疏·初报红毛番疏》。
② 周玄暐：《泾林续记》，《涵芬楼秘籍》第8册。
③ 《明经世文编》卷433，徐学聚《徐中丞奏疏·初报红毛番疏》。
④ C. R. Boxer, *The Great Ship from Amacon*, Lisbon, 1959, p. 17.

综上可见，明政府对于海关贸易尤其是澳门关税管理还是比较认真严格的，这也是中国对澳门行使主权的基本内容。但从严格意义上说，明朝并没有形成一套完整的海关管理体制，也缺乏系统的管理机构和管理队伍，缺乏相关的关税管理章程条例和严格的统计记账制度，从而使澳门葡人与其他外商得以一再偷漏税款；澳门葡人的富庶一时，与此不可谓没有关联。

四　开市与禁私：对澳门的商贸管理

明政府对澳门实行商贸管理，由此形成一整套的管理机构与相应制度，它鲜明地体现了自然经济性质的中国传统法律文化在沿海地区的变通延展。这种延展进而成为澳门接纳葡萄牙人带来的西方早期商品经济文明的基础。明代对澳门商贸进行严格的管理，包括设置相应管理机构、颁行相应规章、实行特殊政策等方面的内容。

第一，针对澳门葡人具体情况，设置相应的商贸管理机构，开展关闸贸易和广州贸易。

明政府有多种管理机构负责管理澳门的商贸事宜，但没有专职机构。负责澳门商贸管理者，不仅有海防同知、海道副使、市舶提举与守澳官提调等掌管外贸征税及贸易管制事宜，还包括有权行使商事案件裁判的香山知县，以及领中国官衔、沟通中国政府与葡人自治机关、协助中国政府治理澳门葡人的"夷目"；在发生较大事件时，两广总督等封疆大臣也直接过问澳门商贸事务。然而，正如学者分析指出："明王朝在澳门的设关置守虽然名目繁多，但官守之职权并不十分明确，且无严格的制度化，加上职官的经常废罢，因此，明朝在对澳门的管理上显得纷杂无序，特别是与清朝对澳门的管理相比较，则更显混乱。"[①]

---

① 汤开建：《澳门开埠初期史研究》，第197页。

自万历二年（1574）明政府于澳门设立关闸，定期开闭的关闸遂成为防止夷人擅入内地、阻止内地奸徒与之勾结的关卡，也成为内地华人与澳门葡人进行日常贸易的场所。这种关闸贸易形式引起不少外国人士的关注。据裴化行《天主教十六世纪在华传教志》记载，关闸"大门每隔五日开放一次，专为彼此交易，以后改为十五日开放一次"；[①] 另一文献也指出，关闸由中国官兵守卫，外国人不得随意通过这道分界线，"在开始的时候，据闵明我说，每月只开放两次，然后是五天开放一次，以便向这一偏僻之地出卖日用品。现在则是每天白昼时间开放"。[②] 可见，关闸贸易形式其实是明政府治理澳门进行约束的副产品，在中葡商贸交流上存在严重局限，但毕竟在一定程度上推动了香山沿海普通民人的商品经济。

明政府还针对中外商贸活动，举行规模较大的广州贸易会。广州具有悠久的对外贸易传统，但明代因长期推行海禁政策而退居内港地位，澳门则直接成为广州港的延伸。广州以举办贸易会的形式进行对外贸易，贸易会的时间、规模、交易货物、交易程序之类都由政府规定，是一种官方贸易会。自万历初年广州重开对外贸易会，此后每年举行一次，会期长达三四个月；在万历八年（1580）后，定例改为每年举办两次，首次在一月展销从印度等地运来的货物，第二次在六月展销从日本等地运来的货物。

从万历六年（1578）澳门葡商获准进入广州贸易至崇祯四年（1631）禁止进城贸易止，这是澳门葡商发展海外贸易的辉煌时期。虽然澳门葡人要受明政府管辖，但在商贸管理方面历来享受优待，几近独揽特权、大获其利，以至他国商人艳羡不已。1578年澳门葡商还被视为对外贸易的代理商，获准可直接到广州参

[①] 转引自戴裔煊、钟国豪《澳门历史纲要》，知识出版社，1999，第74页。
[②] 龙思泰：《早期澳门史》，第18-19页。

加交易会，自行选购中国货物。当然，葡人在广州的行动还是要受一定限制的，他们"必须晚间待在他们的船上，白天允许他们在城内的街上进行贸易。然而这是在许多守卫和戒备之下进行的"。①

第二，重视通过厉行法禁，严厉打击澳门葡人与内地奸徒的走私贸易活动。

明政府历来重视通过法律手段惩治各种走私活动。澳门葡人此前的种种不轨行为也大多受到重创。澳门葡人自万历初年有幸得到广东地方政府的特许，不仅有权进入广州贸易，货税也得到特殊优惠。但澳门葡商控制了日本、马尼拉和欧洲的贸易航线之后，不仅趾高气扬而无视广东政府的法令，没有珍惜可在广州发展正当贸易的绝好机会，反而变本加厉地与内地私商勾结走私，激起各国商人和朝野上下的不满。崇祯四年（1631），广东政府收回了澳门葡商进入广州贸易的特权。西方学者龙思泰曾记载此事如下：

> 议事会在1596年给果阿总督的一封信中……坦率地承认，"这要更多地归咎于葡萄牙人自己，而不是中国人"，并补充说，"中国人要求我们不要去广州，全部贸易应在澳门进行"。这种暗示遭到了轻视。尽管中国地方官员一再规劝那些走私者，因为他们既不缴纳船钞，也不缴纳进出口货税，许多葡萄牙船只还是在海岸徘徊。一旦有什么人被逮住，这些外国人就向省政府官员大声抱怨，遁词狡辩，说该政府无权惩治这些闯入者。主张纷扰争吵的局面，以向葡萄牙人关闭广州港口而告结束（1631年）。于是，与中国商人结成同盟，这些商人带来出口货物并在澳门收购进口物品。这种阴谋勾当只

---

① 利玛窦、金尼阁：《利玛窦中国札记》，第114页。

进行了几年，合伙人之间相互闹翻。中国的合伙人变得对澳门怀有敌意。①

在此情况下，失去特权的澳门葡商不得不依赖内地商人，先将出口货物送下澳门，再向其提供进口货物。但一些澳门葡商的骄横行径也屡屡激起华商的愤慨，他们之间的合作并不愉快。崇祯十年（1637），澳门葡人派出6名葡国商绅前往广州，请求广东政府恢复允许葡人进入广州通商。鉴于此前的恶劣表现及特定时局，他们的请求非但未获批准，广东巡抚还特别向朝廷进呈禁止澳门葡人入广州贸易的奏疏。崇祯十三年（1640）六月，崇祯皇帝批准这一奏请，正式宣布禁止葡人进入广州贸易。②

由于澳门葡人的各种走私贸易仍在暗地里进行，明政府不得不加强对这些走私活动的严厉打击。依照明律，走私的夷商将受到"人货焚戮"的制裁，而对参与"接买私货"、进行走私活动的华人，则将其扭送提调司处理，没收走私船只及货物。例如《大明律》规定"凡将马牛、军需、铁货、铜钱、段匹、绸绢、丝绵私出外境货卖及下海者，杖一百"，并有条例规定，"凡夷人到岸，未曾报官盘验，先行接买番货及为夷人收买违禁货物者，俱发边卫充军"，③ 等等。

第三，不断采取各种防范措施，遏制各国商船偷税漏税，整治澳门商贸秩序。

尽管澳门海关进口税率并不算高，但各国商人总在设法偷税漏税。在抽分制时期他们往往暗中买通官吏，在实行丈抽收银制时更公然承认"贿赂是存在的，丈量时，官吏总是粗略估计的"。④

---

① 龙思泰：《早期澳门史》，第 100-101 页。
② 施白蒂：《澳门编年史》，第 48 页。
③ 《大明律例》卷 15，《兵律·私出外境及违禁下海》。
④ C. R. Boxer, *Seventeenth Century Macau in Contemporaty Documents and IUustrations*, Hong Kong, 1984, p. 77.

不仅如此，外国商船往往不进澳门港口，而是抛泊大调环和马骝洲外逃避丈抽，或设小艇于澳门港口以中国私人小船偷运入澳，想方设法偷税漏税，情况十分严重。

为此，明政府不得不采取相关措施，设法加强防范，其主要措施是通过严格实行《大明律》和地方规章，以法律来约束惩治偷税漏税；并在万历二十四年（1596）由广东海道重申"严通澳之令"，出示禁约布告："凡委船到澳，许即进港，听候丈抽"，规定"如有奸徒潜运到澳与夷，执提调司究治"。① 明政府的另一措施，则是规定各国舶货进口税以定额方式缴纳。据乾隆《广州府志》卷53载，这种规定在运行中往往"虽有定额，原无定征，皆取诸丈抽彝船与夫彝商、唐商之互市，一一按例征抽"。② 且该定额因时而异，据《广东赋役全书》之《澳门税银》可知，万历二十六年（1598）"额二万六千两"，至万历三十四年（1606）"该司道议评两院会议，准允减银四千两"，天启元年（1621）则"岁输二万金"，③ 这笔定额进口税款由广东市舶司再呈送朝廷。

综上所述，明政府通过行政、土地、海关和商贸管理，全方位对澳门进行治理，这些举措也大多在清政府时期沿袭下来。明清政府对澳门充分行使管辖权的事实，表明澳门处于中华帝国的全权管辖之下，澳门社会受中国传统政制与法律文化的支配自是理所当然，只是这种主导治理的威权随着时间的推移而被不断拓展自治空间的澳门葡人一点一点地侵蚀着，直至鸦片战争爆发后，葡萄牙政府趁势调整对华外交政策，才使数百年来缓慢的侵蚀变成了急速的侵蚀，而这种延续近三百年之久的华洋共处与分治也不复往昔的格局。沧桑如此，令人深思。

---

① 申良翰：康熙《香山县志》卷9，《澳夷》。
② 《明清时期澳门问题档案文献汇编》第5卷，第192页。
③ 《明熹宗实录》，天启元年六月丙子条。

第三节 特别示禁：治理澳门的立法与司法

如前所述，以明政府对澳门拥有完整主权而充分行使管辖权为前提，随着澳门治理政策的定型，明代澳门法文化也逐渐呈现出极为独特的华洋共处分治色彩。一方面，主导性质的中国传统法制全面覆盖和适用于此，无论是管理体制还是司法实践均纳入其中；另一方面，葡萄牙人带来的欧洲中世纪传统法制也逐步生根于此，体现在自治性质的议事会机构与司法体制之中，使明代澳门法文化具有早期混合法性质。在此，需要考察明政府在澳门的特别立法状况，以及由此形成的一套独具地方特色的混合管辖型司法制度。

一 明代法制及特别立法在澳门的适用

明政府对澳门的全权治理，同样离不开作为后盾的法律制度与实践，这与明朝历来重视通过立法和司法来治理国家的传统有密切关联。从更宏大的背景看，明代法制是中华法系发展后期的代表形态，在传统法制的基础上确立了新的法律体系，提高了立法技术，严密了法律规范，改革了司法制度，与唐朝法制同样起着承前启后的作用，虽然不能与唐律对后世的影响相比，但其立法、司法和法律解释都为清代沿袭旧制提供了重要基础。

（一）明代法制的发展及其适用

明初统治者高度重视立法，这是一个不容忽视的事实。① 出身布衣的明太祖朱元璋基于元末法制败坏、纲纪废弛、官吏贪蠹而衰亡的教训，充分认识到法律的治国作用，不仅数次组织修订大明律，还亲自"为之裁定"。② 待洪武三十年（1397）《大明律》制定后，他还颁令"子孙守之，群臣有稍议更改，即以变乱祖制之罪议处"，③ 以示对建立和稳定统一的法律制度的高度重视。此外，明太祖还根据"刑乱国用重典"的传统思想，推行重典治国的方略，为矫正纲纪废弛、官吏恣纵的积弊，亲自编订《大诰》（即《明大诰》）四编，汇集各种以酷刑惩治官民过犯之例和各种峻令训诫。成于洪武二十年（1387）的《大诰》虽为法外之法，却为司法审判提供了极具权威的比附判例。直至明成祖即位以来，基于形势日趋稳定，遂于永乐十九年（1421）迁都北京后宣布"法司所问囚人，今后一依《大明律》拟罪，不许深文，妄行榜文条例"，④ 才在司法中终止了对《大诰》的适用，仁宣朝以后则最终废除了其效力。

明中后期同样重视立法，以顺应时势发展、弥补律典不足。如史称"中兴之令主"的孝宗皇帝俯察臣议，于弘治十三年（1500）编成《问刑条例》共279条"通行天下"，⑤ 此后又经嘉

---

① 关于明代立法概况，参见张晋藩总主编《中国法制通史》（第7卷·明），法律出版社，1999，第1－27页。
② 据《明史·刑法志》载："盖太祖之于律令业，草创于吴元年，更定于洪武六年，整齐于二十二年，至三十年始颁示天下，日久而虑精，一代法始定，中外决狱，一准三十年所颁。"
③ 《明史·刑法志一》。
④ 《明太宗实录》卷236。
⑤ 参见曲英杰、杨一凡《明代〈问刑条例〉的修订》，《中国法律史国际学术讨论会论文集》，陕西人民出版社，1990，第341－348页。

靖、万历两朝遵循"辅律而行"路线继续修订，以改此前实际存在的"以例代律"之积弊，实现"以例补律"的功用；弘治十五年（1502）又模仿《唐六典》体例编订《大明会典》80卷，至正德四年（1509）武宗时期正式颁行；经嘉靖朝与万历朝继续修订，终在万历十五年（1587）重修刊行，成为明代集典章制度于一体的行政立法总汇。

综观明代立法，可见统治者不仅在建国初期注重通过立法保障实施一系列恢复经济、巩固政权的治理政策，中后期同样顺应发展而更定法律、落实政策。唐宋以来的封建法制建设经验为明代立法提供了重要的思想文化积累，使其立法具有更高的起点，不仅在立法技术上彰显其时代特色，例如律、典、例、敕相互为用，制定法与判例法密切配合；还在实质内容上顺应时代要求，刑事法律的完备、行政法律的细密、民事法律的多样和经济法律的剧增，都标志着明代法律已臻于封建法律之集大成。[1]

上述立法都成为颁行全国统一适用的重要依据，澳门地处东南沿海，同样归属明政府中央集权的统一管辖，自应一体适用遵行。事实上，尽管澳门葡人入居之初即想方设法谋求所谓自治，华洋共处之地的澳门仍然始终置身于中华法系，并未脱离明清律典的同等约束。

（二）明政府治理澳门的特别立法

自澳门开埠和允准葡人居留以来，作为华洋共处的特殊区域和中外商贸的重要枢纽，属于中华帝国治下的特别区域，其对法律制度的要求又与内地颇多不同。为此，明政府也注意到了应对此特别关照，并在随后的治理过程中因应时势所需，形成若干专门针对澳门特殊情形的地方性特别立法。

---

[1] 张晋藩总主编《中国法制通史》（第7卷·明），"绪言"，第3页。

第二章 共处分治：早期澳门的治理与秩序

1. 明代澳门特别立法之尝试：《制澳十则》

据史籍记载，明政府颁行适用于澳门的地方规章，首推万历三十六年（1608）香山知县蔡善继草拟的《制澳十则》。《制澳十则》的出台，与当时朝野关注澳门葡人居留问题的背景有关，亦反映了有识之士对澳门治理的问题意识。

明政府虽允准葡人入澳，并于万历十年（1582）允准其正式居留，但因他们凌轹不轨而激发朝野议论，遂对其行为举止及其自治机构屡加约束。至万历年间澳门葡人曾多"潜匿倭贼，敌杀官军"，① 致使澳门及其附近地区民人不安。加之澳葡一直不曾放弃其殖民企图，只要有机会就轻举妄动，或者通过贿赂等手段来腐蚀各级官吏，② 从而得以日益扩大其侵越土地管理权的行为。

在万历三十四年（1606）澳门葡人擅建教堂而被地方官员派兵焚毁的"青洲事件"之后，鉴于历来澳门葡人骄纵不法的情况，香山知县蔡善继上任即极力加强管辖，草拟《制澳十则》主张对澳夷进行管理，并在万历三十八年（1610）呈送新任两广总督张鸣冈，颇获后者赞赏而得其赏识，被全部采纳修订并宣布对澳门葡人适用。自此，广东官府开始从司法、税收与海防等方面逐步加强对澳葡的管辖。

2. 明代澳门特别立法之典范：《海道禁约》

明末澳门特别立法的典范，是晚出几年的五款《海道禁约》，成为全面适用于澳门的地方性规章。它的出台与澳门葡人窝藏倭寇事件有直接关联。

葡人居澳之前曾与倭寇勾结，当时入澳的日本人既有受迫害的天主教徒，也有被称为倭寇的不法分子。葡人居澳和发展贸易的同时，仍有一些澳葡为倭寇提供情报和武器，并利用其力量试

---

① 《明史》卷325，《外国六·佛郎机传》。
② 关于澳葡贿赂中国官员的情况，参见徐萨斯《历史上的澳门》，第24－26页。

图与中国政府对抗,以致不少朝廷官员都在奏疏中指出澳葡窝藏倭寇的危害。

万历四十一年(1613),海道副使俞安性鉴于澳门海防形势严峻,认为"倭性狡鸷,澳夷蓄之为奴,养虎为患,害将滋蔓,本道奉敕受事,凭借两台制驭,巡澳察夷,追散倭奴凡九十八人还国。除此蟊贼,尔等遂得相安乐土。此后市舶不许夹带一倭。在澳诸夷亦不得再蓄幼倭。违者倭与夷俱擒解两院,军法究处",[①]详请两院勒碑,以禁澳夷蓄倭。

随后,张鸣冈派海道副使俞安性和香山知县但启元视察澳门,下令驱逐倭寇。他们率军包围澳门,命令居澳葡人举报各自所蓄倭奴,要求澳葡驱逐"倭奴",并将其中123名用船遣送回国;还要他们接受新拟的《海道禁约》五款,重申三年来禁止贩卖华人、兵船编饷、勾结奸商走私以及擅自兴作等禁令。澳葡当局在集会商议后对此逐一答复,保证不再允许倭奴居澳,禁绝买卖华人,但对兵船编饷、接买私货等方面进行辩解,最终得到俞安性等人的认可。

万历四十二年(1614)两广总督张鸣冈上奏朝廷,再次指出澳门海防问题之所在,与澳门葡人勾结倭寇有莫大关联:"粤东之有澳夷,犹疽之在背也。澳之有倭奴,犹虎之傅翼也。万历三十三年,私筑墙垣,官兵诘问,辄被倭抗杀,竟莫谁何。今此倭不下百余名,兼之畜有年深,业有妻子庐舍,一旦搜逐,倘有反戈相向,岂无他虞。乃今不亡一矢,逐名取船押送出境,数十年澳中之患,不崇朝而袪除",因此对澳门葡人主张应"加意申饬明禁,内不许一奸阑出,外不许一倭阑入,毋生事,毋弛防",[②] 以杜绝夷蓄倭奴。

---

① 戴裔煊:《〈明史·佛郎机传〉笺正》,中国社会科学出版社,1984,第99页。
② 《明神宗实录》卷527,万历四十二年十二月乙未条。

第二章
共处分治：早期澳门的治理与秩序

在俞安性将《海道禁约》上报张鸣冈等人核准时，因熟悉广东情形的在京言官郭尚宾等人上奏一并驱逐澳葡，张鸣冈等人只能搁置这一以认可澳葡居留为前提的禁约。而1617年南京发生的传教士私自传教案，再度导致朝野一片驱逐澳葡之声。所幸新任广东巡按田生金等人考察民情发现当地不愿驱葡，驱逐澳葡也未必尽利，认为允准澳葡居留亦无不可。明朝廷鉴于上奏理由允当，以及此时正在考虑东北军事威胁的问题，予以批准。[①] 于是张鸣冈和巡按御史周应期等人以俞安性草拟的《海道禁约》为基础进行修订。

修订后的《海道禁约》仍有五款，内容刻在石碑上，立于议事亭中，令澳门葡人永为遵守。据康熙《香山县志》卷10记载："澳夷骄悍不法，议者有谓必尽驱逐以清疆宇者；有谓移出浪白外洋，不容盘踞内地者。本道念诸夷生齿蕃衍，不忍其累累若丧家之狗，当于巡澳日申以国威，随皆弭耳向化。因摘其犯顺五款，行山县遵谕约束，免其驱徙。详奉两广部院张、巡按御史周五款准勒石立碑，永为遵守。"[②]《海道禁约》全文如下：

一、禁蓄养倭奴。凡新旧夷商，敢有仍前蓄养倭奴、顺搭洋船贸易者，许当年历事之人前报严拿，处以军法。若不举，一并重治。

一、禁买人口。凡新旧夷商，不许收买唐人子女，倘有故违，举觉而占吝不法者，按名究追，仍治以罪。

一、禁兵船编饷。凡蕃船到澳，许即进港，听候丈抽，如有抛泊大调环、马骝洲等处外洋，即系奸刁，定将本船人货焚戮。

---

① 费成康：《澳门：葡萄牙人逐步占领的历史回顾》，上海社会科学院出版社，2004，第50－56页。

② （清）申良翰：康熙《香山县志》卷10，《外志·澳夷》。

一、禁接买私货。凡夷趁贸货物，俱赴省城公卖输饷，如有奸徒潜运到澳与夷，执送提调司报道，将所获之货尽行给赏首报者，船器没官。敢有违禁接买，一并究治。

一、禁擅自兴作。凡澳中夷寮，除前已落成遇有坏烂，准照旧式修葺，此后敢有新建房屋、添造亭舍，擅兴一土一木，定行拆毁焚烧，仍加重罪。①

《海道禁约》是由广东官员订立、经明政府核准的中国地方法规，不仅显示了明政府在澳门充分行使各方面主权，也首次以中国地方法规形式确认葡人在澳门居留，有违反者也只驱逐当事人。这五款内容既表明中国在澳门拥有完全的立法权和行政管理权，又表明当地中葡居民都必须受中国司法的管辖。②

除此之外，田生金等人还为加强澳门海防、强化治澳措施而有诸多提议，例如令广州海防同知专驻雍陌，尤其是建议海道副使每年巡礼澳门等，都被朝廷采纳。自此，明政府规定"海道每巡历濠境一次，宣示恩威，申明禁约"，可见"明政府对这项禁约的重视和当时海道对濠镜澳巡历的频繁"。③而从另一角度看，禁约的反复申明，也使明政府对澳门的治理力度不断加强。

二 明代司法制度及其在澳门的运行

（一）明代司法制度及其运行

明初统治者不仅重视立法，也高度重视通过司法推行法律。在法律实施上，明初统治者遵行明太祖所确立的"明礼以导民，

---

① 相关注疏见戴裔煊《〈明史·佛郎机传〉笺正》，第99-100页。
② 费成康：《澳门：葡萄牙人逐步占领的历史回顾》，第57-58页。
③ 章文钦：《澳门历史文化》，中华书局，1999，第4页。

定律以绳顽"的指导思想，注意礼、法、情三者的结合。就明代司法制度而言，同样体现出中华传统法律文化的宗法伦理特色，例如中央司法权统归皇权，地方行政官兼理司法，专职司法机构没有从行政中完全独立出来，[1] 但司法组织结构完备，更胜前朝。

明代中央司法组织以刑部掌刑名、都察院司纠察、大理寺司驳正，三法司之权重在刑部；遇有大狱则行"九卿会审"，即由六部会同都察院、大理寺、通政司共理；此外还设锦衣卫、政抚司、东厂、西厂处理政治犯罪，[2] 标志着明代国家司法组织日趋严密。就省级司法机构而言，洪武元年（1368）专设司法机关提刑按察司兼理风宪；另有行政机关布政司下设理问所和司狱司，对部分民事案件有司法管辖权。[3] 府隶属布政司，下辖州县，设知府、同知、通判及推官各一，知府"平狱讼"，推官负责刑狱。州分两类，一为隶属布政司而与府同级，一为隶属府而与县同级，知州行政兼理司法。县级为最基层组织，知县行政兼理司法。可见府、县二级仍是行政与司法合一，刑名、钱谷不能委吏听讼，无论民间舆论、上级考成皆以办案之优劣为治绩之标准。至于县以下有里甲组织，凡一般民事诉讼如户婚田债及轻微治安案件，均由里长、老人调停处理，"若不由里老处分，而径诉县官，此之谓越诉也"；[4] 此外还在乡之里社建有申明亭，"凡民间应有词状，许耆老

---

[1] 在中国传统司法制度中，地方一级通常是行政官兼理司法，虽有专职或兼职的司法官吏如法曹参军或司法参军、司法佐，代理行政官审理案件，但在大多数情况下，地方行政官亲自审理，决定权也在行政官之手，可谓"行政兼理司法"。

[2] 参见展恒举《中国近代法制史》，台北商务印书馆，1973，第25-26页。

[3] 布政司属省级行政机关，其兼理司法的职权后来逐渐驰废，至1506年（正德元年）更规定"凡布政司不许受词，自问刑名。抚、按官亦不许批行问理；其分守官受理所属所告户、婚、田土之情，许行理问所及各该府属问报"。

[4] 《续文献通考·职役考》。

里长准受于本亭剖理",① 调解民间纠纷及民事争执,以担民间解讼之责。

依《大明律》第 355 条规定:"凡军民词讼,皆须自下而上陈告。若越本管官司辄赴上司称诉者,笞五十。若迎车驾及击登闻鼓申诉,而不实者,杖一百;事重者,从重论;得实者,免罪。"② 该条既有对陈告之限制,又是对各司法机关在词讼管辖权上的限制,由此而形成相应的管辖制度。

就地域管辖而言,县为明代最基层政权组织。知县对本县讼案有当然的管辖权,凡辖区内人们涉讼,应向该管辖县府陈告,县府有义务受理案件。州、府、布政司则为逐级管理本辖区讼案,不得越级,亦不可对外州府省之诉讼进行干预,但所受理讼案多非初审,或由按察使或巡按交办,或由所辖州县申详而来。

按明代地方治理体制,广东官府对澳门实行垂直管理,省、府、县之行政命令层层下达,对澳门的司法管治则主要通过香山县知县来行使。香山知县既是地方行政长官,又兼理地方司法,遇到重大案件发生,需要上报广州府,并逐级上报。

除了香山知县兼理司法,还有其他一些机构兼备部分司法职能:第一,香山设有香山守御千户所,负责香山一带军事防御及治安事宜;第二,在澳门设立的提调、备倭、巡缉等"守澳官",不干涉澳门葡人内部事务,但具有对其监督管理之责,例如提调负责究问查办违法偷运逃饷等事宜,备倭负责缉捕海盗、倭寇,巡缉负责巡查缉捕走私,各涉及部分司法事务;第三,据明代档案记载,在万历年间设立的香山参将,亦有权究办澳门葡人擅出关闸牧马、游猎、乘船出洋及有偷窃劫掠之事;③ 第四,因香山县

---

① 《大明律集解附例》卷 26。
② 《大明律》第 355 条,《刑律五·越诉》。
③ 赵雄、李国荣:《澳门问题明清珍档的重要发现》,《光明日报》1999 年 1 月 1 日。

"密迩澳地",须对澳门特别治理,当时内地百姓"往买木石,籴运米谷,必向县告照",① 崇祯初年又设主管刑名的府佐官,开厅署理于香山县,处理行政司法事务,等等。

明政府对澳门始终享有充分的司法管辖与审判权。即使在澳葡实行司法自治不断加速的明末时期,明政府在与澳葡共处分治澳门司法的较量中,依然保持着主导地位。

(二)明政府对澳门华洋事务的司法管辖

首先,对于发生在澳门的中国居民内部讼案,明政府享有完整的司法管辖权。一旦澳门发生华人之间的讼案,澳门葡人必须及时向香山官府报告,由地方官员审理判决,而不能干涉这一司法管辖权。自从万历八年(1580)首任王室大法官派驻澳门,以及万历十一年(1583)成立议事会、设置检察官以来,澳葡开始有意染指这一权力,且不断扩展。

这种染指表现在两个方面。一方面是澳门检察官事实上分享了部分简易司法审判权,但重要案件仍归中国官员管辖和审判。据葡萄牙学者记载,万历十二年(1584),"中国皇帝授予澳门检察官未入流官衔,有裁决在澳华人事务的简易司法判决权。检察官在与中国官方通信时,称自己为'督理濠镜澳事务西洋理事官',而中国官员则称之为'夷目'。遇有重要案件,香山县令则声称他有审判华人犯人的权力"。② 另一方面则是派驻澳门的王室大法官试图干预管辖和审判,但很快就收敛。因万历十五年(1587)西班牙国王菲力浦一世从马德里发布一项命令,在命令的第30段指示他们"禁止干预对这些中国人的管辖、裁判权"。③ 但

---

① (明)颜俊彦:《盟水斋存牍》卷1,《署香山县谳略·漏税木户陆炳日》。
② 徐萨斯:《历史上的澳门》,第32页。
③ 龙思泰:《早期澳门史》,第38页。

从整体看，澳门葡人并没有从根本上动摇明政府对这类案件的司法管辖权。

其次，对于澳门华洋之间的讼案，明政府亦有比较完整的司法管辖权。澳门成为华洋共处之地，因中外文化观念与生活方式等方面迥异，各种纷争乃至冲突时有发生。一旦出现中葡居民以及中国居民与其他居留澳门的外国人等的讼案，地方官员们通常会依照明律进行裁断。无论是涉及中国臣民利益还是需要特殊保护外商利益，大多能依照明律公允执法，而非一味偏袒。

再次，对于澳葡内部讼案以及澳葡与别国居澳人士之间的讼案，必要时也有权管辖。

明政府对于澳门葡人内部讼案，在理论上是有权管辖的。按《大明律》规定"凡化外人犯罪者，并依律拟断"，① 并依《大明律集解附例》解释化外人"即外夷来降之人及收捕夷人散居各地方者皆是，言此等人原虽非我族类，归附即是王民，如犯轻重罪，各译问明白，并依常律拟断，示王者无外也"，② 从而有别于唐律所订"诸化外人，同类自相犯者，各依本俗法；异类相犯者，以法律论"。③ 有学者分析这一变迁的原因时指出，结合《大明律》以重刑禁止蒙古人、色目人自相嫁娶及逼迫他们与汉人结婚等规定来看，明初不再区分"同类""异类"相犯的立法本意，是迫使在元朝享有特权、此时仍留在明皇朝疆域内的那些蒙古人、色目人遵守明朝法律，并最后同化这批前朝的残余势力。④

从明代立法精神与具体规范看，不仅澳门葡人内部讼案，还有各国人等之间的讼案，都应一体遵行《大明律》。然而，澳门开埠以来每遇澳葡"同类相犯"讼案，往往由澳葡内部自行处理，

---

① 《大明律》卷1，《名例律·化外人有犯》。
② 《大明律集解附例》（第1册），台北学生书局，1960，第344页。
③ （唐）长孙无忌等撰《唐律疏议》，中华书局，1983，第133页。
④ 费成康：《澳门：葡萄牙人逐步占领的历史回顾》，第38-39页。

第二章
共处分治：早期澳门的治理与秩序

中国官员对此一无所知或者视而不见，因而才有万历十年（1582）陈瑞召见澳门葡人时的申斥训诫。自陈瑞正式允准葡人居留澳门以来，澳门葡人加速自治步伐，从此遇有葡人内部讼案，即设法隐瞒或动以贿赂，防止明政府干涉，地方官员在一般情况下更不会主动干预。这种情形，如同当时在边远民族地区推行"因俗以治"的土司制度、适用民族习惯法而非《大明律》一样，当澳葡"同类相犯"时，明朝官员在事实上默认澳葡自治机构按葡国的法律来审理；唯有出现澳葡与其他外国人之讼案时，明政府才可能介入司法。

在明末香山与澳门的司法实践中，各级地方官员通常依据明律进行裁断，在涉及华人或"化外人"之利益问题上，不乏秉公进行。

例如，万历四十三年（1615）由广东巡按御史田生金复审的一件澳奴劫杀案，是明政府对澳门进行司法管辖的一个典型事例。该案发生于万历三十五年（1607），因中国巡海船只遇到澳门葡奴驾艇"往山取柴"，误作倭寇而追捕，由此发生冲突，杀死二人，溺死四人，生获八人。在地方官审理该案时，因"夷语不能通达，无由诉辩，具由解道，转解军门，批按察司译审"，致使八名嫌犯"俱依强盗得财斩罪，枭首通详，批允监候"。田生金复审时认为该案有疑点，最终为当时尚存的三人平反：

> 随唤夷目吗珈琅面质云，澳内果有此名，则取柴之说非虚。且时当八月风汛不顺，安得有倭船内犯，详道行府复审相同呈道。又批香山县拘得夷目夷主查问，俱称各夷奴先年委因取柴迷失，如虚耳罪呈道，蒙黄右参政复审，三犯有主夷奴，采柴情真，似应解网，用昭好生之仁，具详到臣……见在三犯，未可谓非我族类，一概禽狝也。既经道府各官译审再三，情委可矜，相应疏加辩释，给还澳夷各主领回约束。

缘三犯原问斩罪枭首已经删招转详,今辩释放未敢擅便发落。①

至于明政府对于澳门葡人内部讼案,在理论上是有权管辖的,但在司法实践中往往难以付诸实践。当然,一旦澳葡内部出现重大纠纷而危及澳门社会,且他们无力处置时,明政府则可及时介入处理。②

例如万历三十六年(1608)澳葡内部发生一个案件,首犯被澳葡自治法庭判刑,部分人不服判决,聚众闹事,使澳门社会一时陷入混乱。事件发生后,香山知县蔡善继及时赶去处置。据史载:

> 未几,澳弁以法绳彝目,彝叫嚣,将为变。善继单车驰澳,数言解散,缚悖彝至县堂下痛笞之。故事,彝人无受笞者,善继素以廉介,为彝人所慑,临事控制有法,故彝凛凛弭耳,受笞而去也。③

从该案所载"故事,彝人无受笞者"可见,中国官员历来未对澳葡动用《大明律》之法律制裁。这一方面是因为澳葡内部纠纷概由澳葡自治机构依照葡国法律处理,而澳葡与华人之间以及澳葡与其他外国人之间的纠纷并不多见,另一方面也因为即使偶尔发生这类讼案,他们也往往借助通事等人斡旋或以贿赂"花钱消灾",使地方官员视而不见。

但此次香山知县蔡善继及时赶去解散闹事诸人,并捆绑澳葡为首闹事者于香山知县大堂,动用《大明律》所定笞杖之刑,受惩罚之澳葡亦不敢反抗,这不仅与其"廉介"个性有关,更与明政府此

---

① (明)田生金:《按粤疏稿》卷6,《辩问矜疑罪囚疏》。
② 黄鸿钊:《澳门史》,福建人民出版社,1999,第154页。
③ (清)申良翰:《康熙香山县志》卷5,《县尹·蔡善继传》。

时治理澳门政策日趋定型、力度不断加强的时势有关。正因如此，在随后明政府严禁澳葡贩卖华人的事情上，澳葡表示从无贩卖，承诺一旦发现此类事情，则将涉案澳葡扭送中国官府处置。①

综上所述，终明之世，自葡萄牙人入居澳门之日，它始终作为中国管辖的领土，被统一纳入中央集权管理体制中。虽然万历十年（1582）以来澳门葡人获得朝廷官员所谓允准合法居留后即刻着手谋求自治，但他们不得不以"恭顺"态度表示服从中国政府管辖，朝廷也一直将其与内地子民一视同仁。但在立法与司法体制上，朝廷又注意斟酌澳门独特的华洋共处状况，从而在实践中略微变通澳门立法与司法制度。唯明末以来，专制制度极端发展所造成的政治腐败，使一切既定的成法都受宦官专擅的冲击而趋于瓦解，法制的腐败又加速了政治的腐朽。②明末澳门的立法与司法治理，可谓这一历史命运的见证与缩影。

三　作为治理对象的"接济澳夷"现象

（一）海禁与倭患中的"接济澳夷"

纵览明中后期边疆治理，可知其时东南沿海倭寇猖獗，堪为困扰朝野之大患。由于倭寇动以千万计蜂拥而来，多由内地奸人接济，所谓济以米水，然后敢久延；济以货物，然后敢贸易；济以向导，然后敢深入。必须禁止接济，才能肃清倭寇，是以朝廷对沿海军民"接济倭夷"现象非常重视。③迨至倭患稍歇，因澳门

---

① 费成康：《澳门：葡萄牙人逐步占领的历史回顾》，第48页。
② 张晋藩总主编《中国法制通史》（第7卷·明），"绪言"，第4页。
③ 当时朝野上下皆对"倭患"深恶痛疾，亦有不少人士为此献计献策。如嘉靖年间郑开阳等针对"通番"现象，提出"广福人通番当禁"，倡设两种"稽查"之法，以绝接济之途，堪为代表。参见（明）郑若曾《郑开阳杂著》卷1《广福人通番当禁论》。

115

开埠及允准葡萄牙人入居,所谓"接济澳夷"现象日趋增多,渐成朝野海防问题之新忧。①

葡人聚居澳门之初,尚能遵从明廷法度。但因来者日众,竟至"雄踞海畔若一国",其肆意扩展及恣意表现,遂为朝野有识之士所警觉。整肃沿海民人之违禁接济,由是成为明廷治理澳门的政务之一。

明廷主要通过立法和谕旨形式,由地方厉行海禁而严加治理。② 相关立法在《大明律》及嘉靖年间颁行的《嘉靖问刑条例》等正式律典刑章中,涉及严禁通番、禁止接济的内容十分庞杂,既包括禁止走私盐、木、军火、粮食、铁器等违禁物资,试图从经济上遏制接济、巩固海防,又包括禁止私度津关、越度海关等不许"阑入阑出"的规定,从行为上约束军民出入接济。

由于这些律典刑章内容首先是针对"通番",规定往往过于宽泛,澳夷之事又非单纯的倭寇问题,因此,实施的难度与效果也就可想而知,以至往往有海禁之名,无海禁之实。要严格管束澳门葡人,不仅要严厉打击走私犯禁的"接济",也要极力遏制为日常生活需要而私下往来物资的"接济";不仅要打击接济澳葡的内地军民,也要严加管束被接济之澳葡及其他相干人等。这就既需要依朝廷律令,还须由广东地方与香山县结合实际进行治理,形成朝廷与地方共同治理的局面。

在接济澳夷诸问题上,相比京城显贵之高谈阔论,职掌广东地方的官吏意见更堪注意。他们大多熟悉地方风土,且能根据实际情况查找问题,提出颇有见地的对策,制定具补充性质或执行细则性质的各类规范,如《制澳十则》《海道禁约》等。③ 这些规

---

① 对此问题的探讨,置于明政府治澳体制之背景,或更为妥当周详。相关分析参见何志辉《明清澳门的司法变迁》,澳门学者同盟,2009,第18-26页。
② 关于明代立法概况,参见张晋藩总主编《中国法制通史》(第7卷·明),第1-27页。
③ 详见黎晓平、何志辉《澳门法制史研究》,21世纪科技研究中心,2008,第44-47页。

约的出台各有特定原因，但都是当时接济澳夷问题愈演愈烈的体现。

在广东地方各级官吏中，与澳门颇有渊源的颜俊彦，值得后世学界多予关注。颜俊彦，字开眉，一字开美，号雪臞，浙江桐乡人，崇祯元年（1628）进士，随即担任两年广州推官，后改任他职，入清后隐居。①《盟水斋存牍》即其在广州推官任上所撰判语与公牍专集。该书分为一刻、二刻两个部分，各有"谳略"等10余卷，收集1000余份判牍，共60万字，内容涉及刑事、民事、行政、诉讼等领域。虽然大多是广州府一带案例，亦有部分内容涉及澳门，且所记案件甚为翔实，展现明末治澳政策及其实践，具有不容忽视的史料价值。② 在此择要述之，以期一窥明代法制及特别立法在澳门的适用状况。

（二）地方官员对"接济澳夷"问题的洞察

颜俊彦出任广州推官期间，正值崇祯帝登基之初。其时，外有后金政权连连进犯，内有农民起义屡屡燃烽。崇祯帝极力奋发，此时尚能殷殷求治，召对廷臣，筹谋国事，且勤于政务，事必躬亲。尤其是即位之初剪除魏忠贤阉党，举国寄以莫大的希望。③ 朝政较往昔得以改观，朝野言论亦一时略显开明。然朝臣内部门户之争更趋激烈，边疆海防仍可谓将骄兵惰，明王朝之内忧外患有增无减，隐隐有颓然难挽之势。

在崇祯帝登基前，东南沿海走私严重，接济成风，尤其粤东情况，更形复杂，亦更难根治。是以朝野上下有识之士，无不谓

---

① 光绪《桐乡县志》卷15，《宦绩传》。
② 《盟水斋存牍》现存有北京大学善本图书馆藏明崇祯刻本及厦门大学藏抄本，中国政法大学出版社于2002年出版了该校古籍所整理标点本。本文所据为标点本。
③ 傅乐成：《中国通史》（下），贵州教育出版社，2010，第586页。

"粤东之有蠧",无不称"粤东之可忧"。正是在此情势下,颜俊彦以一介推官身份视篆香山,查察当时之情势,稔知接济之根由,不敢避忌隐匿,遂成文《澳夷接济议》,① 披露当时接济澳夷泛滥之因,且明确指出能否有效查处,事关地方吏治与海防整肃问题。

在颜俊彦看来,粤东之大蠧莫甚于接济,"奸宄之所引类呼朋,争为接济,愈日甚一日",不仅需遏其流,更需清其源。然究接济问题之根由,乃与地方吏治有莫大关联:"夫今巡捕兵哨,各员役所获接济,强半疑真疑假,即万分真者,不过零星单薄菜佣寒乞,借以搪塞官府,而非其白奸积猾也。真正接济非漫焉,而为接济者也。"鉴于此,他毫不掩饰地指斥时弊,直揭当时地方吏治之腐败,正所谓"香山,接济之驿递也;香山参府,接济之领袖也;市舶司,接济之窝家也"。②

颜俊彦认为,香山之所以成为"接济之驿递",是因为香山本来设有抽盘科,每船出入必抽丈盘验,以严稽核,但由于陋规相沿,免盘例下,不肖县官不仅往往借此以饱蹊壑,甚至拨防守之兵船为之搬运。香山参府之所以是"接济之领袖",则在于香山参府包庇纵容,甚至直接参与接济。其本职在弹压华洋杂处,以重地方防守,各县船艇出入海上,经其地者俱得过问。但事实上,接济奸徒往往只须向参府给一小票,便执为护身符箓,以至于往来无忌。

在他看来,"参府既给有小票,而凡在该地方兵哨所责之拏接济者,孰非身亲为接济之人,非领袖而何"。③ 市舶司之所以成为"接济之窝家",在于市舶官大多得此官所费不赀,其取偿之念甚急,市舶司之陋规成为贪墨之源。市舶官本应职掌衡量物价贵贱、

---

① (明)颜俊彦:《盟水斋存牍》,公移一卷,《澳夷接济议》,中国政法大学出版社,2002,第318-320页。
② (明)颜俊彦:《盟水斋存牍》,公移一卷,《澳夷接济议》,第318页。
③ (明)颜俊彦:《盟水斋存牍》,公移一卷,《澳夷接济议》,第319页。

报税足饷而非稽查接济之事,但现在不肖司官动辄"借拿接济之名,一日而破数百人之家,致激控部院,冤惨彻天";以接济为生者,不得不依为城社,而"诸揽为之线索,衙役为之爪牙,在该司踞为垄断,在群奸视为营窟"。① 市舶司因串通勾结而腐败黑暗,可见确是人人侧目的窝家。

针对以上问题,他提出相应对策。② 第一,撤"香山之驿递"。凡船艇出入香山,香山县令应亲自查核应抽、应盘,夹带违禁货物解赃者问罪,应纳税报饷者照常记数填注印册、缴报海道并移市舶司照簿查收;不得如往年坐收常例而不抽盘,否则以"枉法赃"论罪定刑。第二,绝"接济之领袖"。非奉两院海道信牌,船艇不许私出入自往来,有借巢籴谷米、买运木石之名色而私自向参府给票恣行者,不仅当治本人之罪,同时以其罪"并罪参府",由两台疏参提问,使之惧而知返。第三,除"接济之窝家"。应纳税报饷者,许其执物穷价、秤量多寡,以完本职;船艇出入者,则应以香山县官为政,在省应请之海道、限同盘验记数,每季终转报两院照验;若有飘风等船不由香山入者,听海道另详两院,委府厅县官复核施行,该司不得擅主;凡有敢借通商题目以佐接济,及借拏接济题目以恣骚扰,府厅官不时具闻两台,本道严行提问,则市舶司无权擅作威福,奸商棍揽亦难再虚张声势。

当然,接济澳夷之弊不止于此,还有地方盘剥之劣风。他在另一文《议革香邑里长答应》中指出,如"光棍包揽里长名役,借此以科派小民",不知其不堪层层克剥;又如地方陋规,凡新县官到任,"衙内家伙应备,承行吏前而请须百金,职曰请捐之;座船应修,承行吏前而请须伍拾金,职曰请捐之;再四复核,总不上百金,而二者可具,则职请任之。即此三事。若取之里长,使

---

① (明)颜俊彦:《盟水斋存牍》,公移一卷,《澳夷接济议》,第319页。
② (明)颜俊彦:《盟水斋存牍》,公移一卷,《澳夷接济议》,第319页。

得百五十金，而里长科派、衙门需索，当又倍之，余又未易更仆数，小民何以堪命？"① 如此等等，皆使接济澳夷之弊难消。

因此，既已知晓接济澳夷与参将、舶司之贪昧有关，自应端本澄源，"驿递撤，领袖绝，窝家除，而此外之零星单薄菜佣寒乞，不难问也，而地方兵哨员役之通同隐漏、表里为奸更不难问也"；尤须治理地方吏治，所谓威生于廉，从来如斯。总之，在他看来，根治接济需从整肃吏治入手："香山密迩澳夷，得一廉吏镇之，便可令夷辈慑服，睥睨潜消，则所望于一邑之令长，尤为吃紧也。"②

值得肯定的是，虽然他只是一介"刑官冷署"之推官，却"不敢避怨而自缄其口"，决定整肃吏治风气，希望尽革从前数十年之随规，并乞宪谕勒碑禁止：如有不肖县官仍私自票取，当注劣考，承行吏书计赃究罪。如此见地，亦显胆识。

如果朝廷采纳此等对策，严加整肃，则棍辈包揽里长、私自答应浸润县官、科派小民的种种不法必然清减。鉴于形势紧迫，其接济澳夷等意见随后呈详上司。据军民府批曰："该澳接济皆起于两官、参将、舶司之贪昧，实端本澄源之论也。如议刊榜申严，以后各官敢有故违，不时揭报，以凭拿处缴"。海道则盛赞其论接济之弊，谓"该厅洞若观火"，遂悉如议行。③ 至于香山吏治问题，亦有布政司批，称应革除科派小民之弊政，按察院批"县官敢于剥削，则穷乡僻壤违禁而用里甲可更仆数"，最终由布政司通行各属，勒碑禁革，"违者，官以墨论，吏书拏究"。④

除此之外，《盟水斋存牍》还录有其他禁止接济澳夷的禁令内容，核心为严禁米粮走私接济。

---

① （明）颜俊彦：《盟水斋存牍》，公移一卷，《议革香邑里长答应》，第320页。
② （明）颜俊彦：《盟水斋存牍》，公移一卷，《澳夷接济议》，第320页。
③ （明）颜俊彦：《盟水斋存牍》，公移一卷，《澳夷接济议》，第320页。
④ （明）颜俊彦：《盟水斋存牍》，公移一卷，《议革香邑里长答应》，第321页。

第二章
共处分治：早期澳门的治理与秩序

其时诚如时人所言，"有银无米者得米以为生，有米无银者得米以为市，未必非两利之道"。① 崇祯年间，由于连年荒歉、"薪桂米珠"，民间百姓生活艰难，地方官府彼此照应也颇费周折。米粮物资为澳葡生活所需，澳葡虽周旋于商贸而得暴利，却必须仰仗沿海米粮物资之供给。朝廷与地方设关建闸、约束澳葡之非分举止，手段之一正是严防华洋出入，控制米粮供应。如果澳葡在米粮方面有民间接济，则关闸欲扼其咽喉也不过形同虚设，反而使澳葡于暗中侵吞澳门、谋求自治更为嚣张。

《盟水斋存牍》录有一则禁令，即为严查严防接济米粮的内容。在《禁棍揽接济》中，颜俊彦指出，尽管官府一再申明禁令，对棍揽奸徒暗中接济者严加治理，"钉解者钉解，驱逐者驱逐，复条陈上台勒碑永禁"，仍有"借名充饷，依城凭社，潜踞地方"之徒胆敢私行接济，"以饱奸人之腹"。为此，他再三申明查禁接济，还允许民间百姓一遇违禁者即有权缉捕：

> 除详报院台，行海道转行市舶司、香山县严逐外，合行不论。今后如有前项棍揽敢扞宪纲，复行接济，种种不法，许军民人等当即擒解本厅，转解院台，尽法究治，决不轻贷。②

另一则禁令《禁接济私运》，也反映了当时民间饥馑，而接济澳夷者日益猖狂的形势。当时省城米价腾贵，虽经上司协调布局，两县疏关发籴，百姓仍然生活困顿，朝夕不保。在此艰难时世，查禁接济澳夷，任务更巨，意义更重，遂又申明"禁接济私运"，除再具文申请两台遣檄广西籴运外，合行示谕：

---

① （明）谢杰：《虔台倭纂》卷下《倭议》一。
② （明）颜俊彦：《盟水斋存牍》，公移一卷，《禁棍揽接济》，第334页。

地方军民人等，有遇私将米谷接济射利者，当时擒拏解府，重责四十板，枷号拟罪，其谷米竟给本人。其有捕弁员役借□接济名色，拦截到省谷船，罪亦如之。若诸米户虽不能□□□亦须渐渐就平，毋争高其价，以鸣得意。天下□家人皆饥一人独饱之理。本厅睹此光景，食不下咽，尔百姓亦必有以亮之者。特示。①

然而，在利益勾结的情况下，澳葡想方设法欲得米粮，奸徒想方设法暗中接济。官府之内，又有不肖贪墨之辈，肆意包庇纵容。如是种种，使接济澳夷之弊，历久积深，愈加难治。

四 作为司法实践的"接济澳夷"问题

在香山地方的词讼受理中，接济澳夷之罪案屡见不鲜。仍以《盟水斋存牍》为证，其中存录若干"接济澳夷"讼案。观其始末根由，可从中窥探明末官员针对接济的基本态度，地方治理澳门的相关措施，兼可认识明末地方司法的历史面貌，尤其是治理澳门事务的司法体制、程序及问题。

例如，关于勾结兵哨、偷漏国税的问题，从吴明立贩木漏税一案可察端倪。吴明立贩木于香山、顺德一带，原有赖于巡缉兵哨之庇护，"贴罗寅宇之班有据"。由于捕盗黄镇邦、林汉需索酒食不遂，吴明立被他们以"接济"之罪缉捕送官，为示罪证确凿，他们还插一"番书"，以为"接济"之券。经审理查明，吴明立之运木营生，既无给照，又无税单，为漏税之属，"宥其讨"而处以杖刑。②

该案虽然简单，却暴露当时地方兵哨缉拿"接济"的黑幕。

---

① （明）颜俊彦：《盟水斋存牍》，公移一卷，《禁接济私运》，第335页。
② （明）颜俊彦：《盟水斋存牍》，署香山县谳略一卷，《贩木吴明立》，第436页。

第二章
共处分治：早期澳门的治理与秩序

地方兵哨本应履行职责，对往来海面之船只与民人严加盘诘，勿使走私接济。真正走私接济之徒，往往会设法买通他们，结果"兵哨具护而送之"。反倒是民间普通往来海面的船只，未尝携有违禁物资，也未尝下海澳，动辄被当作所谓接济者，肆意盘诘缉拿，以至出现"香山之驾船往返海面者，无一而非接济"的局面。即使是已买通部分兵哨而获得庇护的走私奸徒，稍有不慎，也可能被另一些没有被买通的兵哨随意缉拿解送。该案之吴明立，正是因为捕盗黄镇邦、林汉需索酒食不遂，所索不过三钱，却被迁延数日解送官府；至于插一"番书"以为接济之证，更证明其刻意出入人罪，而不知"岂无别项接济之物，而贩木生理之人亦安用番书为甚矣"。这两名捕盗可笑而愚蠢的敲诈行为，被推官识破而受痛责。

再如陆炳日贩木漏税、赝木欺骗案。陆炳日以贩木营生，据称贩有椋楠沙板等珍贵之木，往来香山、顺德觅利。由于他装驾大船贩木种种，既无告照，又无税单，往来海上而莫之敢问，负责查验的地方兵哨还"独于炳日辈而掉臂而行"，难免有串通兵哨、夹带违禁物资、下澳接济澳夷的嫌疑。而"既不给帖，又不告税"之贩运，实系漏税，不利国课，必须惩戒。推官遂将其所买诸木作漏税没官，以儆其他漏税之流。[①] 随后又有赝木欺骗事败露。陆炳日之伙伴周启昭，曾以赝木售吏李灼之父李景春，"称六十金，实其半也；令人覆视之，不及什分之一"，由是开罪李灼。周启昭随后又贩沙板而至，中有小真者，李灼"赝板业已见售"，本无权据而有之，仍要其沙板"以为质"。周启昭遂挽陆炳日出为承认以脱干系，炳日则请一冯贡生者为板主，以示李灼不可得此板。李灼不能如愿，遂扭之解送官府。推官拘审，炳日以买而售

---

① （明）颜俊彦：《盟水斋存牍》，署香山县谳略一卷，《漏税木户陆炳日》，第436页。

其欺，李灼以吏而溢其诉，皆诈。此案结果，即"均杖之，以徇国人之无信者"。①

从该案可见如下问题。其一，香山逼近澳门，必须严防接济。两地之间往来贩运木石、粮食等"寻常日用之物"，一律"向县告照"，具备告照、税单；兵哨巡查，必须确保船只无违禁之物，仔细盘诘才能放行。其二，地方吏治腐败，查禁形同虚设。"粤中无物不税，正欲严其榷筭以重其关防"，而负责盘诘查验有无走私接济的兵哨，往往在被买通之后，对那些既无告照又无税单者随意放行，甚至"莫之敢问"，丝毫不顾国课。其三，就陆炳日漏税而言，其"取利于地方有年，积筭不知若干"，如不严惩，势必"将来之逐末者俱悍不相顾"。因此，漏税之罪确凿，所买诸木作漏税没官；夹带接济之罪可疑，若日后败露再治罪。其四，沿海商贩买卖交易，本应以诚信为本，而奸猾之徒动辄以次充好，谋取暴利，以至"称六十金"之物竟然不及十分之一。如此欺诈，毫无信用，依法应惩治。

至于勾结澳葡、走私违禁物资问题，亦在地方官员严惩之列。

例如关圣重父子通夷一案。关圣重与关国隆父子招揽澳葡，包籴觅利，证据确凿，可谓"走险如骛、悧不畏死"，依大明律应遣圣重而配国隆。关圣重以衰败余生，欲移遣其子。推官认为"通贸种种，惯自本犯"，仍以关圣重定卫发遣，不能擅因念其老耄而私准照例收赎，以免滥行法外之仁。该案复经上司复查，关圣重终因"通夷为首，依拟金解神电卫充军终身"，其子关国隆依律应责二十板。②

---

① （明）颜俊彦：《盟水斋存牍》，署香山县谳略一卷，《赝木欺骗陆炳日》，第437页。

② （明）颜俊彦：《盟水斋存牍》，谳略二卷，《通夷关圣重关国隆等》，第72页。

第二章
共处分治:早期澳门的治理与秩序

另如陈胜宇等违禁私货接济案,[①] 梁德冒宦接济拒捕伤人案,[②] 闽人王怀东等走澳接济案,[③] 以及孟如积、许一广受雇操舟运货通夷案,[④] 等等,涉及面更广,罪行比单纯为牟利而偷漏税也更为严重,多为勾结澳夷走私,因此处罚也更为严厉;罪案还涉及部分地方官吏参与走私和共同犯罪等问题。

从《盟水斋存牍》所录各案可见,《大明律》及《嘉靖问刑条例》等法律虽日趋严酷,却很难真正得到各地的严格施行。这些罪案亦在侧面反映了海禁政策与明末澳门商贸发展之间的复杂关系。

就接济澳夷体现的经济状况而言,所谓接济其实是明末以澳门为基地而展开的中外经济交流的一种压抑形态,是沿海商品经济萌芽而受封建自然经济继续压制的体现。事实上,再严厉的立法,再严格的司法,也不可能扭转这一突破自然经济之束缚的发展趋势。以各种控制手段遏制商品经济发展的结果,是商品经济以扭曲的、违禁的面貌(如走私)不断出现。

就明政府对澳门的治理状况而言,严禁接济澳夷而局面无法控制的事实,表明海禁政策在此时形同虚设。由于澳门葡人设法串通内地奸徒,地方官吏又与接济奸徒暗中勾结,吏治腐败使接济罪案无法根治,司法途径也有赖于司法者本身的素质与能力,且必须依附于当时的政治环境。

从另一角度看,这些接济澳夷的罪案也从侧面反映出澳葡设

[①] (明)颜俊彦:《盟水斋存牍》,谳略二卷,《接济奸徒陈胜宇等》,第72页。
[②] (明)颜俊彦:《盟水斋存牍》,谳略二卷,《冒宦接济梁德》,第73页。
[③] (明)颜俊彦:《盟水斋存牍》,谳略二卷,《走澳奸徒王怀东等》,第76页。中国政法大学标点本所据版本,于该段材料文字有阙。其另行补充版本见于中国第一历史档案馆等编《明清时期澳门问题档案文献汇编》(第5卷),第343页。
[④] (明)颜俊彦:《盟水斋存牍》,谳略二卷,《走澳棍徒孟如积许一广》,第76-77页。

法争取自治、寻求生存的状况。澳葡一方面以"恭顺"面貌出现于朝廷，一方面在暗中扩展势力。其得以不断扩展的一个重要基础，是不必担心基本生存条件被朝廷与香山地方所断绝。正因有内地接济，他们得以绕过诸如厉行海禁、开闭关闸等常规控制手段。

事实上，由于官兵受贿，导致"奸民"走私、接济澳葡，无法使关闸发挥控制作用，明政府正在逐渐丧失对澳葡的有效控制。这也是明末以来澳葡胆敢不断与朝廷和地方对抗，逐渐化被动为主动的一大因素。

第四节 有限自治：澳葡政制的形成与拓展

一 澳葡议事会：有限自治的权力中枢

澳门葡式殖民政制的前身是议事会制度，议事会模式则源于葡萄牙中世纪市政组织。[1]

自1143年恩里克斯（D. Afonso Henriques）要求罗马教廷正式承认其为葡萄牙国王以来，为改变国界南北分离的局面，他一面往北向穆斯林人收复失地，一面往南进行新的征服，为此需要新订一套规则（尤其是税制及司法），以便管理收复的失地和新征的土地。这些规则一般称为"法令特许状"（foral），作为认可该地某种程度自治的形式。至13世纪时，已有大部分城镇和较多居民

---

[1] 关于葡萄牙中世纪市政组织的概略介绍，参见吴志良《澳门政制》，澳门基金会，1995，第11页；黄汉强、吴志良主编《澳门总览》（第二版），澳门基金会，1996，第54页。更具理论性的介绍，参见吴志良《生存之道——论澳门政治制度与政治发展》，第50-52页。

的乡村获颁特许状，形成群居而治的"区"（Concelho）。"区"大致分为乡村区和城市区，前者因规模小而自主权不大，后者则相对摆脱封建领主统治模式，且居民享有较多的自由。它们通常有一个由小地主和富商组成的居民大会（Assembleia），兼具行政单位及互助组织的性质。除特许状之外，还有15世纪后期《阿丰索法典》（Ordenações Afonsinas）和16世纪初期唐·曼奴埃尔一世（D. Manuel I）推行的"法令特许状改革"（Reforma dos Forais），也对这一自治模式产生直接影响。

　　葡萄牙在海外殖民事业中，逐渐发展出多种治理模式，建立市政组织就是其中一种。葡萄牙法学家指出，在东方，只有当欧洲人在那些地方定居扎根并发展到一定的规模，法官和市政机构能够运作时，才会选用市政区的形式。[1] 澳门即是如此。葡国史学界亦指出，"在果阿、澳门和马六甲，似里斯本那样有或多或少自治的市政厅"。[2] 澳门自开埠至允准葡人入居以来，随着聚居规模的不断增长，[3] 他们开始设法谋求自治空间，以便在应付中国政府的同时，更好地维持内部秩序，保证商贸活动正常运作，进而提升自身的防御力量，缓解外来的各种压力。

　　澳葡定居之初，葡萄牙尝试着将其纳入海外殖民帝国的政治

---

[1] 参见 António Manuel Hespanha, *Panorama da História Institucional e Jurídica de Macau*, Fundação Macau, 1995, p. 13。中译本参见叶士朋《澳门法制史概论》，周艳平、张永春译，澳门基金会，1996，第15页。

[2] A. H. de Oliveira Marques, *História de Portugal*, Vol. I, 4a Edição, Lisboa, Palas Editores, 1974, p. 462.

[3] 据瑞典学者龙思泰（Anders Ljungstedt）转引1821年呈递葡萄牙立宪国王的一份文书记载，至1583年议事会成立时，澳门已有900名葡萄牙人，此外还有妇女、奴隶和好几百个买来的中国儿童。参见 Anders Ljungstedt, *An Historical Sketch of the Portuguese Settlements in China and of the Roman Catholic Church and Mission in China & Description of the City of Canton*, Viking Hong Kong Publications, 1992, p. 22。中译本参见龙思泰《早期澳门史》，第36页。

体系，所采的行政模式为"商馆"（Feitoria，或曰货站）。[①] 葡国王室在商业和供给上由商人代理；政治军事上由一年一度赴日途中在澳门逗留的巡航兵头（Capitão das Viagens，或曰舰队司令）代表，负责澳门防务，行使与战争有关的司法管辖权，巡航兵头；不在此地时，改归驻地兵头（Capitão de Terra）负责。因驻地兵头归驻地居民选举，所以该权力基本落入澳葡市民之手。[②]

鉴于葡萄牙海外扩张过于广阔而分散，居澳葡人最初的自我管理方式尚未受到葡属印度总督（Vice - Rei）的任何控制。[③] 1560年，他们开始选出驻地兵头、法官和四位较具威望的商人处理社区内部事务。此后又有1569年仁慈堂（Santa Casa da Misericórdia）的创设、1580年首位大法官（Ouvidor，《澳门记略》谓"判事官"）的派驻，使澳葡自治组织和管理方式日趋成熟。

1583年，经主教倡议并主持了居澳葡人的首次选举，议事会（Senado，或称议事公局）得以正式成立。[④] 组建议事会是居澳葡

[①] 有葡国学者将葡萄牙海上帝国的统治模式分为七类，依次是军事领地、商站、契约、市政区、军事要塞、在臣属与保护关系上建立的体制以及非官方的政治关系（多来自教会关系、商业关系和探险者的影响）。但除前述"市政区"外，只有商馆或商业要塞（Feitoria）适用于澳门。参见叶士朋《澳门法制史概论》，第13 - 24页。

[②] 1563年，印度总督认为驻地兵头过于依赖并受命于香山县，曾下令撤销之。但此职位实际保留至1587年。近代中文文献或称之为"行政长官"。参见周景濂《中葡外交史》，商务印书馆，1936，第76 - 77页。

[③] 参见 C. R. Boxer, *Seventeenth Century Macau*, In Contemporary Documents and Illustrations, reprint, Hong Kong, Heinemann Education Books, 1984, p. 4.

[④] 学界通说认为议事会之倡议者是萨主教（D. Leonardo de Sé），参见 Manuel Teixeira, *O Leal Senado*, Macau, Leal Senado, sem data, p. 4；另见 Manuel Teixeira, *Toponimia de Macau*, vol. I, Ruas com nomes genéricos, Macau, Imprensa Nacional, 1979, pp. 46 - 47。国内学界持此论者，还有吴志良《生存之道——论澳门政治制度与政治发展》，第53页。另有学者认为倡议者是贾耐劳主教（D. Melchior Carneiro），参见龙思泰《早期澳门史》，第60页；C. R. Boxer, *Fidalgos in the Far East, 1550 - 1770*, The Hague, 1948, pp. 8 - 10。国内学界持此论及相关介绍，详见黄庆华《中葡关系史》（上），黄山书社，2006，第221 - 234页。

第二章
共处分治：早期澳门的治理与秩序

人渴望自治的自发行动，既非葡萄牙国王或葡属印度总督主动组织，事先亦未获其许可。议事会成立后，作为里斯本在果阿的常驻代表，葡印总督唯有通过授权进行追认，并以多种方式介入澳葡自治。1584年，葡印总督孟尼斯（D. Duarte Meneses）扩大议事会的行政、政治和司法管理权，军事权归于巡航兵头，特殊重大事务表决权归于市民大会（Conselho Geral）。1586年4月10日，该督来信确认澳门为"中国圣名之城"（Cidade do Nome de Deus na China），赋予澳门与印度科钦（Cochim）、葡萄牙埃武拉（Évora）相同的优惠，并授予澳门议事会权力。1596年4月18日，葡萄牙国王正式颁令，对澳门城市自治地位予以承认。澳门从此获得法令特许状，享有与埃武拉市同等的自由、荣誉和显赫。① 一般而言，法令特许状跟随里斯本发生的变化而改变，但也须适应当地特征并适时演进，像澳门这样"远离王室的最高代表"尤其如此。一旦授权确认，若无葡萄牙中央政府的许可，对其市政地位的任何改变都是不合法的。②

议事会成立之初，包括2位普通法官（juiz ordinário）、3位由居民选举产生的议员（vereador）及1位检察长（procurador），在讨论重大事项时，主教（Bispo）、由居民选举的驻地兵头和大法官将应邀参与甚至主持会议。后经葡印总督授权，每三年一次选举官员、普通法官、孤儿法官（Juiz dos Órfãaos，1603年始）。依1504年葡萄牙《王国城市乡镇官员章程》（*Regimento dos Oficiais das Cidades, Vilas e Lugares deste Reino*）规定，所有居澳葡商（homens bons，良民或富人）或更广义上的人民（Povo）均有选举权。议事会最初由居澳葡人自愿捐款，然后向经澳门港进口货物的葡萄牙船只收税，以便有足够的公共收入维持其运作。税收有盈余

---

① 施白蒂：《澳门编年史》，小雨译，澳门基金会，1995，第23页。
② A. H. de Oliveira Marques, *História de Portugal*, Vol. I, p. 462.

时，拨入储备；出现赤字时，则从储备中拨款支付。若尚不足够，或向富商借贷，或举行募捐。公共财政状况好转时，储备金还用于船只保险和船货抵押借款。①

作为澳葡市政组织的核心，议事会深受葡国市政组织模式的影响，"如区市民大会（Assembleia Concelhia）般运作，拥有行政权力，并在区市民大会中挑选领导人员"。② 通常情况下，它须负责居澳葡人内部的政治、行政和司法管理，全责处理葡人社区的事务，主要管理市政卫生、市容等一般事务，同时负责葡人社群的治安，保安队由居民组织，需要时还雇用奴隶。只有重大特殊事项，才召集全体市民议决。在司法权方面，葡人若有犯罪，轻案由普通法官进行简易判决。

议事会中最具特色的职能部门当属检察长。③ 时人谓之"理事官""夷目"或音译为"委黎多"。据《澳门记略》载："理事官一曰库官，掌本澳蕃舶税课、兵饷、财货出入之数，修理城台街道，每年通澳佥举诚朴殷富一人为之。蕃书二名，皆唐人。凡郡邑下牒于理事官，理事官用呈禀上之郡邑，字遵汉字，有蕃字小印，融火漆烙于日字下，缄口亦如之。"④ 通常情况下，检察长为

---

① 关于议事会之构成及运作，参见龙思泰《早期澳门史》，第 58–60 页；施白蒂：《澳门编年史》，第 22 页；吴志良：《生存之道——论澳门政治制度与政治发展》，第 54 页；以及 Montalto de Jesus, *Macau Histórico*, Macau, Livros de Oriente, 1990, pp. 52–54。该书中译本参见徐萨斯《历史上的澳门》，第 27–28 页。近期相关的专题研究，可参见叶农《澳葡殖民政府早期政治架构的形成与演变》，《澳门历史研究 II》2003 年卷；何永靖：《澳门议事亭杂考》，《澳门历史研究 II》2003 年卷；娄胜华：《混合、多元与自治：早期澳门的行政》，载吴志良、金国平、汤开建主编《澳门史新编》（第 1 册），澳门基金会，2008，第 125–160 页；等等。

② A. H. de Oliveira Marques, *História de Portugal*, Vol. I, p. 462.

③ 关于澳葡检察长之渊源及其演化，详参 José Gabriel Mariano, *A Procuratura dos Negócios Sínicos* (1583–1894), 载 *O Direito*（《法律》杂志）1990 年第 2 期，第 18–21 页。

④ 印光任、张汝霖：《澳门记略》，赵春晨校注，广东高等教育出版社，1988，第 65 页。

懂双语的澳葡人士，最起码由懂双语的华人秘书协助其工作。除负责税务、财政、海关和执行行政措施外，他还负责与中国朝廷打交道，在中国官府中代表澳门葡人，并在1584年获香山县政府授权，协调澳门华人与葡人之间的关系。随着明清政府对澳门治理力度提升，其上传下达的作用日益突出。从1738年开始，检察长不再兼任库官，其他职能依旧。直至1847年改制时直属总督，才独立于议事会。①

比议事会稍晚出现的其他政制机构，还有代表葡国王室利益的澳门总督和王室大法官。

总督渊源于兵头制。巡航兵头逗留澳门期间，负责当地军事防务及相关的司法管辖；不在澳门时，权力归于当地居民选举的驻地兵头。至17世纪初，新兴殖民国家荷兰因觊觎澳门而多次攻扰，②议事会决议要求葡印总督派遣一位军人长驻澳门负责防务。1615年议事会自设战督（Governador de Guerra），1623年正名为总督（Governador）或兵头（Capitão-Geral），改归葡印总督委派。首任总督马士加路也（D. Francisco Mascarenha）于当年6月17日就职履新。③

---

① 黄汉强、吴志良主编《澳门总览》，第55页。关于检察长被称为"夷目"之情况，金国平《夷目喇嚟哆考正》一文有详细分析，参见金国平《西力东渐——中葡早期接触追昔》，澳门基金会，2000，第108-113页。

② 关于17世纪初荷兰多次侵扰澳门之史实，参见徐萨斯《历史上的澳门》，第43-61页。新近的代表性研究可参博斯（Arie Pos）《"以夷制夷"：明代的澳荷关系》，吴志良、金国平、汤开建主编《澳门史新编》（第二册），第561-577页。

③ 参见萧伟华《澳门宪法历史研究资料（1820-1974）》，沈振耀、黄显辉译，澳门，法律翻译办公室、澳门法律公共行政翻译学会，1997，第4页。关于澳门总督之早期介绍，参见龙思泰《早期澳门史》，第78页。关于第一任总督其人其事，参见徐萨斯《历史上的澳门》，第58-59页。对澳门总督制之来源的一份详细考证，参见张廷茂《澳门总督制缘起》，《文化杂志》（澳门）总第58期，2006。

至于王室大法官，渊源于大法官制。在葡萄牙海外扩张事业中，通常会于派出总督的同时委派一位大法官以资协助，其职责主要包括协助总督行使司法管辖权、依总督授权单独审判轻微罪案和查办民事案件。葡人若有犯罪，较重的案件由大法官判处，超过12万雷耳（reis）的动产和8万雷耳的不动产民事案件则须送往果阿高等法院审判。刑事方面，只有罪犯为士兵（peão）时，大法官才可以判处至自然死（morte natural）的刑罚，但此权力只限于葡人。①

在议事会正式成立之前，已有首位大法官赴任抵澳。自1587年2月16日起，王室大法官章程赋予司法权以独立的地位，不受巡航兵头的管辖或者干预，仅在军事管理方面有所服从。② 根据章程，他有权对民事和刑事案件进行初审，向果阿高等法院提出上诉，出具担保书，委任司法文员，并担任孤儿法官。但章程也明令不得干涉中国官员对澳门华人的司法管辖权以及中国官员起诉其他居民的案件。除司法权之外，若巡航兵头不在澳门，他还有权与驻地兵头或最年长的议员一起负责管治葡人事务。王室大法官的地位虽有章程保障，但在实践中动辄被总督侵权，甚且招致议事会的怨言。为此，葡国国王曾在1728年9月17日向葡属东方颁布总命令，威胁各地总督若侵犯大法官权力则予以撤职；即使因为国家或公共治安的理由，也只能以书面形式连续三次向大法官发出指令，但大法官仍可提出上诉。至于议事会对此的抱怨，

---

① 关于明清澳门葡人的司法组织及其运作，概略介绍参见叶士朋《澳门法制史概论》，第61-62页；详细介绍参见何志辉《明清澳门的司法变迁》，第31-83页。

② 关于"王室大法官章程"及相关背景，参见叶士朋《澳门法制史概论》，第62页；另见金国平编译《西方澳门史料选萃（15-16世纪）》，第257页。另有学者认为是在1588年3月25日颁布第一部澳门《王室大法官规章》，见施白蒂《澳门编年史》，第24页。

据称是因澳门地方太小,议事会之普通法官完全可以胜任办案,有需要时再向果阿上诉,故而要求将其职权合并到年长议员的职能上,甚至提出取消大法官职位。1780年4月20日,葡国国王同意撤销大法官职位,有关职责交议事会行使。[1]

二 葡国王权的侵入与总督制之崛起

议事会经200年之久的发展演进,俨然成为本澳"城市寡头统治团结自治意图的支柱",[2]在澳葡自我管理体制中享有至上的权威。事实上,葡国王室的远东政策主要集中于印度及相关的军事与商业问题,很少关注面积小、路途遥远而交通不便的澳门。[3]较之效忠于万里之外的葡国王室,议事会更关注的是居澳葡人的当地利益。随着自治权的不断增长,议事会不仅敢与葡印总督发生冲突,与行使军事权的兵头关系也颇为紧张,还与代表葡国王室司法利益的大法官屡起矛盾,甚至里斯本王室政府有时想要干预,也被他们提醒必须"尊重"居澳葡人的利益。[4]

在17世纪和18世纪大部分时间,总督仅有军事权,不得过问议事会的施政。总督一般在葡萄牙或印度的贵族中挑选,虽然地位显赫,但并无多少实际管治权,只限于"统管炮台和名誉"。[5]正如法国人Regia Gervaix神父所说,议事会给总督带上贵族的光环,不过是作状给华人和欧洲对手看。[6]总督虽然多次尝试插手议

---

[1] 叶士朋:《澳门法制史概论》,第62-64页。
[2] 叶士朋:《澳门法制史概论》,第16页。
[3] 萧伟华:《澳门宪法历史研究资料(1820-1974)》,第2页。
[4] 关于此点,中外文献均有记载可资考证。相关研究参见徐萨斯《历史上的澳门》,第107-115页;吴志良《生存之道——论澳门政治制度与政治发展》,第96-98页;以及 Austin Coates, *A Macao Narrative*, Hong Kong, Heinemann, p.25。
[5] P. Manuel Teixeira, *O Leal Senado*, p.7.
[6] 参见 Eudore de Colomban, *Resumo da História de Macau*, Macau, Mandarin, 1980, p.27.

事会内政，但收效不大，后者始终处于主导地位。1708年，议事会还派检察长远赴葡萄牙，获得国王对授予"澳门市"28项特权的确认，① 其中多项直接与限制总督和大法官的权力有关。

直至18世纪下半叶，随着葡萄牙实行中央集权政策，这种状况才有所改变。1783年4月4日，葡国女王唐娜·玛丽娅一世（D. Maria Ⅰ）颁布《王室制诰》（*Providências Régias*），成为澳葡政制史上一大转折。② 在此之前，已有王权介入的迹象，尤其是1640年葡萄牙"复国"后的中央集权改革，逐步取消中世纪以来授予各地的优惠及豁免；至1652年7月14日，国王颁布法令设立海外委员会（Conselho Ultramarino），协助国王管治殖民地，成为后来海外部（Ministério do Ultramar）、殖民地委员会（Conselho Colonial）和殖民地部（Ministério das Colónias）的雏形。虽然议事会本身对不时来自里斯本或印度的命令置若罔闻，更无意执行，③ 但作为王室权力执行代表的总督，在本澳政制架构中的权力确乎有所增加。

《王室制诰》旨在授予总督必要的权力，以便主导澳门地区政治生活。基于此，它一面指责议事会成员"对管理一窍不通，目光短浅，只晓得在航海和商业中寻求财富"，"对葡萄牙民族的尊严和葡萄牙王室在那一属地不可置疑的主权毫不在乎"，一面要求议事会将账目提交给总督和大法官，并在做任何决定前先咨询总

---

① 有关该授权的各项敕令一直保存在议事会，现存于澳门历史档案馆。参见施白蒂《澳门编年史》，第75页。
② 关于《王室制诰》的来龙去脉及其对澳门政制发展的影响，参见吴志良《生存之道——论澳门政治制度与政治发展》，第96-100页；黄庆华：《中葡关系史》（上册），第451-455页；何志辉：《从殖民宪制到高度自治——澳门二百年来宪制演进述评》，澳门理工学院—国两制研究中心出版，2009，第7-10页。相关论文另可参见黄鸿钊：《葡萄牙1783年〈王室制诰〉剖析》，《文化杂志》总第65期，2007。
③ 萧伟华：《澳门宪法历史研究资料（1820-1974）》，第11页。

督的意见。① 从此，总督有权干预澳门葡人的事务，对议事会决策有否决权。

《王室制诰》的出台，标志着王权的侵入和议事会的衰落。② 随着葡国中央集权的进一步加强，总督在澳葡政制中逐步变得名副其实。议事会的衰落不仅来自总督的挑战，还有王室大法官的冲击。1783 年，葡印总督建议国王恢复大法官职位，并于 1787 年续派人员来澳。1803 年，在中央集权司法改革的背景下，大法官职位正式恢复，且权限更大更广。大法官仍不受总督管辖，亦不得干涉驻澳中国官员的司法管辖权，除原有职权外，还可重审普通法官的判决，并任冤情大使、海关司法官和王家财政的让渡者。与此同时，设立一个司法委员会（Junta de JustiÊa），由总督、大法官、驻军司令、当值普通法官、两位年长的议员和检察长组成，负责审裁对大法官判决的上诉。至 1836 年 12 月 7 日，果阿高等法院改革，王室法官体制寿终正寝。

三 葡式殖民政制在近代澳门的展开

19 世纪前期，国际形势非同往昔。葡萄牙 1820 年君主立宪革命胜利后，于 1822 年颁布第一部宪法，首次将包括澳门在内的所有"海外属地"列为其领土的组成部分（第 20 条）。1826 年《宪章》（Carta Constitucional）第 2 条及后来颁布的三部宪法（1838 年和 1911 年宪法的第 2 条以及 1933 年宪法的第 1、第 4 条），均宣称澳门为葡萄牙的"领土"。有葡国学者据此认为，1822 年至 1976 年这段澳门宪制时期，可以称为"殖民时期"。③ 鉴于 1822

---

① P. Manuel Teixeira, *O Leal Senado*, p. 16。关于《王室制诰》全文中译本，参见吴志良《生存之道——论澳门政治制度与政治发展》，附录五，第 386－397 页。
② 详参吴志良《生存之道——论澳门政治制度与政治发展》，第三章，第 95 页以下。
③ 萧伟华：《澳门宪法历史研究资料（1820－1974）》，第 13 页。

年宪法未对海外属地做出任何特殊规定,居澳葡人趁机自行选出新的议事会,希望葡萄牙君主立宪政府撤销 1783 年《王室制诰》,全面恢复议事会的昔日权威。1832 年 5 月 16 日,正值葡萄牙内战时期,一项新颁法令限定所有地方政府首长(Prefeito)只负责行政事务。1835 年 2 月 22 日,果阿政府以武力解散议事会,并依 1834 年 1 月 9 日中央政府颁布的市政选举法令重新进行选举。1836 年 12 月 7 日通过一项法令,首次将亚洲属地划为印度邦(Estado da India),管辖权授予一位总督(Governador Geral),负责行政和军事;一个由司法厅长、军事厅长、税务厅长和宗教厅长等 4 位行政部门主管和总督挑选的 2 位人士组成的政务委员会,协助总督工作,但其意见没有约束力。自此,议事会沦为只限处理市政事务的市政厅,总督的权威得以重建。

鸦片战争爆发后,清政府的软弱无能让葡萄牙政府觉得有机可乘。随着对华外交政策的及时调整,澳门政制的殖民化被全速推进。在《南京条约》签署后不久,葡萄牙认为加强其在澳门的影响时机已到,遂派出代表与清廷谈判,试图改变澳门的管治现状,并占据整个澳门半岛。[①] 谈判破裂后,女王玛丽娅二世以"政令难行"为由,于 1844 年 9 月 20 日颁令澳门脱离对印度总督的从属关系,与帝汶(Timor,或称地扪)和索洛(Solor,或称梭罗)另组一个自治的海外省,级别等同圣多美与普林西比省,省会在澳门,设一位总督常驻管治,另设一位副督(Governador Subalterno)驻帝汶暨索洛岛。1845 年 11 月 20 日,玛丽娅二世罔顾清廷视澳门为国内一享有特别优惠的港口,单方宣布澳门为"自由港",任何国家船只向澳门输入货物均辖免关税,以确保澳门及其

---

① 关于此次谈判始末,详见萨安东《葡萄牙在华外交政策:1841-1854》,金国平译,葡中关系研究中心、澳门基金会,1997,第 48-78 页。另见黄庆华《中葡关系史》(中册),第 540-574 页。

贸易的"绝对独立"。①

葡式殖民政制的全面展开,得力于1846年4月亚马留总督一系列殖民政策的推行。这位忠实于葡萄牙王室利益的武夫,上任之初即停止向清政府缴纳地租,并向莲花茎关闸以内所有澳门居民征税;旋即修筑通往关闸一带的马路,命令迁移华人坟场,往北扩大地界;此后下令驱逐并清拆南湾税馆,又于1849年3月5日派兵封闭整个中国海关行台,13日驱逐留守澳门的中国海关官员。这一系列激进举措不仅激发全澳华民的义愤,也招致议事会的反对和投诉,但该督不惜解散"不够忠诚和爱国"的议事会,我行我素至该年8月遇刺身亡方休。② 此时,清廷对澳门的主权和治权均已无法直接行使。

在分段占据澳门半岛后,葡萄牙人继续乘虚而入,于1851年和1864年先后侵占凼仔和路环两岛。为谋求中华帝国本身的"承认",葡萄牙利用第二次鸦片战争清廷丧权辱国之际,效仿英、法、美、俄签订条约攫取利益的方式,设法寻求与清廷达成一个有关澳门地位的协议。为此,葡方派出特使来华谈判,并于1862

---

① 相关历史背景及事态始末的介绍,参见萧伟华《澳门宪法历史研究资料(1820-1974)》,第27页;徐萨斯:《历史上的澳门》,第204-205页;萨安东:《葡萄牙在华外交政策:1841-1854》,第79-83页;吴志良:《生存之道——论澳门政治制度与政治发展》,第148-149页;黄庆华:《中葡关系史》(中册),第578-581页;以及何志辉《从殖民宪制到高度自治》,第21-27页;等等。

② 关于亚马留总督在澳门推行殖民政策及其遭遇,详参徐萨斯《历史上的澳门》,第205-219页;萨安东:《葡萄牙在华外交政策:1841-1854》,第85-167页;黄庆华:《中葡关系史》(中册),第575-632页。有关刺及交涉的史料,另可参见黄鸿钊编《中葡澳门交涉史料》(第一辑),澳门基金会,1998,第45页以下。近年在该领域的代表性论文,可参见郭卫东《论亚玛勒案件与澳门危机》,《文化杂志》总第45期,2002;费成康:《亚马留时代与葡萄牙管治澳门的开端》,吴志良、金国平、汤开建主编《澳门史新编》(第1册),第179-194页。

年8月13日签订《中葡通商互换条约》共54款,其中第9款暗含骗取澳门主权之玄机。唯因两年后葡方操之过急而败露心迹,该约未获中方批准换文。此后的中葡关系继续围绕澳门展开,迭经"玛斯计划"、《暂立条约》及《领事章程》等订约交涉。① 至1885年中英签订《烟台条约续增专条》时,英方为一己之利而提出港澳一体办税之请,设法诱骗清廷与葡方谈判,并协助后者于1887年3月26日签署《中葡里斯本草约》,同年12月1日达成54款《中葡和好通商条约》,翌年4月28日在天津换文生效。条约第2款对《中葡里斯本草约》予以承认,从而正式确认"葡国永驻管理澳门"的权利,唯划界问题留待以后磋商解决。②

葡方一面处心积虑寻求谈判新机,一面步步为营推进殖民政制。总督作为葡式殖民政制之权力核心,其演变与葡萄牙对海外属地管理政策之调整遥相呼应。以总督权限为例,在1842年恢复使用1826年宪章期间,总督由1838年宪法赋予的紧急立法权化为乌有;但1852年修正案(*Acto Adicional*)第15条再度赋予政府和总督在紧急情况下的立法权,以加强海外省政府的效率。至1869年12月1日,葡方再以法令形式制定海外宪制组织大纲,取代1836年12月7日法令,基本维持至1910年葡萄牙爆发共和革命,其间仅有1896-1898年一度设立拥有立法和行政权的钦差大臣

---

① 关于同治、光绪年间中葡订约交涉之始末,详参黄庆华《中葡关系史》(中册),第651-742页;另可参见黎晓平、何志辉《澳门法制史研究》,第218-242页。

② 关于《中葡里斯本草约》及《中葡和好通商条约》之始末,详参吴志良《生存之道——论澳门政治制度与政治发展》,第164-188页;黄庆华:《中葡关系史》(中册),第769-815页;黎晓平、何志辉:《澳门法制史研究》,第243-317页。从法理上分析《中葡和好通商条约》的代表性研究,可参见萨安东《1887年〈葡中和好通商条约〉中有关葡萄牙在澳门主权议题诠释问题》,《澳门法律学刊》第2期,1996;柳华文:《1887年〈中葡和好通商条约〉国际法简析》,《澳门研究》总第10期,1999;以及何志辉《〈中葡和好通商条约〉与澳门地位条款》,《澳门研究》总第54期,2009。

(Comissário Régio）对此有所冲击。它将葡属非洲和亚洲分为佛得角、圣多美与普林西比、安哥拉、莫桑比克、印度以及澳门暨帝汶6个省，明文规定各省政治行政组织与职责权限，各省设立由王室委任的一位总督，向海军暨海外事务部长负责，主管各省的民政和军事，政务委员会（Conselho de Governo）和负责议决公共工程、公共卫生、教育、慈善和税收事务的全省委员会（Junta Geral da Província）协同总督运作，另有财政委员会（Junta de Fazenda）负责管理公共财政。这项法令作为近代葡式殖民政制全面展开的宪制根据，在澳门施行时略有变通，主要表现在未设全省委员会。据此规定，总督一般任期5年，除有行政法典规定的职权外，还负责主持政务委员会和财政委员会的工作，委任和撤换公务人员、解散选举产生的行政机构等；但为防范1852年修正案规定的"紧急立法权"被滥用，法令还特别列出17个不许总督立法的事项。至于政务委员会，由政府秘书长、宗教首领、法官、两位军事首领、检察长、财政委员会秘书、卫生厅长、市政厅长（即议事公局）共9位成员构成，主要职责是对总督提交讨论的事项提出意见，但除行使紧急立法权和举债时需要政务委员会大多数票赞成外，其意见对总督不具约束力。[①]

在葡式殖民政制演进过程中，检察长一职的浮沉亦颇堪玩味。检察长原本隶属议事会，并在中葡交涉中扮演关键角色，但自亚马留总督上任后，根据1847年8月20日法令，其职能中有关华人事务部分纳入政府秘书处，他仅在市政事务方面对议事会负责。1849年亚马留赶走中国驻澳办事机构后，检察长摇身而成事实上专门负责澳门华人事务的机构，不再接受香山县的指示。至1852

[①] 这段殖民宪制史背景复杂、变幻无常，较为简略的介绍，见萧伟华《澳门宪法历史研究资料（1820－1974）》，第29－35页；较为详细的介绍见何志辉《从殖民宪制到高度自治》，第21－31页。

年11月19日，总督颁布法令，规定除检察长外，只有总督可以过问澳门华人事务。1862年12月17日，又有新颁章程规定，检察长力促纠纷双方推荐仲裁人进行和解，只负责法院不受理及调解无效的案件。

1865年7月5日，检察长由总督向国王提议，在可当选为市政议员的人士中选任，从此完全脱离议事会，正式成为国家公务员，直接向中央政府负责，其所属机构亦变成华务检察官署（Pocuratura dos Negócios Sínicos）。1868年，该署设立人员编制，检察长因要求拥有法律学士学历并具备行政经验，开始从葡萄牙检察院和一级法院的司法官员中挑选出任，只有里斯本政府可将其免职，但总督若有充分理由且在政务委员会同意下保留将检察长停职的权力。

为进一步规范华务检察官署，此后相继有1877年7月11日、12月20日和1881年12月22日立法，确定其职责权限及其运作。据此新例，该署有权初审轻微刑事罪案，短期徒刑罪可由总督（12月20日的章程转由法院）二审，长期徒刑须由司法委员会二审和终审；民商事方面，只有超过100两的案件才送政务委员会二审。1881年12月22日后，无论是刑事、民事还是商业案件，均向司法委员会上诉裁决，无须再向果阿高等法院上诉。该署分为两部分，一为华务科，主要负责翻译，后于1885年11月2日独立出来，协助其他公共部门处理与华人的关系；二为司法行政科，后演化为初级法院，在尊重华人风俗习惯的前提下判案，另负责管理华人居民委员会。在《华人风俗习惯法典》问世之前，该署有一个由12位华人组织的委员会，向检察长解释华人风俗习惯。1894年2月20日，依据《海外省司法行政章程》（*Regimento de Administração da Justiça nas Provincias Ultramarinas*）第5条，华务检察官署被正式取缔。①

在1909年《华人风俗习惯法典》颁行后，为满足专事华人社会纠纷的法庭需要，葡萄牙政府于1917年11月29日颁布第3637号法令，通过澳门华人专有法庭的章程，后于1920年9月27日（训令第311号）修订，规范该法庭的组织形式、职权范围和上诉级别，以处理华人社会的民事、商事（破产除外）和轻微刑事案件。由于华人诉诸法庭的案件不多，该法庭维持到1927年10月20日即被取缔。②

1910年葡萄牙共和国建立后，于1911年新颁宪法，只在第五章《海外省管理》（第67条）中略微强调非集权化，制定适合各省不同文明状况的特殊法律，对海外省自治演变促进不大。有葡国学者则格外强调：

> 欠缺政治行政方面的自主性，同样是妨碍澳门发展的其中一个因素。澳门地区受到里斯本官僚政府的强烈限制，里斯本屡次对澳门当地情况及有关问题漠不关心。澳门反反复复被纳入或脱离无稽的澳门、地扪暨梭罗省，这只会使到澳门地区已出现匮乏的财政资源承受更大负担。而澳门在1896年才确定转变为自主的省份。③

这一分析触及葡国海外殖民管治体系的诸多问题，但更具实质性的问题是葡萄牙作为老牌殖民帝国在19世纪末至20世纪初殖民主义全球化浪潮中的式微。④

---

① 吴志良：《生存之道——论澳门政治制度与政治发展》，第103-106页。
② 吴志良：《澳门政制》，第41-49页。
③ 萧伟华：《澳门宪法历史研究资料（1820-1974）》，第38页。
④ 对此问题的详细分析，参见何志辉《从殖民宪制到高度自治》，第31-36页。

第三章

殖民管治：近代澳门的治理与秩序

第一节 鸦片战争前后的时局与澳葡政府

一 战争前夕："鸦片帝国"与澳门的关联

道光二十年（1840）中英鸦片战争之爆发，形成"千年来未有之变局"，① 可谓中国历史卷入近代的分水岭，② 亦是中葡关系急遽蜕变的转折点。在此之前，中华帝国传统的国际关系是欧美学界所论的"朝贡国制度"（Tributary State System），③ 即帝国以天朝

---

① （清）李鸿章：《李文忠公全书》卷24，《奏稿·筹议海防折》。近世学者蒋廷黻由是引申而论，参见蒋廷黻《中国与近代世界的大变局》，《清华学报》第九卷第四期，1934。
② 关于鸦片战争及其对近代中国社会发展之影响，史学界研究已相当深入。国内近年较具代表性的成果，可参见茅海建《天朝的崩溃——鸦片战争再研究》，三联书店，1995；郭卫东：《转折——以早期中英关系和〈南京条约〉为考察中心》，河北人民出版社，2003。具体涉及鸦片战争前后葡萄牙对华政策与"澳门问题"研究者，首推葡萄牙学者萨安东教授，参见萨安东《葡萄牙在华外交政策：1841-1854》，金国平译，葡中关系研究中心、澳门基金会，1997。
③ 欧美学界关于中国传统朝贡国制度的代表性研究，参见 Fairbank, John King, (ed.), *The Chinese World Order: Traditional China's Foreign Relations*. Cambridge, Mess, 1968.

第三章
殖民管治：近代澳门的治理与秩序

自居，视亚洲诸国为藩属的朝贡国，它们须定期向朝廷纳贡，其君主亦受朝廷册封；至于与中华文明迥异的西方国家，则被视为所谓"蛮夷"。由此酿造的天朝大国心态，不仅牢牢掌控明清时期对外关系的发展，并深刻影响着朝廷、地方与澳葡之间的"澳门问题"，一面是朝廷对澳门的主导治理，一面是澳葡在中葡之间策略性的"双重效忠"。

这种稳固的朝贡体制与接受万邦来朝的局面，随着19世纪前期国际关系的变动，开始逐步出现动摇的征兆。当然，曾经作为海上强国的葡萄牙在17世纪以来逐渐日薄西山，即便乾隆四十八年（1783）《王室制诰》颁行预示着葡萄牙对华政策的转向，但其军事实力远不足以对抗天朝大国，更遑论以武力使之就范于它对澳门的殖民野心。聚居澳门的葡萄牙人以及主要由澳督与议事会构成的澳葡政府，也因之不敢明目张胆地轻易动摇这天朝大国的威仪，只能借口防御荷兰人、西班牙人或英国人入侵而暗中修缮垣墉、建造炮台，为今后伺机蚕食扩张做好相应的铺垫。

所谓"澳门问题"从国内法上的"治理问题"转向一个近代国际法意义上的"主权问题"，[①]真正的历史诱因便是鸦片战争的爆发。这场战争有极为深刻而复杂的时代背景，导火线则是道光十九年（1839）以来与澳门有莫大关联的暴风骤雨似的禁烟运动。

在禁烟运动前夕，不独广州，亦不止澳门，而是几乎整个中华帝国，早已沦为硕大无比的"鸦片帝国"——"中国就是一个抽鸦片的国家"。[②]这个"鸦片帝国"的形成，彻底扭转了明清之际中西贸易长期是西方居于逆差地位的局面。

回顾19世纪初之中国与世界沟通历史上的几种重要物品，如

[①] 笔者从葡国殖民宪制与澳门政治演变的关系入手，对此"澳门问题"的性质变迁做了一项比较系统的初步梳理，参见何志辉《从殖民宪制到高度自治》，2009。

[②] 参见周宁编注《鸦片帝国》，学苑出版社，2004，第67页以下。

果说最初可谓贸易之大宗的"棉花输华"在客观上尚且有助于中国棉纺业的发展并加强与英国棉纺业的竞争能力，那么自嘉庆二十五年（1820）以来跃居第一大宗贸易的"鸦片输华"，[1] 就是给这古老中华刻意带来贻害无穷的毒物，并迅速异化为庞大无比的吞噬国家财富和销蚀民族骨血的黑洞。以英国为核心的西方国家对华鸦片贸易"事业"的急剧扩张，完成了"英国对华贸易长期逆差的全然改观"，[2] 亦使欧洲殖民者几百年来求而未得的白银资本之梦在中国几乎是一夜成真。正如马克思所比喻的："资本来到世间，从头到脚，每个毛孔都滴着血和肮脏的东西"，[3] 这是它们实现原始资本积累的罪恶写照。

西方殖民者选择鸦片打开中国市场，且"鸦片输华"迅速赶超"棉花输华"的规模，这一令人侧目的易位，其纵深内涵正如分析者言，反映着中西经济关系由单纯的国家经贸关系向世界殖民经济体系的转变，反映着基本平等互利的经济关系向非互利的变相奴役性质的经济关系转变，反映着工业革命开展和美洲开始独立进程后世界秩序的重组和殖民体系的部分重构，反映着西方殖民者为了打开中国市场的大门已经到了无所不用其极、穷凶极恶、不择手段的地步。也正是由于中国鸦片贸易的规模"是全世界任何单项消费品所比不上的"，鸦片已经成为18世纪晚期至19世纪中期英—中—印三角贸易的基石，所以清政府厉行禁烟的政策才引致英国政府极为强烈的反应——"为邪恶的毒品贸易不惜打一场国际战争，因为这个基石在英国殖民者是万万不能抽动

---

[1] 鸦片贸易自1820年迅速赶超原有的棉花贸易。相关资料统计资料参见马士《中华帝国对外关系史》（第1卷），第238-239页。
[2] 郭卫东：《转折——以早期中英关系和〈南京条约〉为考察中心》，第127页。
[3] 马克思：《资本论》（第1卷），人民出版社，1975，第829页。

的"。①

  与英国对华鸦片贸易密切相关，澳门是早期西方鸦片输华的最重要基地。澳葡政府在乾隆三十五年（1770）以前力图将澳门变成葡人经营鸦片的垄断市场，但有限的人力、财力使之无从驾驭整个中华帝国"大市场"。尽管如此，外商对华鸦片的囤藏输入基地，直至整个19世纪之前均集中于澳门；到嘉庆十一年（1806）前后才将基地移至黄埔，以摆脱澳葡政府的控制和分肥；到嘉庆二十五年（1820）前后移至比澳门和黄埔更安全方便的伶仃洋面，但仍有部分鸦片贸易在澳门进行。② 不独如此，因为"澳门一直有一种放荡的风气，而鸦片又使之进一步败坏"，③ 澳门社会亦同样被猖獗的鸦片走私所困扰，普通民众更因鸦片的泛滥成灾而饱受摧残。

  在林则徐赴粤禁烟之前，已有广东地方官员对澳门鸦片走私屡加查禁。如道光三年（1823）二月，署香山县正堂知县下谕澳葡理事官，告诫其"私贩鸦片久干例禁"，西洋船只进口"勿得仍前夹带鸦片私自贩运各处"。④ 又如道光十四年（1834）八月，因外商律劳卑"不遵法度"引发停止贸易之交涉，澳门同知奉督抚之命示仰阖澳居民，要求"尔等务宜恪守法纪"，⑤ 不得私与英商买卖。当然，澳葡政府的阳奉阴违与鸦片贸易的利润刺激，加之朝廷对查禁鸦片尚无十分明确的整肃态度，使这样的禁令往往沦为一纸空文。

---

① 郭卫东：《转折——以早期中英关系和〈南京条约〉为考察中心》，第128－133页。
② 参见郭卫东《早期澳门的鸦片贸易》，《中国边疆史地研究》1999年第3期。
③ 马丁·布思：《鸦片史》，任华梨译，海南出版社，1999，第185页。
④ 《署香山知县致澳门理事官谕文》（葡萄牙国家档案馆藏），张海鹏主编《中葡关系史资料集》（上卷），四川人民出版社，1999，第879页。
⑤ 《署澳门同知告示》（葡萄牙国家档案馆藏），《中葡关系史资料集》（上卷），第883页。

二 禁烟运动：夹在中英之间的澳葡政府

声势浩大的禁烟运动改写了这一切。道光皇帝对钦差大臣林则徐的任命，基本出发点是为维护朝廷统治的狭隘利益，林则徐却在一定程度上突破这一狭隘立场，把清朝统治命运与民族存亡统一起来考虑，并以维护民族生存和民族利益为前提，① 以其卓越胆识与民族血性而名垂青史。

道光十九年（1839）正月二十五日，林则徐赴广州厉行禁烟。二月初四，他与广州总督邓廷桢、巡抚怡良坐堂传讯外商，"谕令缴烟酌情奖犒"。② 禁烟运动从广州向四面漾开，使中英关系出现史无前例的对抗局面，涉足鸦片贸易的居澳葡人也被迅速卷入其中。在随后的中英对抗直至战争爆发期间，澳葡政府基于形势与场合极尽周旋之能事，勉为其难地扮演着骑墙主义的"中立"角色。

禁烟运动大大超出澳葡政府对朝廷官员奉旨行事的预想。在广州发兵包围外国商馆，虎门销毁大批鸦片之后，因澳门葡人多有私贮鸦片贩卖渔利，林则徐决意前赴澳门一体查办。

道光十九年四月间，林则徐与两广总督邓廷桢会谕澳门同知，传谕澳葡政府将澳门洋楼鸦片呈缴。此时澳门囤贮鸦片尚复不少，澳葡政府却一味掩饰支吾，林则徐等念其"平素尚称恭顺"而稍宽一线，令其从速查明澳内所贮鸦片并如数呈缴，倘再执迷不悟有心违抗，则"惟有撤去买办，封澳挨查，从重惩创"，甚或"不能久居澳地"。③ 四月二十二日（6月3日），林则徐在虎门亲自主持正气浩然的销烟行动，堪称近代中国人民反抗外国侵略的一次

---

① 陈胜粦：《林则徐与鸦片战争论稿》，中山大学出版社，1985，第105－106页。
② 田明曜：《香山县志》卷22。
③ 《林则徐集·公牍六》，《与两广总督邓廷桢会谕澳门同知传谕委黎哆将澳门洋楼鸦片呈缴》（道光十九年三月十二日）。

第三章
殖民管治：近代澳门的治理与秩序

伟大胜利。

面对势如疾风骤雨的禁烟运动，澳葡政府不敢明目张胆地违反朝廷禁令。因为与朝廷及地方打交道的经验表明，对抗轻则不过封关闭闸、断绝粮食，重则可能武力驱逐、永失栖所。因此，澳葡理事官接到下谕之后，不得不配合行动以为敷衍，随即回禀澳门洋楼"实无囤贮烟土"。林则徐对此再三严正声明，"如将来再有西洋夷人贩卖鸦片，或代别国奸夷逗贮伙卖，获有实据，即将犯法之夷人，拿送天朝官宪，照依新例治罪"。[1]

然而，澳葡也不敢真正将朝廷禁令贯彻执行。这不仅因为鸦片走私贸易之暴利诱惑难以抗拒，还有更为复杂而隐秘的政治心理：他们害怕得罪英国这样一个作为葡萄牙盟国而号称"日不落大英帝国"的靠山。这与此前澳葡政府对待英人来澳的态度和举措又有无法割裂的历史关联。

英人早期与澳门葡人的接触经历并不愉快。早在泰昌元年（1620），新立不久的英国东印度公司商船"玉可"（Unicorn）号首抵中国海域，在澳门附近岛屿触礁沉没，当地居民售英人两船以作归途，其中一只却被葡人劫往澳门；天启二年（1622），英国与荷兰根据《防卫条约》合组"防卫舰队"，也曾抵达澳门海面。[2] 崇祯八年（1635年），东印度公司与葡属果阿总督林哈列斯（Count de Linhares）缔结《休战和对华自由贸易协议》，允许英商在澳门进行贸易，条件是要把葡人的财宝从澳门运到果阿。然而，英船"伦敦"号抵达澳门时遭遇的是不愿英人染指对华贸易的澳葡总督，遂强行登陆澳门并停留3个月左右，撇开葡人私下对华贸易，并承诺下次再来将提供低于葡人要价50％的货物。但这次所获不多的利润随后被果阿当局扣留，而继任

---

[1] 《林则徐集·公牍六》，《批澳门同知为委黎哆呈明实无鸦片情愿具结禀》（道光十九年四月二十四日）。
[2] 迪奥戈·卡尔代拉·雷戈：《澳门的建立与强大记事》，《文化杂志》总第31期，1997，第148-149页。

果阿总督席尔瓦（Dom Pedro Silva）也认为"没有什么比派遣这艘英国船到澳门对葡萄牙的贸易利益的损害程度更为严重的了"。① 次年由皇家委任的船长威德尔（J. Weddell）率领葛廷联合会船队开赴中国，于崇祯十年（1637）夏抵达澳门附近的横琴岛。虽然他们出示英王查理一世致澳门总督的御信，澳葡政府仍警告其"不经澳葡总督许可不许抵靠澳门"，② 与议事会向其提出"书面抗议"指责其损害葡人利益，甚至有意挑起英国人与中国人的冲突，最终借助广东官府力量使之悻悻返航。

此后，英葡之间的关系迭经变易，澳门也屡次成为英人觊觎的远东"肥肉"。尤其是19世纪初，由于法国革命以及法国与欧洲大部分国家间的战争，葡萄牙自蓬巴尔执政时期奉行与英结盟的对外政策，可谓"艰难时世"。③ 嘉庆六年（1801），西班牙和葡萄牙爆发冲突，而西班牙已与法国谈判并签署协议，使葡萄牙面临灾难性打击。嘉庆十二年（1807）11月，拿破仑军队的铁蹄入侵并占领葡萄牙，王室成员则仓皇登船逃往葡萄牙帝国在南美大陆的殖民地——巴西。在身陷西班牙和法国联合压制的困境时，作为葡萄牙所谓外交盟友、实则保护国的英国，却对葡萄牙王室自乾隆四十八年（1783）以来刚开始高调关注、转眼又因欧洲局势而无暇多顾的澳门，借口防范法国侵夺澳门，动起了趁火打劫的心思。先是嘉庆六年（1801）7月海军部训令舰队司令派海军"占领"澳门，④ 第二年即派遣军舰驶入澳门水域请求登陆。意识到威胁而无法独当一面的澳葡总督，在设法阻挡的同时迅即寻求清政府的

---

① 丹佛斯：《葡萄牙人在印度》（第2卷），第248页。转引自徐萨斯《历史上的澳门》，第74页。
② 参见 A. Coates, *Macao and The British 1637 – 1842*, Hong Kong, 1989, p. 1.
③ 关于19世纪初葡萄牙王室在欧洲的处境，参见马尔格斯《葡萄牙历史》，李均报译，中国文联出版公司，1995，第96–97页。
④ 马士：《东印度公司对华贸易编年史》（第2卷），第677页。

全权保护。在广东政府的强硬举措和嘉庆皇帝的御旨支撑下,最终以英军全部主动撤离而化解了澳葡政府面临的居留危机。嘉庆十三年(1808),在葡萄牙沦为拿破仑"殖民地"之后,英国再度染指葡萄牙完全不可能顾及的澳门,尤其是东印度公司积极策划,以为在法国将派兵侵夺澳门的情况下,中国政府"能够非常乐意看到澳门为英国人所占有",[①] 最终派出军舰"远征"澳门并强行登陆。这次澳葡政府不仅未做任何反抗,反而向广东官府报告称其"占领"是因葡国"国王有书,许令安置",[②] 引致广东官府与英军之间炮火相向,最终结局则是英军再次撤回军舰离开澳门。

嘉庆二十五年(1820),在葡萄牙爆发"自由革命"和建立君主立宪制的同时,英国对华贸易的最大宗商品也由棉花开始转为鸦片,澳门葡人则在介入鸦片贸易和走私活动中顺便分肥。英商与葡商虽在经济利益上达成一定程度的结盟关系,但种种利益冲突同样不可避免地导致他们芥蒂纠结。

因此,当林则徐厉行禁烟而严重威胁英国对华贸易的根基,以致英国上议院屡屡掀起武力侵华的声浪终于演变为紧锣密鼓的战争预谋时,澳葡政府夹在中英对抗之间,承载着前所未有的双重压力。如果真的配合朝廷的禁烟运动,则无疑使澳葡政府迅速成为英人的敌人,势必受到里斯本王室政府的非难,更可能导致英军对澳门的入侵。[③] 在此情况下,澳葡政府唯有采取"骑墙主义"策略,在剑拔弩张的中英关系中随机应变。

三 "中立"的骑墙主义:表现及其实质

时至道光十九年(1839),中英之间在澳门一带冲突加剧。是

---

① 马士:《东印度公司对华贸易编年史》(第3卷),第84页。
② 黄鸿钊:《澳门史》,福建人民出版社,1999,第213页。
③ 费成康:《澳门:葡萄牙人逐步占领的历史回顾》,第134页。

年8月15日（农历七月初七），澳门军民府、香山知县与澳门佐堂联合发布两份告示，禁止供应居澳英人粮食，葡人及别国人等须开列日需清单，禀呈军民府及县丞审核加盖官印，再由店铺定量供应；同时严禁居澳葡人"一律不准以生活日需品接济英夷"，①撤出英人所雇之买办与佣人，否则"定将尔等捉拿严惩"并查封其商店。时隔七日，林则徐又与两广总督邓廷桢会谕澳门同知，再行谕饬英国驻华商务总监督义律（George Elliot），令其从速交出殴杀华人林维喜之英犯，并将新来鸦片悉数呈缴。②

澳葡政府在林则徐的强大压力下，为示"效忠朝廷"而陆续有所行动：先是在8月24日贴出布告，限令英人三日内一律离开澳门，随后于9月初拒绝英方提出的让英人回澳居住并由英人保护澳门的建议。尤其值得一提的是，他们在林则徐入澳巡视时予以积极配合，使这次巡视成为澳门历史上整肃鸦片泛滥并示朝廷恩威的著名事件。③

9月3日（农历七月二十五），林则徐与邓廷桢统率官兵入澳巡视。澳葡理事官率领官兵在关闸门前恭迎，并在望厦莲峰庙内"具手版禀谒"，林则徐等"宣布恩威，申明禁令，谕以安分守法，不许囤积禁物，不许徇庇奸夷"，④随后从三巴门进入澳门，沿途督率随员抽查洋楼、民宅是否私藏烟土。此行巡察深得民心，不但华民扶老携幼，夹道欢迎，澳葡亦叠背摩肩，奔趋前

---

① 《澳门军民府关于禁止供应英人粮食和下令所有被英国人雇佣者离开的两个告示》，《中葡关系史料集》（上卷），第897页。
② 《林则徐集·公牍六》，《与两广总督邓廷桢会谕澳门同知再行谕饬义律缴土交凶稿》（道光十九年七月十四日）。
③ 关于林则徐巡视澳门的纪念文章，参见陈树荣等主编《林则徐与澳门——纪念林则徐巡阅澳门一百五十周年学术讨论会文集》，纪念林则徐巡阅澳门一百五十周年学术研讨会筹备会，1990。
④ 《筹办夷务始末》（道光朝）卷8，《林则徐等奏查阅澳门并传见洋人首领折》（道光十九年八月十一日发）。

后。人们在其必经之道摆上香案,堆满鲜花等物,一位看热闹的居民称这是为了"表达他们对大人的感恩戴德之心。是他来戒除了他们的恶习,又销毁和禁绝了鸦片,从而将他们从一场死劫中拯救出来"。①

这次巡视使澳葡不至于投向英国一方,因而进一步激化了中英之间的尖锐矛盾。随后不久,义律挑起中英之间的武装冲突,在官兵例行查禁接济时乘人不觉,"胆敢先行开炮,伤害官兵",②招致中国水师的奋起反击。义律唯恐英商船只受损,于9月12日潜入澳门,再度向澳葡政府提议让英人返回澳门,由英国舰队保护澳门。澳葡政府为免受牵连,不仅婉拒这一要求,还派出武装船只守卫十字门。义律不得已而请求与官府重开谈判,但所递说帖各条殊属无理,均被逐加批阅、分别准驳。③

由于谈判未取得实质进展,不耐货船艰苦的英人"纷纷回澳,并带家眷同来"。知悉这一情况后,林则徐等人于10月间再度下谕,饬该处文武严行驱逐,并于关闸等处派官兵驻扎,④ 从而第二次将英人驱逐出澳。此外,他还增拨水陆官兵数百名在澳门附近各要隘布防,委令正四品高廉道官员暂行驻扎澳门,督同澳门同知等"稽查澳夷额船,断绝英夷冒混,缉拿汉奸接济",⑤ 以示朝廷对澳门安危的高度重视。

与此同时,英国政府决定适时发动侵华战争。是年10月18

---

① 《林钦差访问澳门》,《时事日记》第8卷5期第6篇,《中葡关系史料集》(上卷),第908页。
② 《筹办夷务始末》(道光朝)卷8,《林则徐等奏义律袭击师船及葡人转圜情形折》(道光十九年八月十一日)。
③ 《信及录·札澳同知传谕义律准驳条款由》,《中葡关系史料集》(上卷),第913页。
④ 《信及录·会谕义律饬交凶夷并遵式具结由》,《中葡关系史料集》(上卷),第923页。
⑤ 《林则徐集·奏稿九》,《请将高廉道暂驻澳门查办中外贸易等事务片》。

日，英外交大臣巴麦尊向义律传达内阁意见，要求他在次年3月之前秘密做好各项战争准备，包括抛售货物、撤退侨民等；还提出拟夺取中国一个岛屿，"作为远征部队的一个集结地点和军事行动的根据地，而且以后作为贸易机构的牢固基地，因为我们对这样的某个地方想要保持永久占领"。① 但究竟哪个岛屿更合适侵占，英政府内部尚无定论，目标先后停留于台湾、海南、福州、厦门、舟山等地，被华人称为"铁头老鼠"的鸦片贩子查顿则提出占领荒僻之地香港的另一方案。②

至道光二十年（1840）2月20日，英国政府就对华战争问题拟定了一系列文件，包括《致大清皇帝钦命宰相书》《致海军部长官函》《致驻华全权大臣懿律、义律函》与《对华条约草案》，③并将赔款问题作为其重要内容，乃至赔款类别、赔付期限、赔付对象及数额等细节都有明确具体的规定。

中英之间战争一触即发。澳葡政府在权衡利害之后，决定重新回到所谓的"中立"立场上。

据官兵访获英人义律、吐密与澳门总督私下往来的六封密信，英人与澳葡有一段交涉颇可玩味。1840年1月1日（道光十九年十一月二十七日），义律利用澳葡政府宣布"中立"的机会，致函澳葡总督，请求"准将英人存下货物运至澳门，囤贮栈房，依澳门章程纳税"，使英商"货物放于平安之地步，使各空船可以开身"。尽管澳葡表示慑于官府禁令，亦知于法无据，并不敢公然答应英人所请诸事，但他们还是暗中默许英商眷属"私行入澳"。林则徐发现这一情况后，即在澳门街巷贴出告示，宣布中国军队将入澳逮

---

① 参见胡滨选译《英国档案有关鸦片战争资料选译》（下册），中华书局，1993，第522页。
② 《近代史资料》1958年第4期，第39-44页。
③ 郭卫东：《转折——以早期中英关系和〈南京条约〉为考察中心》，第294-295页。

捕义律夫妇等人。慑于压力,澳葡总督于1月16日回信,称自己"不能有如此大权回答此件大紧要之事,兼以须依管理澳门地方之法律,我亦无如此大权可能定夺此事",①故"不得已"推辞义律有关保护在澳英人的请求,并要求他们迅速离去;一面又以"澳内华夷杂处"不便驻军惊扰为由,恳请稍缓时日,由其自行驱逐。

在此情势下,义律等人于2月4日擅自令"海阿新"(Hyacinth)号军舰入泊妈阁庙附近,并寄信澳葡总督,称官府禁令使居澳英人"读之尽皆惊惶",遣派军舰是为"保护"在澳英人,"预防"其他事变。此举迅即招致澳葡总督反对,称"似是与我等国中对敌",遣兵船进澳"乃是不公义之事"。吐密又寄信质询澳葡总督,他们能否保护寄居澳葡旗下之英人。澳葡总督回信称此处地方"与我等国王所管之别处地方不同",且现在此处之事情已比从前不同,何况"只是中国与英国两边之事,我皆不理",故不能答应对方请求;若对方一味擅行,则将近年对方"所有之事宣布与通天下知道,求各国依公义判断"。②于是,澳葡政府一面抨击英人违反国际公法,迫使英舰次日离澳,一面继续拒绝奉命堵御英军的中国军队进入澳门,并表示为免英人报复而不拟驱逐继续留在澳门的英人,从而暴露了所谓的"中立"立场。

对澳葡政府实际上"首鼠两端"的"中立",林则徐一面重申澳门是中国领土,并争取澳葡共同抵御英军等措施,一面又以暂停澳门与内地贸易的措施,敦促他们驱逐留澳英人。在第三次驱逐留澳英人后,林则徐于3月颁布一则重新开放葡人贸易的《告示》,宣布澳门与内地"恢复照旧通商,以示天朝体恤",但进出

---

① 《与广东巡抚怡良会衔责令澳门葡人驱逐英人情形片》(道光二十年二月初四日),附录《访获义律等与葡人往来密函》(一、二),《林则徐集·奏稿十》。
② 《林则徐集·奏稿十》,《与广东巡抚怡良会衔责令澳门葡人驱逐英人情形片》(道光二十年二月初四日),附录《访获义律等与葡人往来密函》(三至六)。

货物须"遵照已定章程",①随后于4月派驻200多名官兵驻扎葡人居留之地。②至此,中英之间矛盾恶化至极,战争局势一触即发。

1840年6月,英国船舰40余艘、士兵4000余人抵达澳门附近海域,中英鸦片战争正式爆发。

至此,澳葡政府见英国远征舰队兵力强大,认为公开实行"中立"政策的时机"终于成熟"。于是,他们一再公然违反中国官府的命令,听任英国官兵与商民非法出入和居住澳门,屡次保证他们在葡国旗下的人身安全,抗议中国官府在澳门张贴悬赏杀敌的告示。至8月初中国士兵在澳门半岛北部俘获非法居澳的英人士担顿(Vincent Staunton)时,澳葡政府不仅要求中国官府释放士担顿,还为保护寓澳英人安全而动员全体葡人居民协助葡人士兵夜间巡行街道。③8月中旬,因士担顿未获释放,英军遂对澳门地区的中国驻军发动进攻,目标为关闸及附近的中国炮台。④澳门葡人按兵不动以示"中立"。驻扎澳门及附近的中国军事力量却不足以抗衡英军,也无法对倒向英人的澳葡采取措施,结果便是在澳门与望厦等地驻扎的中国官兵被迫撤至前山寨。

随后的战争形势不断恶化。在璞鼎查爵士的指挥下,拥有精良海军装备的英军一路向北突进。自道光二十一年(1841)8月至翌年7月,厦门、宁波、吴淞、镇江等地相继失守。8月11日英军已攻占定海,北迫天津,到达白河口外。8月15日,英方向朝廷递交《巴麦尊照会》,攻击林则徐在粤禁烟使英人受屈,要求

---

① 《葡国贸易》(告示),《时事日志》8卷11期第8篇,《中葡关系史料集》(上卷),第941页。
② 参见 Chinese Repository (《中国丛报》) 第8卷,第648页。
③ 费成康:《澳门:葡萄牙人逐步占领的历史回顾》,第139页。
④ 《林则徐集·奏稿十》,《关闸地方矾石洋面迭将敌船击退折》。

"伸冤"、赔偿烟价并割让岛屿，否则"仍必相战不息矣"。①

随着对外斗争日益尖锐，尤其是北京形势告急，朝廷内部两派政治势力的斗争也不断激化，道光皇帝很快从厉行禁烟的立场上退缩，甚至明令停止收缴民间烟膏烟具。至林则徐准备入告朝廷关于英人窥伺舟山再攻天津之情况时，②道光皇帝则干脆由动摇转向妥协投降。

为换取英军"返棹南还"，道光帝决定以答应惩治林则徐为谈判筹码，于8月20日发出上谕及密旨给在天津海口与英方交涉的直隶总督琦善，覆英上谕授权其"随机应变"答复英人各项要求，惩林密旨授权其告知英方朝廷准备查办林则徐。③ 在发布这份向英方表示惩林伸冤的密旨后，道光帝次日又对林则徐奏折大加挞伐，斥其查禁鸦片"不但终无实际，反生出许多波澜"。④ 自此，朝廷通过全盘否定林则徐领导禁烟抗英之功，于次年6月下旨以"肇启衅端之罪"将其部议革职并"从重发往伊犁，效力赎罪"做了铺垫，⑤ 亦使整个战争形势更加有利于英方，而澳葡政府也因之更明显地将"中立"立场倾向于英人。

四 条约制度与广州外交模式的开端

由于软弱的道光帝历来害怕"边衅"，故面对英军北迫天津之势，唯有以斥林则徐"无功有罪"示其屈从态度。这自然会赢得英方"满意"的恭维，附和皇帝治罪林氏"误国病民"，也使得朝

---

① 《筹办夷务始末》（道光朝）卷12，第386-387页。
② 杨国桢编《林则徐书简》，福建人民出版社，1981，第157页。
③ 《筹办夷务始末》（道光朝）卷13，第391-392页。
④ 《筹办夷务始末》（道光朝）卷13，第393页。
⑤ 《筹办夷务始末》（道光朝）卷209，第1056页。

廷内部投降派如穆彰阿、伊里布之流迅速得势，[①] 琦善则成皇帝麾下投降派"代英伸冤"的急先锋。

至此，便有了琦善与英方代表在道光二十年（1840）8月30日举行的第一轮正式会谈。双方互换照会，第一项议题是如何处置林则徐与赔偿烟价等问题。虽然争执并无实质结果，但义律意识到中方代表态度的微妙变化，并坚称赔款为"恢复和平状态最绝对必不可少"。[②] 9月13日，琦善再次照会英方，传达道光皇帝绝不认赔烟价之旨意，但又隐含不让英人空手而去之意。因为由朝廷赔偿烟价既失体统亦不利于禁烟举措，欲使英人撤军以解北京之危，唯有把事情降格由地方当局处理以便"转圜"。领会中方意旨的义律表示近期撤军，因为琦善的照会中"不止一处相当清楚地暗示关于在这个已被拒绝的鸦片问题上满足我们的意图和方式"，[③] 两天之后便撤离白河，前往广州。

随后，道光帝于9月17日降旨派琦善为钦差大臣驰粤，同时发布停止抗英之命令，并传旨申饬林则徐"择日出洋剿办"；10月3日正式将林则徐、邓廷桢革职，再三谕令琦善抵粤查明林氏"罪状"。[④] 有此为恃，琦善一面百般搜罗林氏抗英之"罪"，一面"一意主和，力言不可打仗"，可谓"倒行逆施，懈军心，颓士气，壮贼胆，蔑国威"。[⑤] 革职查办林则徐后，琦善奉命赴粤善后，中英又一轮谈判亦于12月间于广州进行，而整个战争形势已完全有利于英方侵略者。

禁烟运动随着林则徐被革职而终结，中英谈判则从1840年12月挪至广州。这次谈判纠结着朝廷投降派与西方侵略者之间的立场与利益矛盾。先是12月11日琦善照会英方，不能以"烟价"

---

① 杨国桢：《林则徐传》，人民出版社，1981，第281页。
② 《英国档案有关鸦片战争资料选译》（下册），第742-754页。
③ 《英国档案有关鸦片战争资料选译》（下册），第765页。
④ 《筹办夷务始末》（道光朝）卷14，第466-471页。
⑤ 杨国桢主编《林则徐书简》，第164页。

名目向其赔款，但鉴于中英通商已有200余年，拟由琦善"筹办"而非皇帝"准给"洋银五百万元，并以十余年为赔付期限。但此举仍遭义律不满，不仅要价高至七百万元并限期五年赔付，还动辄以战争威胁。经此后数日讨价还价，至12月29日达成赔付六百万元的赔款意见，但在开放口岸和割让领土等问题上意见不一，①这一问题遂在决议后搁置。

屡经谈判之后，义律于道光二十一年（1841）1月20日对外宣布：依据他与大清钦差大臣琦善签署的协议（即《穿鼻草约》），香港岛"割让"给英国，清政府赔偿英国六百万两白银，双方贸易将于10日内恢复，两国将以互助方式发展更直接的关系。然而，这份由琦善试图迎合圣意的草约，并未得到道光帝的首肯，相反，皇帝对其丧权辱国的擅自做主行为予以惩罚。

尽管如此，英国商界及政府对义律通过谈判勒索的赔款仍表不满。是年4月间，不仅英国利物浦数家厂商联名致信巴麦尊，抱怨对华谈判找不到"企图对赔偿过去所受损失"的任何内容，英外交部也认为义律只不过获得了琦善而非中国政府给付的名义含混的赔款，至于英国政府指令另含"商欠"及"战费"则根本不曾提及。②

于是，新任代表璞鼎查（Sir Henry Pottinger）取代了"不够称职"的义律，并接到5月31日巴麦尊发出的训令。该训令详列赔款问题诸种要素，如应含烟价、商欠及战争费用之款项名目，赔款期限（三年）、年息（五厘）、担保（占领舟山等地）等内容。至11月间，取代巴麦尊而任英国外相的阿伯丁，基本沿袭巴麦尊的对华索要赔款政策，赋予璞鼎查在战费之类问题谈判上"更大的自由"。③

道光二十二年（1842）7月，随着战事节节不利，朝廷加紧求

---

① 《英国档案有关鸦片战争资料选译》（下册），第800－836页。
② 《英国档案有关鸦片战争资料选译》（下册），第838－844页。
③ 《英国档案有关鸦片战争资料选译》（下册），第902－903页。

和行动，开始注意英方的议和条件。从 8 月 11 日开始，中英双方在南京议约。议约地点在明仁宗于洪熙元年赐给郑和的静海寺，赔款则成为双方争执最烈的议题之一。① 英方索赔开列烟价、商欠及战费三项，尽管中方竭力争辩烟价已由广东还银 600 万，商欠是行商欠款，故不能由政府代还，战费系英国用兵开销，故当先驳去。② 但英方以无赖手腕寸利不让，并屡以进攻南京相要挟。

时至 8 月 29 日，在南京江面上的英国"皋华丽"（Cornwallis）号战舰上，清政府钦差大臣耆英、伊里布与英国全权代表璞鼎查，正式签订了中国历史上第一份丧权辱国的不平等条约——《江宁条约》（南京时称江宁，后世通称《南京条约》）。③

这份条约的中英文本完全是英方一手制定，不允许中方做任何修改，其 13 款内容大致如下：一、宣布战争结束；二、开放广州、福州、厦门、宁波、上海五口岸通商，准许英国派驻领事，准许英商及其家属自由居住；三、以洋银赔付 2100 万元，其中烟价（被焚鸦片）600 万元、商欠（商人债务）300 万元、战争费用（英方军费）1200 万元，款分四年缴纳清楚；四、割让香港岛；五、中国征收英商货物进出口关税应由两国协商。

条约签署后，9 月 15 日，道光帝对《南京条约》的批谕到达南京，璞鼎查的秘书则奉命携带条约文本及中方交付的 600 万元赔款返回英伦，为此特别启用皇家海军军舰四艘，装载这批献给英国政府的"战争礼物"。④

然而，《南京条约》的签署并不意味着尘埃落定。随后断断续续

---

① 郭卫东：《转折——以早期中英关系和〈南京条约〉为考察中心》，第 300 页。
② 张喜：《抚夷日记》，转见中国近代史资料丛刊《鸦片战争》（五），第 367-376 页。
③ 关于《江宁条约》与《南京条约》名目之辨，参见王尔敏《弱国的外交：面对列强环伺的晚清世局》，广西师范大学出版社，2008，第 25 页。
④ *The China Station War and Diplomacy 1830-1860*, pp. 225-226, 转引自郭卫东《转折——以早期中英关系和〈南京条约〉为考察中心》，第 327 页。

第三章
殖民管治：近代澳门的治理与秩序

进行了为期一年有余的中英善后交涉。第一阶段是 1842 年 9 月南京交涉，形成 9 月 19 日八款《江南善后章程》;① 第二阶段是 1843 年 1 月至 10 月广东交涉，形成 7 月 22 日在香港公布的《五口通商章程：海关税则》与 10 月 8 日在虎门签字的《五口通商附粘善后条款》，两约又合称《虎门条约》，均以"通商"名目作为《南京条约》附约。

　　事已至此，鸦片战争可谓开启中国近代外交之端绪。但天朝大国之迷梦尚未尽碎，时人多不以之为"外交"，朝廷对广东交涉的指导思想，更不承认此为与他国有"外交"关系，坚称不过是略有扩大的传统通商关系。如道光帝以为英人所求不过"恢复通商"，耆英则称"西洋各国以通商为性命"。② 尤其是曾全面参与南京条约、虎门条约、望厦条约、黄埔条约谈判而力主妥协的江宁布政使黄恩彤，辩称英人发动鸦片战争"图复其通商"，"滋扰他省"亦为"自护其码头"，条约签署则使其"知用兵之害，通商之利"，其"自当俯首帖耳，歌咏皇仁，不复有盗弄潢池之事也"，③ 实可谓不识豺狼本性之一厢情愿。事实上，继中英谈判及不平等条约签署之后，割地、赔款、开放五口通商，都使朝廷外强中干、腐败无能的本质暴露无遗。

　　这场战争带来的不平等条约，使中国与西方国家的外交关系，开始发生具有实质意义的巨变。此即所谓"条约制度"的形成。④ 从某种意义上说，这场战争在客观上为清末中国造就了一批特殊的外交人员。正如近代史家蒋廷黻指出，如承担谈判交涉的官员琦善、伊里布、耆英之流，"可以说是个'抚夷'专家，即同光时代所谓洋务专家，现在所谓外交家"，他们"在中国外交史上自成

---

① 中国近代史资料丛刊《鸦片战争》（三），第 118 页。
② 《筹办夷务始末》（道光朝），卷 53，第 5 页。
③ （清）黄恩彤：《抚夷论》，《鸦片战争》（五），第 435–436 页。
④ 梁伯华：《近代中国外交的巨变——外交制度与中外关系变化的研究》，香港商务印书馆，1990，第 37–42 页。

一个系统"。① 这类人员的谈判策略与谈判能力，澳葡政府一直冷眼旁观，心中大略有底。

同时，这场战争也在客观上促成了一套特殊的"广州外交体制"。② 1843年3月，加授"广州将军"头衔以便在粤与英谈判的伊里布病故，英人欲拟北上与耆英继续谈判，道光帝急命耆英南下交涉，后授两广总督职衔以示名实相符，这种由两广总督代管国家对外事务的做法，一直延续至1859年。从此"夷务"被有意识地降格处理，"最好是离开京师愈远愈好"，③ 遂成为所谓广州外交体制的实质。

综上所述，清政府在鸦片战争中暴露的外强中干和腐朽无能，让适逢君主立宪曲折发展的葡萄牙政府意识到，"战前那样骄傲、自信，以为在全世界不可战胜的中国，现在经过较量，却让人们看到在欧洲人面前是那样卑弱"，以至认为"或许我们可以冒最小的风险，得到很多东西"。④ 于是，这个曾经显赫于西方世界的老牌殖民主义国家，趁中国朝廷尚未走出战争恐惧和战败羞辱的心理阴影之际，狐假虎威于西方列强的军事威慑力量，决定趁火打劫，迫使中方让步，以实现此前毫无胜算的变澳门为"殖民地"之梦想。⑤

至此，通过谈判攫取同等利益甚至更多利益，便成为葡国政府指示澳葡政府并不惜亲力亲为的首要对华政策。在此背景下，澳葡政府放弃所谓"双重效忠"的姿态，一改长期以来故作恭顺

---

① 蒋廷黻编《近代中国外交史资料辑要》（上卷），商务印书馆，1932，第120页。
② 梁伯华：《近代中国外交的巨变——外交制度与中外关系变化的研究》，第43-48页。
③ 郭卫东：《转折——以早期中英关系和〈南京条约〉为考察中心》，第462页。
④ 本托·佛郎萨：《澳门简史》（1888），第178页。转引自王昭明《鸦片战争前后澳门地位的变化》，《近代史研究》1986年第3期。
⑤ 关于鸦片战争之后"澳门问题"的性质变化及其对澳门政治的影响，详见何志辉《从殖民宪制到高度自治》，第二章以下。

的面目，抓住这一对他们而言的确可谓是千载难逢的历史机遇，开始一步步抓紧实行对澳门的侵夺；而"澳门问题"亦随之由明清时期共处分治下的治理问题，转向了近代西方国际法意义上的外交谈判体制与主权交涉问题。其中曲折，发人深省。

第二节 殖民宪制：从治理问题到主权问题

一 议事会衰落与葡萄牙对华政策的调整

岁月如梭，澳葡议事会的辉煌岁月已过 200 余年。1783 年（乾隆四十八年）对乾隆皇帝与绝大多数中国民众而言，实在乏善可陈，但对葡萄牙王室与远在其万里之外的澳葡议事会而言，这一年因《王室制诰》（*Providencias Regias*）的颁行，[1] 改写了他们各自的历史，注定要成为澳门政治发展史上不可跳过的一页。

葡萄牙自 1640 年（崇祯十三年）摆脱西班牙统治"复国"后，第四朝代的诸位君主有心改革，任务之一是取缔原有的权力等级架构。随着中央集权运动的日渐加强，源自中世纪时期的贵族特权及豁免权逐渐消退，帝国的触须则开始伸向所有的地方，致力于建构管治者和被管治者之间的直接联系，[2] 远在万里之外的海外殖民地也不例外。

"复国"之后的第二年，即 1642 年（崇祯十五年）7 月 14

---

[1] 中国学界关于《王室制诰》对澳门内部政治发展史的相关研究，参见吴志良《生存之道——论澳门政治制度与政治发展》，第 96 - 99 页。笔者则申论其对澳门司法体制的影响，见《明清澳门的司法变迁》，第 133 页以下。

[2] 葡国学者持此见解者，参见 Jorge Miranda（佐治·米兰特），*Manual de Direito Constitucional*（《宪法手册》），Coimbra Editora, 1990, pp. 69 - 70。

日，葡萄牙就颁行一个命令，设立一个辅助国王管治殖民地的"海外省委员会"（Conselho Ultramarino）。它拥有咨询、执行及审判的职能，近似"殖民地部的雏形"，[①] 即使在1736年（雍正十四年）设立了海军及海外事务部，海外省委员会仍继续运作至1833年（道光十三年）8月30日才被裁撤。[②]

在葡萄牙的海外行政框架中，澳门一直被列入葡印果阿（Goa）的"从属地"，而澳葡议事会奉行的"双重效忠"不过是一种策略，[③] 对来自里斯本或印度签署的命令不屑多顾，反而与代表葡国利益的澳督或大法官之间屡相抵牾。这种状况维系一百多年之后，议事会在澳葡机构内部的主导地位，终于遭受万里之外葡国王室的前所未有的动摇。

动摇的力量来自女王玛丽娅一世（D. Maria I）。她决心改变议事会与总督在澳门的权力格局，于1783年4月4日核准《王室制诰》。这份文件认为，议事会成员对管理事宜一窍不通，目光短浅，只知在航海和商业中寻求财富，并指责他们甘受卑屈凌辱，"对葡萄牙民族的尊严和葡萄牙王国在该属地所拥有的毋庸置疑的主权毫不在乎"。[④]

这份文件决定将一切必要权力转予澳门总督，以便澳门总督成为担当澳门地区政治生活的主要角色，命令议事会将账目提交给总督和大法官，并命令议事会在做出任何决定之前须预先咨询总督。澳葡内部自治的权力格局由此开始重组。

[①] 关于海外省委员会，参见马舍路·盖丹奴（Marcello Caetano）《殖民地行政与法律》（*Administracao e Direito Colonial – Apontamentos das licoes ao 3°ano de 1949 – 1950 coligidos por Arminda Cepeda e A. Rodrigues*，里斯本出版，日期不详），第131页。转引自萧伟华《澳门宪法历史研究资料（1820 – 1974）》，第11页。
[②] 施白蒂：《澳门编年史（十九世纪）》，姚京明译，澳门基金会，1998，第54页。
[③] 吴志良：《生存之道——论澳门政治制度与政治发展》，第65页。
[④] 关于《王室制诰》译文，参见吴志良《生存之道——论澳门政治制度与政治发展》，附录五，第386页。

第三章
殖民管治：近代澳门的治理与秩序

《王室制诰》的颁行，是葡萄牙王室不断加强封建中央集权，进而延及海外、推行殖民治理的历史产物。在随后的年代里，澳葡议事会节节衰退，澳门总督的势力扶摇直上，言行开始强硬起来，有权否决议事会的决定，全面介入澳门地区一切事务，代表葡萄牙中央政府对澳门行使"管辖"。通过这种权力重组，澳门总督不断渲染殖民色彩的政治力量，虽然并不足以抗衡全权行使主权的中国政府，毕竟给澳门内部的政治发展带来了新一轮的契机。与此同时，华洋共处与分治的局面，也从此渐渐失去弥足珍贵的和谐氛围。①

自19世纪开始，澳门深陷全球化进程的历史旋涡。而它如何从一个早期中葡关系史上的"治理问题"，演变为一个近代国际法上的"主权问题"，涉及的不仅仅是一连串风云变幻的史事，更与葡萄牙自始推行殖民扩张乃至以此为背景实现"立宪"的深层因素有着隐秘而复杂的关联。

二 一厢情愿：殖民宪制中的澳门定位

尽管葡萄牙王室通过澳门总督设法推行"殖民统治"，这种于法无据的作为还是需要借助"立宪"的方式，使之转化为一种被西方世界认可或接受的"既成事实"。于是，在风起云涌的19世纪前期，一场涉及澳门治理问题的"立宪"应运而生。

1820年（嘉庆二十五年）葡萄牙爆发自由革命后，② 由葡萄牙、巴西、葡萄牙的非洲及亚洲属地选出的立宪议院，正式通过了《1822年宪法》。

---

① 笔者以这一阶段澳门华洋司法交涉为证，分析了这种华洋共处的新局面。参见拙著《明清澳门的司法变迁》，第五章、第六章。
② 马尔格斯：《葡萄牙历史》，李均报译，中国文联出版公司，1995，第117页。

这是葡萄牙历史上第一部宪法，受到法国大革命以来自由宪制中占主导地位的普遍主义和理性主义的影响，它宣称其效力遍及全国所有领土和所有人民。为强调近代欧洲立宪的普适精神，这部宪法刻意突出"对等"政策。这不仅体现在议院常设议员团的组成——海外属地的代表与宗主国的代表——在数目上强调平衡（第117条），也体现在宗主国与海外属地的市县行政管理和经济管理保持一致，据此，对议事会职责予以界定的第223条同样适用于全国领土。[1]

由于"宗主国及海外属地均应适用相同的法律"，[2]葡萄牙没有替它的海外属地制定任何"特别规范"。依据这部宪法的相关规定，立法权限绝对集中于葡萄牙中央机关，由议院负责对所有领土进行立法。自1821年试行裁撤"海外属地部"后（其后在1834年执行），设于海外属地的机关，不具有任何立法权限，即使在例外情况下亦然。

1821年成为近代葡萄牙开始"君主立宪"的起点。也正是这一年，澳门卷入了近代葡萄牙宪政发展的历史进程。

1822年1月5日，澳门通过颁布一份公告，宣布加入君主立宪制。1月22日，澳门议事会还向若奥六世派去一个庞大的代表团，并带去实施新的行政管理制度的提议，其中还有建立新制度的说明材料。2月16日，澳门市政厅议事会还举行了效忠宣誓，署名人共达163位。[3]

根据1822年7月19日颁布的法令，葡萄牙宪法第20条单方面宣称："澳门聚居地"（estabelecimento de Macau）为葡萄牙领土的组成部分。

---

[1] 萧伟华：《澳门宪法历史研究资料（1820-1974）》，第18页。

[2] Maria Helena Garcia da Fonseca, *A Unidade Economica entre a Metropole e o Ultramar no Direito Portugues*, Lisboa, 1961, p.16.

[3] 施白蒂：《澳门编年史（十九世纪）》，第26页。

第三章
殖民管治：近代澳门的治理与秩序

据此，有葡国学者"考虑宪法标准"，认为这是步入澳门宪法历史"第一阶段"的起点。在他们看来，所谓"第一阶段"是指截至1976年之前，因为葡萄牙先后颁行的五部宪法都"确切地认为澳门是葡萄牙国家领土的组成部分"。1976年《葡萄牙共和国宪法》认为"澳门是一个不属于葡萄牙国家的地区，只是葡萄牙在外地行使主权的地区"，则使之步入"第二阶段"。①

当然，此时的清政府毫无知觉，对澳门全权行使管辖的主导治理局面，也未因葡国单方立宪宣告"为葡萄牙领土的组成部分"而受动摇。显然，这种站在葡国立宪史立场的历史分期，不过是一种对殖民主义抱持民族情感的自欺欺人。

历史的吊诡在于，处于鸦片战争危机前夜的清政府，越是对此无动于衷，越是助长了葡萄牙借助"立宪"方式向西方世界宣告澳门是其"殖民地"的决心。就此而言，1822年葡萄牙宪法对澳门"领土"归属的法律定位，的确掀开了澳门政治发展的又一页，并悄悄启动了一场延惯于20世纪末才告终谢幕的主权交涉史。

沿袭普适主义和一体化制度的《1826年宪法》，同样规定澳门是"葡萄牙领土的组成部分"，也同样没有为"海外省"定出特别制度的任何条文。

为"海外省"制定特别制度，是在《1838年宪法》中初现端倪的。该宪法对葡萄牙议院"保留立法权限"引入两项特别规定，即"在某些情况下容许中央政府及总督从事立法活动"。② 不过，作为行政机构的中央政府的例外立法，得通过部长会议所通过的命令行使，并取决于两个条件的同时成立，一是议院停止运作，二是出现紧急情况致使需要制定即时措施；作为海外省地区代表

---

① 萧伟华：《澳门宪法历史研究资料（1820－1974）》，第12－13页。
② 萧伟华：《澳门宪法历史研究资料（1820－1974）》，第24页。

的总督的例外立法,则仅在情况非常紧急,不能等待中央权力当局做出决定而确有需要时方可行使,且行使前须听取政务委员会的意见。

依据这部宪法,无论是中央政府之例外立法,还是海外省总督之例外立法,均须受制于议院的"嗣后追认"。令立宪者始料不及的是,这项规定后来在1976年《澳门组织章程》中被转化为一种权力钳制方式,即立法会有权对澳督立法进行"嗣后追认",行使对澳督的制衡权。

就海外属地的立法史而言,除上述容许总督"特别立法"之外,这部宪法第137条同样容许为每一海外省通过特别法律。但有葡国学者分析指出,该立法途径从未被尝试采用。[1]

值得注意的是,在奉行欧洲分权原则的潮流下,《1838年宪法》容许中央政府与海外省总督"在某些情况下"的立法活动,是赋予政府机构的唯一立法权限,也是葡国奉行立宪主义而对严格分权原则予以调整的初次尝试。

然而,这部宪法只有短暂的生效期。1842年2月10日,哥斯达·卡布拉尔(Costa Cabral,又译贾伯乐)通过一场和平政变,[2] 强迫恢复施行《1826年宪章》,该宪章至1910年葡国十月革命为止。

自此以后,在葡国学者所谓澳门宪法历史的"第一阶段",近代澳门问题不再是往昔单纯的治理政策和治理模式问题,而逐步演化为一个备受国际社会尤其是推行殖民主义、瓜分世界殖民体系正酣的欧洲列强关注的领土问题和主权问题。

---

[1] 萧伟华:《澳门宪法历史研究资料(1820-1974)》,第24页。
[2] 马尔格斯:《葡萄牙历史》,第120页。

三 首个"澳门章程"及其殖民拓展

鸦片战争的爆发及国际时局的复杂化,促使葡萄牙不断调整其对华政策。[①] 在1842年2月卡布拉尔发动政变、恢复《1826年宪法》后不久,英国迫使清政府签订不平等的《南京条约》,割让香港和开放通商口岸的举措,使葡萄牙顿感威胁倍增。这种威胁根源于英国强大的军事力量,他们担心澳门有朝一日被英国强占,却无法再像以往(如19世纪初)那样依靠中国的协助进行抵抗。

为"拯救"和"重振"这块自行定性的远东"殖民地",葡萄牙女王玛利娅二世(D. Maria Ⅱ)在1844年9月20日颁布一项命令,宣布澳门脱离印度管辖,解除澳门对印度国家总政府的从属关系,将澳门连同帝汶和索洛一起,组成一个"自治海外省",[②] "省会"设于澳门。这一状况,一直持续到1850年。[③]

值得注意的是,这项命令历来被视为"澳门组织章程最原始的直接前身"。[④] 根据该项命令第4条规定,澳门总督由"政务委员会"辅助,该委员会由4名厅长、市政厅主席及检察长组成。至于澳门总督和政务委员会的职责,已在1836年12月7日命令中有所规定;市政厅则获赋予"根据行政法典所具有的一切职责"

[①] 关于鸦片战争期间葡萄牙对华外交政策问题的研究,参见萨安东《葡萄牙在华外交政策(1841-1854)》,1997。

[②] 关于澳门与葡属印度、帝汶的关系,晚近的研究成果可参见苏萨(George Bryan Souza)《澳门与葡属印度:殖民地治理、行政官及商业——以烟草为例》,苏一扬(Ivo Carneiro de Souza):《澳门与帝汶:殖民管理、贸易及传教》,均载吴志良、金国平、汤开建主编《澳门史新编》(第二册),澳门基金会,2008,第511-530页、593-612页。

[③] 施白蒂:《澳门编年史(十九世纪)》,第88页。

[④] Jorge Morbey, *Macau 1999——O Desafio da Transicao*, Lisboa, 1990, p. 42.

(第7条)。① 不过，1847年8月20日，检察署脱离市政厅，纳入政府秘书处。

时隔一年，玛利娅二世于1845年11月20日为"自治海外省"签署新法规，② 宣布该城市的三个港口（Rio、Taipa和Rada）为"自由港"，悬挂任何国家旗帜的船只向澳门输入的任何物品和货物均豁免关税，以此谋求确保澳门及其贸易的绝对独立。

目睹清政府丧权辱国的步步加深，也使葡萄牙对澳门陡增趁火打劫之心。1846年，葡萄牙派驻备受葡国王室赏识的"独臂将军"亚马留（Joao Maria Ferreira do Amaral）上尉出任澳督，由其全权执行1845年命令的特定指示。于是，由这位横行无忌的澳督全方位推行的殖民化行动，在短短几年间迅速铺开局面：先是拒绝缴付地租并使之成为"惯例"，翌年拆毁位于南湾的中国税馆并驱逐有关中国官员，两年后又拆毁位于娘妈阁的中国海关，直至1849年其死于一场震惊朝野的民间刺杀。③ 亚马留的一系列强横行为，即使在当时一部分居澳葡人眼里，也是颇有争议并招致不满的；④ 他本人也为此付出了血的代价。但在葡国学者看来，由于他"为混合管辖制度划上休止符，当地的主权转由葡萄牙人完全及单独行使"，⑤ 以致被视为"首个在澳门进行葡萄牙殖民统治的显著

---

① 萧伟华：《澳门宪法历史研究资料（1820-1974）》，第27页。

② 施白蒂：《澳门编年史（十九世纪）》，第90页。

③ 关于亚马留总督的强横行为及其被刺，参见 Montalto de Jesus, *Macau Histórico*, Macau, Livros do Oriente, 1990。该书中译见徐萨斯《历史上的澳门》，第204页以下。笔者亦对该次事件予以详细介绍，参见《澳门法制史研究》，第144页以下。

④ 徐萨斯认为，亚马留的行动将数世纪以来"中国的侮辱及影响"所造成的一切烙印、其欠缺容忍风度和专横的一切痕迹，以及其官员徇私和贪污的一切残余物一扫而空；当他下令拆毁竖立于税馆且悬挂着中国官员旗帜及徽号的桅杆时，有人大声叫喊："澳门玩完了！"参见徐萨斯《历史上的澳门》，第212页。

⑤ 萧伟华：《澳门宪法历史研究资料（1820-1974）》，第28页。

标志"。①

　　在1844-1845年调整对华政策之后，于1842年被卡布拉尔恢复的《1826年宪法》，原本丝毫不曾提及"海外省"，在1852年却有一条非常重要的修正案，即直接与海外省相关的第15条。而这次宪法修正案的出现，同样是葡萄牙内战与妥协的产物。

　　由于1842年以来恢复《1826年宪法》，卡布拉尔派的专制主义导致了其与自由党人之间持久的内战。第一阶段内战的结果是卡布拉尔离开了政府，但第二阶段的内战迅速扩大规模，唐·玛丽娅女王让位，激进分子控制的政府上台。由于英国和西班牙的介入，结果是1847年6月起义者与原政府达成和约，卡布拉尔派重返葡萄牙。不过，作为政府最大支柱的萨尔达尼亚元帅转为反对派的首领，并在1851年4月举行了受波尔图军方支持的起义。这次运动时称"葡萄牙的再生"，②其拥护者亦被称为"再生派"，结果则是卡布拉尔旧政府的辞职，女王玛丽娅二世委托这位元帅组建新内阁。

　　饱受政变与内战之苦的普通民众，期望经济发展扩张之利的资产阶级，都使萨尔达尼亚元帅被寄予希望而获得威望。从1851年到1880-1890年代，共和党的诞生化解了葡萄牙国内"反对政府"的势力。在颁布1852年"宪法修正案"和一部新《选举法》之后，稍事增订并略有折中的《1826年宪法》，成为饱受折腾的各派人士均能接受的宪法。幸运的是，在随后的政局风云中，它岿然不倒，直至1910年葡萄牙共和革命出台第四部宪法即《1911年宪法》方告终结。

　　1852年"宪法修正案"与澳门政治发生内在关联的地方，是第15条。它不但捡起并重复了被废止的《1838年宪法》第137

---

① Jorge Morbey, *Macau 1999——O Desafio da Transicao*, p. 47.
② 马尔格斯：《葡萄牙历史》，第121页。

条，还新增一个要求，即葡萄牙中央政府的例外立法权限，取决于"听取有权限机构的意见和向之进行咨询"，① 立法者参考海外属地咨询委员会的意见。

这条修正案的主导思路虽沿袭《1838年宪法》，仍将葡萄牙议院定位为"海外属地"的主要立法机关，但对分歧之处赋予了"例外"性质，以体现上述宪制所承的原则。当然，这些分析只出现于"海外属地"方面的宪法规定，事实上这些分歧亦在宗主国葡萄牙内部出现——因为政府在立法会议休会期间通过法律"是普遍的"。②

尽管这条修正案只赋予了"海外属地"十分微弱的自主化权力，但在随后的实践中，葡国中央政府尤其是海外省的总督们，长期将立法工作视为宪法所定的"例外"，即所谓"紧急情况"，以致逐渐架空了修正案对立法权与行政权重新配置的原则，扮演担当海外属地"一般立法者"的角色。显然，海外属地立法普遍出现的这种状况，即"例外原则"被"一般化"，是一种"违宪"，③ 但也客观上促成了海外省法例与法令的不断繁荣。

在19世纪的大部分期间，尤其是在葡萄牙单方定性为"领土组成部分"的海外省之一的澳门，这一状况亦有鲜明的体现。自强悍执行葡国王室命令的总督亚马留上任以来，历任澳督中总会有一些魄力十足的人，罔顾葡国宪法关于"紧急情况"方许立法的"例外"原则，针对本澳葡人乃至所有居民的社会生活，制定各种治理型或禁令型的"法令"。

作为"自主化"的象征，澳门、帝汶与索洛合并一省的首期政府宪报，经1846年4月18日《皇室训令》的核准而正式发行，

---

① 萧伟华：《澳门宪法历史研究资料（1820-1974）》，第32页。
② 关于这方面的研究，参见 *Funcoes, Orgaos e Actos do Estado*, Lisboa, 1990, p. 200。转引自萧伟华《澳门宪法历史研究资料（1820-1974）》，第32页。
③ 萧伟华：《澳门宪法历史研究资料（1820-1974）》，第32页。

称为《澳门帝汶索洛省宪报》。① 至 1863 年 10 月 30 日《皇室训令》颁行，为海外省制定的宗主国法例，才获允强制公布于海外属地的《政府公报》。

值得关注的是，宗主国为海外省制定的法例须公布于各地《政府公报》的原则，在 1869 年《殖民地内部管理法例》颁布时得以重申。是年 12 月 1 日，葡萄牙颁布一份政令，② 要求海外省行政机关裁员，并决定满足地方要求，将权力下放；政令还批评了一些市政厅，要求各个省会定期出版《政府公报》。该刊物须经当地总督的认可，内容以法律、法令、法规为主，亦可刊登中央政府的敕令和所属省政府颁布且须在全省实施的法令；此外还须公布事关公众生活的统计数字及其他数据。

从此以后，葡国主权机关与政府机构涉及澳门管理事务内容的几乎所有法律规章，源源不断地通过这种方式延伸适用于澳门。这些法律规章与澳门总督根据"紧急情况"进行的立法一样，载于几易其名的澳门《政府公报》，③ 逐年堆垒，层出不穷，令人眼花缭乱，试图全面覆盖进而改造澳门原有的法律体制。

---

① 可惜许多初期的《政府公报》现已绝迹，葡文所存的相关文献索引参见 Antonio Ribeiro da Fonseca, *Indice Alphabetico e Chronologico de todas as Disposicoes Contidas nos Boletins da Provincia de Macau e Timor de 1847 a 1887*, Macau, Correio Macaense, 1888。

② 施白蒂：《澳门编年史（十九世纪）》，第 177 页。

③ 自 1846 年创立《澳门帝汶索洛省宪报》后，这份发行于澳门的《政府公报》，因澳门与帝汶、索洛之间几度分分合合，刊名也几经变易。如 1850-1851 年、1856-1857 年、1863-1866 年，因帝汶、索洛暂时脱离澳门，故名《澳门政府宪报》；1866 年 11 月葡萄牙重组海外省，澳门与帝汶合并一省，至 1880 年又出现中葡双语报名，故称《澳门地扪宪报》；因 1896 年帝汶独立自治，自 1897 年复改名《澳门宪报》，直至 1927 年 12 月 31 日。这些珍贵的历史文献，有相当一部分中文资料被学者整理出版。参见汤开建、吴志良主编《〈澳门宪报〉中文资料辑录（1850-1911）》，汤开建"前言"，第 26 页。

四 梦寐以求：关涉澳门主权的谈判

与早期殖民扩张方式不同，也与欧洲列强殖民侵略不同，近代以来葡萄牙对澳门的逐步占领，先借助"立宪"方式单方宣告澳门在其宪法体系上属其"领土组成部分"，再试图以强横的武力逆转原有的治理格局，使他们对澳门的"统治"变成向西方世界印证"管辖其海外领土"的"既成事实"。但是，这一切不过是对"西方"世界的单方宣告和自我期许，它必须谋求到中国对此宣告和期许的承认。

于是，在第一次鸦片战争结束不久，眼睁睁地看着法国、美国效仿英国迫使清政府签订不平等条约，心痒难禁乃至失去心理平衡的葡萄牙，也迅速派出外交使者来到广州，试图如法炮制达成协定。由于谈及的九点要求事涉领土主权，[①] 中国朝廷官员虽对英国殖民者心有余悸，但对这些已待在澳门近 300 年且毫无军事威胁力的葡萄牙人无所畏惧，这场谈判自然是难有令葡人满意的结局。

1853 年唐·玛丽娅二世死后，1855 年唐·彼得五世执政，1861 年至 1889 年则由其弟唐·路易斯继任，并成为葡萄牙历史上"立宪君主的典范"。[②] 在数十年政策相对安定、经济发展繁荣的时期，葡萄牙念念不忘岌岌可危的"海外属地"的治理，其中自然包括地处中国东南沿海的澳门，目标则是将其转化为真正具有"宪法"和"国际法"意义的领土。

第二次鸦片战争期间，在忿懑和无奈中继续等待的葡萄牙，

[①] 参见萨安东《葡萄牙在华外交政策（1841－1854）》，第 33 页以下；黄庆华《中葡关系史》（中册），第 545 页以下；拙著《澳门法制史研究》，第 132 页以下。

[②] 马尔格斯：《葡萄牙历史》，第 122 页。

第三章
殖民管治：近代澳门的治理与秩序

再次等到了千载难逢的"良机"。当英、法、美、俄等列强跳出来迫使清政府"成功"签订各种不平等的"友好通商条约"时，葡萄牙"躲在大国的盾牌下偷偷爬出来"，[1] 并在法国公使的调教下开始与清政府"谈判"，且"如愿"达成一份关于澳门情况的协议。这就是 1862 年 8 月 13 日在天津草签的五十四款《中葡通商互换条约》（即中葡《天津条约》）。

由于葡萄牙特使葛艾如·亚马留（Coelho de Amaral）操之过急的异常举措，引起清政府总理衙门有关官员的警觉。随着近代国际法观念在中国的输入和传播，尽管条约没有直接提及葡萄牙对澳门地区的"主权"，但其中第九款暗含骗取澳门主权的内容，还是被朝廷中有识之士识破。中方要求必须修改此款方可签署，葡方却坚持不愿接受修改。[2] 这份无法签署的条约遂成为一沓废纸。

随后的接触与交涉，大多围绕如何重开谈判、再订条约而展开。时至光绪十二年（1886），历史再一次给了葡萄牙"良机"。自中法战争以来所谓法国"购买澳门"流言盛传后，因为中英为鸦片通商签订协议，围绕通商稽查与税厘并征诸事，港英当局请求澳葡政府协助，回报则是帮同澳葡与朝廷签订关于澳门问题的新约。

正是倚仗特定的时局，依靠英国的帮助——尤其是任职中国海关总税务司的英人赫德（Robert Hart）在此扮演了极为关键的角色，[3] 葡方与朝廷先在 1887 年（光绪十三年）3 月 26 日达成《中葡里斯本草约》四款，后又在 12 月 1 日签署《中葡和好通商条约》五十四款，并于 1888 年 4 月 28 日批准生效。

---

[1] 马士：《中华帝国对外关系史》（第 1 卷），张汇文等译，上海书店，2000，第 380–381 页。
[2] 关于该条约的签订始末，参见黄庆华《中葡关系史》（中册），第 651 页以下。
[3] 关于赫德在中葡交涉中的角色、作为与历史影响，参见邱克《英人赫德与中葡交涉史料》，《岭南文史》1987 年第 2 期。

从国际法角度进行审视,[①] 该条约第二款确认葡萄牙"永居管理澳门",第三款确认葡萄牙未经中国首肯"永不得将澳门让与他国"。它既不提"以及属澳之地",更未承认葡国历次宪法所称澳门归属葡国"领土的组成部分"。因此,葡萄牙所谓由此"获得澳门"的说辞是没有依据的,它对澳门所享的只有使用权即"治权",而非最高处分权即"主权",仍然不能"确证"葡萄牙通过《宪法》所宣称的澳门归属其"领土的组成部分"。

不过,在近代西方世界看来,这份条约的签订,使澳门华洋共处分治的原有格局发生逆转,更具有葡国"立宪"以来所谓的"合宪性"。对中国政府而言,这一逆转过程,实质则是葡萄牙逐步占领、全面控制、推行事实上的殖民统治的进一步延伸。

在长达40余年围绕澳门问题的中葡交涉期间,葡萄牙一面争取通过谈判缔结双边条约,以近代国际法理念来支撑对澳门领土主权的合法性,一面不遗余力地进行军事侵占和强力统管。尽管如此,在英国殖民者鼎力投入因而迅速崛起的香港面前,丧失国际竞争力的澳门再也无法恢复往昔的繁荣。

第三节 《中葡和好通商条约》与澳门地位条款

1887年(光绪十三年)12月1日,清政府全权大臣奕劻、孙

[①] 从国际法角度审视该条约的研究成果,参见谭志强《澳门主权问题始末(1553-1993)》,台北,永业出版社,1994;萨安东:《一八八七年〈葡中和好通商条约〉中有关葡萄牙在澳门主权议题诠释问题》,《澳门法律学刊》第2期,1996;柳华文:《1887年〈中葡和好通商条约〉国际法简析》,《澳门研究》总第10期,1999。笔者亦从国际法角度对此予以详细分析,见《澳门法制史研究》,第317页。

第三章
殖民管治：近代澳门的治理与秩序

毓汶与葡萄牙全权大臣罗沙在北京签署《中葡和好通商条约》（计五十四款）与《会议专约》（计三款），另由赫德代表中国政府和葡萄牙参赞斌德乐签署《会订洋药如何征收税厘之善后条款》（计四款）。① 1888 年（光绪十四年）4 月 28 日，《中葡和好通商条约》互换生效。因该条约在北京签署，又称《中葡北京条约》。它既是葡人在近代中国内忧外患之际借助他国势力而成的第一份正式条约，也是至 1987 年《中葡联合声明》缔结前唯一涉及澳门地位问题的双边条约，在澳门史乃至中国近代史上有着不容忽视的历史地位。②

这份条约的签订，使日趋没落的老牌殖民主义国家葡萄牙占尽便宜。葡人仅靠协助中国缉拿鸦片走私一事，就轻易攫取到欧美列强依靠坚船利炮才获得的片面最惠国待遇、领事裁判权、通商口岸租地建房设栈等特权，还趁机骗取到梦寐以求的"永居管理澳门"特权。虽然该条约在 1928 年被北洋政府单方面宣布废除并改订新约，但事实上仍延续至《中葡联合声明》为止，对澳门地位产生了最重要的政治影响；它使澳门从中国政府行使主权的

---

① 关于《中葡和好通商条约》与《会议专约》全文，参见王铁崖编《中外旧约章汇编》（第 1 册），三联书店，1982，第 522 – 531 页。
② 关于该条约在中国近代史上的地位，几乎所有研究澳门史者都有类似结论。代表性文章可参见王昭明《鸦片战争前后澳门地位的变化》，《近代史研究》1986 年第 3 期；黄庆华：《澳门与中葡关系》，《中国边疆史地研究》1999 年第 2 期；黄启臣：《澳门主权问题始末》，《中国边疆史地研究》1999 年第 2 期；郑永福、吕美颐：《历史上关于澳门问题的中葡条约》，《郑州大学学报》（哲学社会科学版）1998 年第 1 期；柳华文：《1887 年〈中葡和好通商条约〉国际法简析》，《澳门研究》总第 10 期，1999；等等。近年国内出版的代表性论著，参见吴志良《生存之道——澳门政治制度与政治发展》，第 173 – 189 页；黄启臣：《澳门通史》，第 302 – 303 页；黄鸿钊：《澳门史》，第 292 – 301 页；邓开颂等编《澳门历史新说》，花山文艺出版社，2000，第 274 – 276 页；费成康：《澳门：葡萄牙人逐步占领的历史回顾》，第 198 – 201 页；黄庆华：《中葡关系史》，第 816 – 824 页；等等。

葡萄牙租居地演变为由葡萄牙"永居管理"的特殊地区。

这份条约的签订，也见证了清政府的腐败无能。尽管诱因在希望借对洋药（鸦片）的税厘并征增加财政收入，但清政府签订该约的"第一要义"，是"害怕澳门被葡萄牙交给法国、德国、俄国或其他欧陆强国，令南疆更形不安"，① 为防西方列强"购买"澳门而求得葡萄牙不将澳门"让与他国"的保证。其实此时列强已先后在中国强占或租借各地，根本不会贸然从非法占据澳门的葡萄牙手中花钱购买，何况澳门葡人与华人根本不可能赞同此事，无须葡萄牙政府为此"保证"。② 然而这种"保证"让中国从此承受着前所未有的代价，使澳门地位问题成为中葡关系史上的焦点问题。

一 条约订立与澳门地位条款之源流

（一）《中葡和好通商条约》的基本内容

《中葡和好通商条约》关于澳门地位的条款，脱胎于1887年（光绪十三年）3月26日《中葡里斯本草约》四款内容，③ 其整体架构则参照当时列强已与中国签订的各类不平等条约。

从不同时期的文本看，该条约经历了几次增删变动。据1887年（光绪十三年）10月29日葡国翻译官伯多禄面递总理衙门的《通商和好条约拟稿》，④ 通商和好条约的款目共计三十七款：第一

---

① 参见谭志强《澳门主权问题始末（1553-1993）》，第176页。关于该条约签订的历史背景及过程，参阅邓开颂等编《澳门历史新说》，第248-276页。
② 相关分析见费成康《澳门：葡萄牙人逐步占领的历史回顾》，第198-201页。
③ 《中葡里斯本草约》四款内容，参见《清季外交史料》卷74，第14页。又见王铁崖编《中外旧约章汇编》（第1册），第505-506页。又见《中国海关与中葡里斯本草约》，中华书局，1983，第74-95页。
④ 《通商和好条约拟稿》内容参见《葡国翻译官伯多禄面递总理衙门通商和好条约拟稿（光绪十三年九月十三日）》，《明清时期澳门问题档案文献汇编》（第3卷），第354-360页。

款论两国和好事宜，第二款至第六款论澳门事宜，第七款至第十一款论优待秉权大臣及往来公文字样事宜，第十二款论领事官事宜，第十三款至第二十二款论通商事宜，第二十三款至第三十一款论审办案件事宜，第三十二款至第三十七款论杂项事宜。

据外务部档藏《中葡条约删改底稿》，其中较大的变动包括：第四款改为"大西洋国坚允，在澳门协助中国征收由澳门出口，运往内地洋药之税项。其协助久长，一如英国在香港协助无异。兹议另立专约，附于本约之后，与本约一体遵行"；第五款改为"所有中国土产货物用华船载运，由中国各港口并各处运往澳门，或由澳门而运往中国各港口并各处地方者，其应纳之出口入口税，照各国在内地买土货总例办理，不得较中国各港口并各处往来装运土产货物更多输纳也"；第六款应删第三十二款改照英约为"天主教原系为善之道，待人如己。自后凡有传授习学者，一体保护，其安分无过，中国官毫不刻待禁阻"；第三十七款改为"所有现议定之和约并所附之专约，俟大清国大皇帝、大西洋国大君主两国御笔批准，则在上海彼此即早互换后，再行刊刻通行，使两国官民咸知遵守"。①

同年11月29日，奕劻等人与葡国使臣罗沙议定条约条款，正式定稿扩充为五十四款。② 其中，第一至四款基本沿袭此前金登干与巴罗果美签署的《中葡里斯本草约》四款内容，为澳门地位之规定（详见下文专论）；第五至第九款为互派公使互设领事馆；第十款至第四十四款内容为关于通商、船舶、税则、口岸、走私等等之规定（其中第十六款为准葡人在通商口岸买地、租地建筑，

---

① 《中葡条约删改底稿》内容参见《附件：中葡条约删改底稿（光绪十三年九月）》，《明清时期澳门问题档案文献汇编》（第3卷），第360页。
② 《总理各国事务奕劻等奏报葡约已议成请旨派员画押折（光绪十三年十月十五日）》，《明清时期澳门问题档案文献汇编》（第3卷），第370－372页。又可见王铁崖编《中外旧约章汇编》（第1册），第522－530页。

第十七款准许葡人入内地游历）；第四十五款为中国与澳门互相准许引渡逃犯；第四十六款约定日后彼此两国再欲重修以十年为限，期满须于两个月之前先行知照酌量更改；第四十七款至五十一款为领事裁判权之相关规定；第五十二款为传教之规定；第五十三款、第五十四款为文例附则。

与此同时，双方还根据《中葡和好通商条约》第四款"彼此必须议立专约，以便略定如何设法协助中国征收由澳门出口运往中国各海口洋药之税厘"，另议专约三款，主要规定澳门当局协助中国查禁鸦片走私的具体措施和办法，其中第二、第三款亦涉及澳门地位。全文照录如下：

第一款 大西洋国应允颁行律列一条，以为饬令澳门洋药生意，必须遵循后列之规例：

一、除洋药装满箱之外，其余零星碎件，不准运入澳门。

二、大西洋国应简派官员一员，在澳门以为督理，查缉出口入口之洋药。所有载运洋药入口，一经到澳，须立即报知督理官衙门。

三、所有运入澳门之洋药，如欲由此船搬过彼船，或由船而起上岸，抑或运入栈房，或由此栈而搬至彼栈，又或将洋药转运出口，均须先到督理官衙门领取准照，方准搬运。

四、所有澳门出口入口洋药之商人，应有登记簿，而该簿之格式，系由官酌定发给，其所有运入口之洋药，应照依官给予之格式，将该洋药卖出若干箱，或卖与何人，抑或运往何处，以及在铺内存有若干箱，均须据实逐一注明簿内。

五、除承充澳门洋药之商人，及领牌照售卖零星洋药之人外，无论何人，均不准收存不足一箱之生洋药。

六、此律例颁行之后，必须详细订立章程，俾令各人在澳门遵守。至于该章程，应与香港办理此项之章程相同。

第二款　所有澳门出口前往中国各海口之洋药，必须到督理洋药衙门领取准照，一面由该衙门官员立将转运出口之准照，转致拱北关税务司办理。

第三款　大清国与大西洋国嗣后如欲将此专约之条款更改，必须两国会议允行，方可随时删更。[①]

从《中葡和好通商条约》五十四款的实质内容看，大体分为三方面内容。

首先，也是最重要的内容，是以条约形式确定了澳门由葡萄牙人"永居管理"的地位。条约第二款规定依据前述《中葡里斯本草约》，由葡萄牙"永居管理澳门"，待"两国派员妥为会订界址，再行特立专约。其未经定界以前，一切事宜俱照依现时情形勿动，彼此均不得有增减改变之事"。第三款规定葡萄牙允准"未经大清国首肯，则大西洋国永不得将澳门让与他国之第三款，大西洋国仍允无异"。这两款内容既是对此前《中葡里斯本草约》四款内容的承袭，亦体现条约交涉期间双方各自的心机，以葡萄牙人的诡计得逞而告终。

其次，以条约形式规定了葡萄牙人在澳门协助鸦片税厘并征、查禁鸦片走私问题。先是条约第四款规定："大西洋国坚允，在澳门协助中国征收由澳门出口运往中国各海口洋药（即鸦片）之税厘"；继而为协助章程办法，另订《会议专约》作为条约之附约。《会议专约》共计三款，后与《中葡和好通商条约》于1888年4月28日在北京交换批准。

再次，以条约形式确定并扩大了葡萄牙的在华权益。条约第五款、第九款规定，葡萄牙国可派公使进驻北京，派领事官员驻扎中国各通商口岸；第十款、第十一款规定了片面最惠国待遇，

[①] 《附件二：中葡议定缉私专约条款（光绪十三年十月十五日）》，《明清时期澳门问题档案文献汇编》（第3卷），第380页。

即"所有中国恩施、防损、或关涉通商行船之利益,无论减少船钞、出口入口税项、内地税项与各种取益之处,业经准给别国人民或将来准给者,亦当立准大西洋国人民";"所有大清国通商口岸均准大西洋国商民人等眷属居住、贸易、工作","其应得利益均与大清国相待最优之国无异";第十四款、第十五款、第十六款规定,葡萄牙人在中国通商口岸有居住、租买土地、建造房屋、设立教堂等权利,中国地方官吏必须时加保护;第四十七款、第四十八款、第五十一款,规定了葡萄牙人在中国享有领事裁判权;第五十二款规定允许葡萄牙人在华传教,"大清国官不得苛待禁止";等等。

相比鸦片战争以来其他列强与清政府订立的不平等条约,葡萄牙虽然签署条约时间较晚,却可谓后来居上,不仅获得与西方列强同等的特权,在领事裁判权等问题上甚至超过了以往列强的各项条约,更在澳门地位上获得了觊觎已久的"合法性",以至葡萄牙与澳葡政府无不为此欣喜若狂,而协助葡萄牙谈判立约居功至伟的赫德、金登干等人则大感意外,再老谋深算也掩饰不住其间流露的些许嫉妒。①

(二)澳门地位条款的文本源流

《中葡和好通商条约》涉及澳门地位的条款,源头为前述《中葡里斯本草约》的四条内容,② 以草约为基础而形成前述《通商和

---

① 在赫德的精心谋划下,由金登干代表清政府与葡萄牙签订了《中葡里斯本草约》。这使葡萄牙政府备感惊喜,因为它获得了从未从中国获得过的重大利益,以至一直在热心谋划的赫德都为葡人预料之外的"收获"颇感几分嫉妒,他致电罗沙时说:"您已经击败了我。您已获得比我们两人当初商定的草案内更多的利益,而我反倒少了";又致电金登干说,"至于我们给澳门的,对于中国不算什么,而对葡萄牙却所获甚大"。参见《中国海关与中葡里斯本条约》,第78-80页。

② 据学者考证,《中葡里斯本草约》原约只有葡文和英文本,没有中文本。草约中文译本中的"永驻"及正式条约第二款中的"永居",葡文本中为"perpétua附图",英文本中为"Perpetual occupation"。确切地说,中文均应译作"永久占据",其含义与"永驻""永居"不尽相同。参见黄庆华《澳门与中葡关系》,《中国边疆史地研究》1999年第2期。

好条约拟稿》的四款内容，再经增删而为 11 月 29 日的正式文本。

纵观整个交涉过程，葡萄牙全权大臣在英人赫德等人的"善意提醒"与全力协助下，竭力在文本草拟和翻译上瞒天过海，清政府全权大臣亦有所警觉，对条文字词极为慎重，可谓字斟句酌。鉴于字词在条约中牵涉全局利益，且字词修订过程侧面反映当时中葡谈判交涉之曲折反复，在此有必要先行比较三种文本（分别简称为"草约""拟稿"和"定稿"），梳理所谓澳门地位条款的字词更易。

首先，关于澳门地位第二款的文本比较。草约第一款第二项规定："定准由中国坚准，葡国永驻管理澳门以及属澳之地，与葡国治理他处无异。"拟稿第二款规定："一、兹在大西洋国京都理斯波阿所订预立节略内，大西洋国永远居守管辖澳门一节，大清国仍允无异。惟现经商定，俟两国派员妥为会订界址，再行特立专约。其未经定界以前，一切事宜俱照依现在情形勿动，彼此均不得有增减之事。"定稿第二款规定："一、前在大西洋国京都理斯波阿所订预立节略内，大西洋国永居管理澳门之第二款，大清国仍允无异。惟现经商定，俟两国派员妥为会订界址，再行特立专约。其未经定界以前，一切事宜俱照依现时情形勿动，彼此均不得有增减改变之事。"

比较文字异同，可见如下修正：一是草约"永驻管理"改为拟稿"永远居守管辖"，再改为定稿"永居管理"；二是草约"澳门以及属澳之地，与葡国治理他处无异"在拟稿和定稿中改为"澳门"，删除了"属澳之地"及"与葡国治理他处无异"字样；三是拟稿增加"惟现经商定，俟两国派员妥为会订界址，再行特立专约"一段文字，定稿又在拟稿"彼此均不得有增减之事"的基础上改为"彼此均不得有增减改变之事"。

其次，关于澳门地位第三款的文本比较。草约第一款第三项规定："定准由葡国坚允，若未经中国首肯，则葡国永不得将澳地让与他国。"拟稿第三款规定:"一、兹在大西洋国京都理斯波阿所订预立节略内第三款,大西洋国允准,未经大清国首肯,则大西洋国永不得将澳门让与他国一节,大西洋国仍允无异。"定稿第三款规定:"一、前在大西洋国京都理斯波阿所订预立节略内,大西洋国允准,未经大清国首肯,则大西洋国永不得将澳门让与他国之第三款,大西洋国仍允无异。"

比较文字异同,可见拟稿和定稿都以草约为蓝本,并无增删。

再次,关于澳门地位与税厘并征之关系的文本比较。草约第一款第四项规定:"定准由葡国坚允,洋药税征事宜应如何会同各节,凡英国在香港施办之件,则葡国在澳类推办理。"拟稿第四款规定:"一、大西洋国允其在澳门协助中国征收由澳门出口,运往内地洋药之税项。其协助几久,一如英国在香港协助无异。"该款内容在1887年10月中葡条约删改底稿中特别提示修改为:"一、大西洋国坚允,在澳门协助中国征收由澳门出口,运往内地洋药之税项。其协助久长,一如英国在香港协助无异。兹议另立专约,附于本约之后,与本约一体遵行。"定稿第四款规定:"一、大西洋国坚允,在澳门协助中国征收,由澳门出口,运往中国各海口洋药之税厘。其如何设法协助,并助理久长,一如英国在香港协助中国征收,由香港出口,运往中国各海口洋药之税厘无异。其应议协助章程之大旨,今另定专约,附于本约之后,与本约一体遵行。"

比较文字异同,可见如下修正:一是草约强调"葡国在澳类推办理"原则,拟稿规定较细致,要求"在澳门协助中国征收由澳门出口,运往内地洋药之税项",且"一如英国在香港协助无异";二是删改底稿特别提示要求另订专约,定稿在前述基础上不仅规定"一如英国在香港协助无异",还提出另定专约附于本约之后一体遵行,从而使"协助"之事更具可操作性。

二 所谓"永居管理澳门"的性质问题

在葡萄牙全权大臣及其背后的支持者葡国政府看来,《中葡和好通商条约》第二款规定葡萄牙"永居管理澳门",已使澳门由事实上的"割让"转化为法律确认,终于实现变澳门为葡萄牙"殖民地"的夙愿,解决了这个在葡萄牙人看来悬而未决 300 余年的"历史遗留问题"。

事实上,这一款非但没有解决葡萄牙人渴求变澳门为殖民地的"历史遗留问题",反而使之成为双方继续纷争的导火线。其中会订界址的规定为日后两国的谈判与争执埋下伏笔。关于"永居管理"等字词的模糊规定,更是两国政府及中外学者争论澳门地位之性质的焦点,以至成为近代中国史尤其是中葡关系史上影响至深的澳门主权问题。

在当初条约签订互换后,基于"永居管理澳门"字眼,不仅葡国政府冠冕堂皇地以为它对澳门从此可以拥有完全的主权,而且葡国和其他西方学者绝大多数都认为,根据条约可以解释为清政府"割让"澳门。例如,以研究远东关系史著称的西方史学家马士认为,清政府通过该条约,把澳门"割让"给了葡萄牙;[1] 近代葡国学者和民众对"割让说"更是笃信不移,至当代仍有部分葡国学者认为该条约使葡国在澳门行使主权得以"合法化"。[2]

与葡萄牙和其他西方人士赤裸裸地主张"割让"或认定事实上的"割让"不同,近代以来的中国学者无不怀着强烈的民族忧患意识,对澳门问题予以高度关注。他们从不同角度对澳门历史

---

[1] 马士:《中华帝国对外关系史》(第 1 卷),第 429 页。
[2] 近年来较典型的论述如 Arnaldo Gonçalves《1999 年后处于中国与西方对外关系之中的澳门》,《行政》第 3 期,1993,第 726 页。

与主权问题进行剖析，在抨击清政府的腐败无能之余，主张废除该不平等条约、呼吁中国政府收回澳门；但在澳门地位条款的性质上，仍有不同的认识与定位，大体而言，即两种对立认识：一为承认主权出让即变相"割让"说，一为不承认主权出让之"租借"说。

自民国以至当代，部分中国学者对澳门地位条款的认识持一种承认既成事实的现实主义视角，而未从法律角度和条约本身的意义来分析，在澳门属于割让还是租借的问题上定性不明，甚至形成误导。例如，民国时期论述澳门问题的代表人物之一周景濂之《中葡外交史》指出，在1886年（光绪十二年）以前，澳门在中国的地位为"为葡萄牙之租借地，性质远未变更"；但在中葡条约缔结后性质即变，"于是中国于条约上正式承认葡国占领澳门矣"。[①] 当前也有不少学者在论述澳门问题时，把中葡条约视为一个丧权辱国的条约，认为它对中国的领土主权和国家尊严带来了严重损害，还表明当时列强在中国的势力庞大到随意安排中国与他国的关系，甚至"迫使中国对一个比它还弱小的国家低头，出让国家的主权"。[②]

无论是把"占领"视为不同于"租借地"性质，还是认为清政府通过条约"出让国家的主权"，这一方面表明他们对澳门问题的高度关注，固然带有浓厚的爱国主义情感；另一方面也容易造成某种误导，且事实上这种说法大有流行民间的趋势，使不少人都以为澳门问题是关涉中国政府从法律上"收回"澳门主权的问题，反而从侧面印证了变相的"割让"说，符合葡国殖民主义者一贯主张以及西方人士大多认同的葡国"拥有"澳门主权之论。

从主流看，近代以来的民间舆论大多反对"割让"说，多数

[①] 参见周景濂《中葡外交史》，第169-170页。
[②] 参见王昭明《鸦片战争前后澳门地位的变化》，《近代史研究》1986年第3期。

学者更是从学理上寻找根据，坚决反对把"永居管理"混同于各种形态的"割让"说。

民国时期颇具影响的史学家梁嘉彬，反对"割让"说甚为有力，其论证思路及结论具有一定的代表性。他于1947年在《中央日报》上撰文分析澳门在条约上的地位，认为以法论法、以条约解释条约，结论是中国没有"割让"澳门予葡萄牙，并详细论证了澳门并非"割让"的历史根据。

在梁嘉彬看来，在《中葡里斯本草约》之前，澳门是一种"公共居留地"性质，"但中国给予葡人以'包租'的便宜（葡人年纳地租五百两，嗣后中国各口岸租界地租大抵皆以此为准），而附与两种条件：（甲）葡人必须允肯受中国严厉约束，中国地方官吏有充分指挥监督之权，在必要时，且直接管理之。（乙）葡人必须允肯与他国商人共同居住，并代中国约束他国侨商（此因中国在闭关时代向有所谓'以夷治夷'观念故）。至于中国商人，仍归澳门中国官吏管束"。①

梁嘉彬通过对比《中葡条约》与清政府签订的各租界"土地章程"以及威海卫等租借地条约，发现各租界土地章程内多有"永租"字样，威海卫租借条约内有"占领"字样，正可证明中国的允许葡国永居管理，不过允以葡国"土地永租"和"市政管理"之权，但对澳门的主权绝未放弃；葡国得到这种权利也不是不附条件而绝对永远保持的，必须履行协助中国征收鸦片烟税的义务，且绝无土地的完全支配主权。据此，他认为在里斯本草约之后，清政府基于特定时势而许以澳门葡萄牙人"免地租"的"专管权"，但这并非"土地割让"，而是"专管租界"性质：

> 在中葡草约以后，中国一因葡国纳租年代已久，二因自

---

① 参见梁嘉彬《论澳门在历史上条约上的地位》，《中央日报》1947年10月27日。

道光二十九年（1849）葡人强不纳租与中国相持，致成僵局，三因葡国已允协助中国征收鸦片烟税，中国税务得益高于年租，四因葡国已允不得中国首肯，不得将澳门权利让与他国，已保留中国的主权，已维持中国的体制，正与以前历次澳门遭受第三国威胁压迫时，由中央政府责成广东地方政府以"守土有责"，由广东地方政府责成澳门葡官以"此属天朝地界，体制攸关，不得中国首肯，不得许他国车队驻留"之事一律。有此四因，遂许葡国以"专管"且"免地租"之特别优待。换言之，自是澳门始转成葡人专管租界之性质。中国各租界之外人永居权由于租金，葡人在澳门之永居权由于协助中国征收鸦片烟税，各附条件，自不得视为"土地割让"。①

梁嘉彬通过对比近代中国与列强签订的其他不平等条约之文字及意旨，认为澳门的法律地位是"租界"，并未脱离葡萄牙租界的地位，连"租借地"的资格还够不上，绝无"割让地"的法理根据；最后，他呼吁民国政府对澳门应该先于其他租界加以收回，一旦收回则澳门及其附属地将成为我国最有利益的渔港，其价值不在香港之下。

梁嘉彬的这一思路在当时是有历史根据的。在《中葡里斯本草约》签订前，金登干曾就"永租"或"永居管理"的措辞问题咨询过英国律师霍金斯，后者认为"永久"和"租赁"是矛盾的，法律中并没有"永租"这样的名词；② 结果从草约到定稿遂写明"永居管理"。而在中葡条约之后陆续缔结的各租界章程，例如

---

① 参见梁嘉彬《论澳门在历史上条约上的地位》，《中央日报》1947年10月27日。
② 1887年1月20日金登干致赫德函第1563号函，陈霞飞主编《中国海关密档：赫德致金登干电汇编（1874－1907）》（第3卷），外文出版社，1990，第1233－1234页。

1897年12月9日的《汉口俄租界购地条约》、1898年7月16日的《汉口日本专管租界条款》、1898年8月18日的《沙市口日本租界章程》中，则使用了类似"永居管理"的"永租"字样，① 其含义在本质上与其他租界、租地条约中的"租借"并无差别；且这些所谓"永租"之地并非不可收回，前述三处租界即分别于1924年、1925年和1943年被中国收回或由外国交还。②

但澳门作为葡国"永居管理"之地，不同于单纯的"葡萄牙租界"。如同租界"永租"之"永"并非保证租界租赁的永久效力，而是用来表达条约中诸如"永远敦笃友谊和好"的情感；③ "永居管理"亦应作如是理解。因此，清政府并未让与澳门主权，葡萄牙所得仅为"永居管理"权，且承担不得让与他国之义务。因此，"永居管理"跟附期限的租借同样性质，应视为一种特殊的租借，中国自然可以适时考虑结束租借，收回治权。

与这种反对割让说的类比思路相近，另一位澳门史专家黄文宽借鉴民法领域的"所有权"与"地上权"概念，指出条约中"永居管理澳门"的实质，不是澳门所有权的"割让"，而是地上权的"租赁"。他认为，该条约是强加于中国却不被中国人民所承认因而自始无效的不平等条约，即使按条约文本分析，中国也没有丧失澳门的所有权：

> 从条文的意思表示来看，中国不是把澳门让给葡萄牙，澳门仍然是中国所有的国土，不过设定地上权，允许葡萄牙人永住管理。葡萄牙人未得中国同意，不能转让给别国。这说明他没有处分权，他得到的至多只能是一种限制物权的

---

① 王铁崖编《中外旧约汇编》（第1册），第728、788、791页。
② 参见费成康《中国租界史》，上海社会科学院出版社，1991，第411－429页。
③ 相关分析参见柳华文《1887年〈中葡和好通商条约〉国际法简析》，《澳门研究》总第10期，1999。

"地上权"。永住的意义在于法律上当然的解释是"不定期"的。定期的要期满才可以解约,而不定期的则双方均可以随时解约。①

因此,黄文宽认为澳门的主权始终是属于中国的,而葡萄牙所享有的租赁权利,也早已因葡萄牙之违约拒缴租金而丧失了其承租的权利,澳门早应该交还给中国。这种对于条约进行类比论证的逻辑是相当严谨的,但以国内法且为"私法"的概念类比分析国际公法现象,得出澳门是一种地上权之"租赁"的结论,还是欠缺足够的说服力。

黄文宽的类比论证思路,在近代以来的国际法学界并非独有之论。如奥地利国际法学家菲德罗斯借助民法上"所有权"与"占有"概念,区分了国际法上的领土主权与领土最高权,认为"领土主权"类似于国内法的所有权,是针对其他国家的一个国际法的权利,是按国际法对领土完全地予以处分的权利;而"领土最高权"类似于国内法的占有,是一个国家在一个特定的领土内对那里的人根据它自己的国内法律秩序实行的一种支配。他还指出,有限的领土权利可以有不同的等级,其中最后一级是占领外国的一个领土或其一部分,并在那里实行完全的领土最高权,其例证便是"昔日曾让与少数欧洲列强的中国'租借地'"。②

时至今日,越来越多的中国学者针对"永居管理"条款,不再讨论澳门究竟属于"居留地"还是"租界"或者"租借地",

---

① 参见黄文宽《澳门史钩沉》,第34-35页。该观点又见黄文宽《关于澳门史的考订》,黄启臣、邓开颂编《中外学者论澳门历史》,澳门基金会,1995,第128页以下。

② 阿·菲德罗斯等:《国际法》(上),李浩培译,商务印书馆,1981,第319-323页。

而是沿着民法"所有权—占有"概念对应分析国际法上的"主权—治权"问题，认为葡萄牙"永居管理澳门"的权利不是"主权"，只能是国际法上的"治权"或"管理权"。①

在此问题上，有学者认为，葡萄牙只能拥有管理（administration）权，所有权（ownership）仍归中国。尽管《中葡和好通商条约》是葡萄牙政府破坏中国政府对澳门行使主权的唯一的条约，但它与《中英南京条约》有本质区别，因为从国际法观点看，条约本身并未表明中国政府将澳门割让（ceded）给葡萄牙，仅仅是允许葡萄牙永驻管理澳门；而管理权只是一种事实，是低于主权而非主权本身。事实上，在1887年12月中葡签订条约后的第三天，葡萄牙外交部长就声称，"我们从未指明，也不拟指明这行动是割让领土"。② 因此就法理而言，所有权是主权最根本的标志，澳门的所有权属于中国，仍然是中国的领土。③

另有学者认为，根据"永居管理"条款，中国并未割让主权，葡萄牙所获仅仅是居住权和排他性管理权。由于条约对诸如澳门地位及所谓"属澳之地"等重大问题没有做出明确规定，不能将其视为一个完整的条约；以澳门主权而论，它也不同于《中英南京条约》割让香港的本质，因为条约虽在第二款规定葡国"永居管理"，但第三款又附加了未经中国首肯"永不得将澳门让与他国"的限制，可见根据条约文本，葡国所获仅仅是澳门的居住权和排他性管理权，澳门地位并未发生根本变化，领土主权仍属于

---

① 当代学者对这类问题进行了相当细致而深刻的法律（尤其是国际法）分析，相关研究参见王昭明《鸦片战争前后澳门地位的变化》，《近代史研究》1986年第3期；新近的代表作可参见柳华文《1887年〈中葡和好通商条约〉国际法简析》，《澳门研究》第10期，1999。以下举凡国际法角度的分析，多参照并受益于此三者之研究成果，特此说明。
② 陈霞飞主编《中国海关密档》（第4卷），中华书局，1992，第396页。
③ 黄启臣：《澳门主权问题始末》，《中国边疆史地研究》1999年第2期。

中国。① 类似观点，在当代中国其他学者的著述中大同小异。

综合各家学说，本文认为：中国对澳门拥有主权，仅仅出让"治权"（管理权）及附属的居住权等内容，即"永居管理"澳门绝非"割让"澳门，而是"租借"澳门；澳门绝不是"殖民地"，而是一处特殊的"租借地"。

三　关于"会订界址"效力及相关承诺

《中葡和好通商条约》第二款除允准葡萄牙"永居管理澳门"外，值得注意的是在草约基础上新增"俟两国派员妥为会订界址，再行特立专约，其未经定界以前，一切事宜，俱照现时情形勿动，彼此均不得有增减改变之事"等字。"会订界址"即勘界问题是否属于条约生效的附加条件，以及始终未勘界之事实是否影响条约的效力，亦是讨论澳门地位并非"割让"的证据。

整体而言，民国以来的中国学者多认为"会订界址"是条约生效的附带条件，只要中葡双方没有进行勘界，则条约不具备执行条件，因此葡国能否获得"永居管理"权本身就是很成问题的，更不用说"主权"了；即使"永居管理"从字面上可以照葡国的意志而曲解为清政府"割让"澳门，它也是根本无从实现的，故不能认可所谓"割让"说。但葡国学者从自身立场出发，不认同"会订界址"是条约生效的附带条件，仍主张存在条约在事实上的效力，以支持其割让说。

民国时期，有学者虽然把"永居管理"误解为"领土割让"的性质，即条约在原则上确认了"让与"，但由于"会订界址"始终未完成，则该条款自签订以来毫无变化，因为"这一条约的待

---

① 黄庆华：《澳门与中葡关系》，《中国边疆史地研究》1999年第2期。

第三章
殖民管治：近代澳门的治理与秩序

执行条件从未具备"，则澳门仍处于现状中。[1]

前述学者梁嘉彬亦认为，条约第二款在照搬此前的里斯本草约第二条内容时，草约中被删除的"与葡国治理他处无异"字样，不过表明了治理澳门的方法可准用葡国治理他处的方法；在草约基础上新增的"会订界址，再行特立专约"字样，则表明该项内容为法律上之"但书"内容。在中葡始终未能完成勘界任务的情况下，葡方还一再违背"但书"之"俱照现时情形勿动"规定而屡恃强横，越界筑路、霸占青洲、强指澳门附近若干岛屿为其"属澳之地"，则更不必争执是否继续勘界之事。因此，条约应归无效，澳门应予收回。[2]

前述学者黄文宽则从缔约程序效力入手，认为该条约不能视为已生效的条约。因为从法律上解释第二款所涉的"会订界址"，仅仅是一种预约的"要约"，凡属要约必须于要约条件完成时始生效力；实际上两国会订界址既未"妥为"，亦未"特立专约"，相反却是葡萄牙单方违反约定，不照"现时情形"而一再增减改变事项。因此，这表明要约的条件不特未能完成，而且复遭破坏，此条约即不再有效。[3]

时至当代，研究澳门史的中国学者在条约关于"会订界址"问题上达成的共识之一，就是基于"会订界址"没有实现和完成，则条约效力并不完整，连葡国应否获得"永居管理"权都成法律上的严重问题，更谈不上获得"割让"的主权。例如，澳门史学者黄启臣认为，该条约因为一直没有"会订界址"，遗留了一个葡国"永居管理"而澳门界址不明的问题，这就证明中国没有将澳

---

[1] 参见杨里昂（音译）《中国租借地》，巴黎大学出版社，1929，第13页。转引自柳华文《1887年〈中葡和好通商条约〉国际法简析》，《澳门研究》总第10期，1999。
[2] 梁嘉彬：《论澳门在历史上条约上的地位》，《中央日报》1947年10月27日。
[3] 黄文宽：《澳门史钩沉》，第34－35页。

门割让给葡萄牙,甚至连"永居"和"管理"都成问题;依法理而言,中国也仅仅是承认葡萄牙暂时管理澳门的事实而已。①

在更为专业的法律分析中,谭志强对"会订界址"与条约效力问题的国际法分析颇具代表性。谭志强仍借助"标的物"与"占有"概念进行类比,认为"占有物标的物范围不明,中葡两国能够承认的只是葡国实际上占领土地的现状,暂时不应更动而已",而1887年以来葡国在澳门行使的"永居管理"即"永占权",一直只是一种"不完全的占有"或"未完全生效的占有"。因为"占有"的前提是一个边界明确的"标的物",可是"这个'标的物'(澳门及属澳之地)却一直未明确划分出来,法律上只是一个模糊的存在"。② 正因"澳门及属澳之地"的范围一直无法划定,则《中葡和好通商条约》中有关葡国可以"永居管理"的条文也是从来未曾完全生效的,这就意味着中葡双方达成且生效的条文只是"其未经定界以前,一切事宜,俱依现时情形勿动,彼此均不得有增减改变之事"而已,因此,葡萄牙"不但澳门的主权没有取得,连管理澳门的权利都是有问题的"。③

针对中国学者通常把"会订界址"即勘界问题作为条约"永居管理"生效的附加条件,葡国政府及学界因其有意无意的殖民主义立场或视角,大多不理会"会订界址"与条约的效力问题。他们全然不顾这样一个基本事实:不是中国,而正是葡萄牙,从一开始就不打算真正履行条约的"会订界址",无论在条约签订之前、签订期间还是签订之后,总在想方设法极力扩展在澳门的"属地",完全单方面背离了"条约必须信守"的国际法精神,只是一味主张条约在事实上的效力。

---

① 黄启臣:《澳门主权问题始末》,《中国边疆史地研究》1999年第2期。
② 谭志强:《澳门主权问题始末(1553-1993)》,第195-196页。
③ 谭志强:《澳门主权问题始末(1553-1993)》,第196页、第327-328页。

近年，一种具有折中色彩的见解逐步产生影响，即认为"会订界址"并非条约生效的附加条件；认定条约应否信守或有无效力的依据，不应继续在是否勘界的问题上纠缠。例如，颇负盛名的葡国学者萨安东对"会订界址"在法律上是否导致租借权利成立的问题，就是不屑一顾的态度，认为未勘界并不一定意味着以某一地区为内容的公约或协议不具效力。[1] 萨安东的观点是在借鉴现代国际法的基础上提出的，因为现代国际法并未规定一个国家领土的界线必须是明确划定的，国家领空的高度界限在法律上至今也是模糊不定，事实上就有不少国家的国界线是有争议的。虽然中葡条约所涉澳门"会订界址"并非国界，而是澳葡"永居管理"的界限，但界限不明并非葡国获得澳门权利的附加条件，亦非否认条约效力的法定理由。

萨安东的这一观点在中国不乏认同者。在此基础上的进一步主张则是，要寻找真正使条约不能生效的理由，应落在条约是否由双方实际履行的问题上。基于条约规定"依现时情形勿动"（即缔约时的澳葡管治界线），而澳葡政府随后的表现却在不断扩张居住、管理界线，公然粗暴侵犯中国主权，完全违反条约义务，这才是"从根本上动摇了该条约以及葡人据此约而享有的租借权的效力"。[2]

综上所述，本文持这样一种立场和观点：正如大多数中国学者所主张的，基于国际公法上的条约缔结原则与信守承诺精神，"会订界址"即勘界问题是中葡条约关于澳门地位"永居管理"条款生效的附加条件，这是毫无疑问的；葡萄牙学者无论基于什么立场，无论从政治上还是从学术上看，对于这样一个法律问题是

---

[1] 萨安东：《一八八七年〈葡中和好通商条约〉中有关葡萄牙在澳门主权议题诠释问题》，《澳门法律学刊》第2期，1996。
[2] 对此问题的详细分析，参见柳华文《1887年〈中葡和好通商条约〉国际法简析》，《澳门研究》总第10期，1999。

不能回避或轻视的,更是不可能为自己辩护成功的。

至于澳葡不断扩张居住和管理界限,其动机正在于它们比谁都更清楚自己究竟是以什么方式窃取到这一条款的,也比谁都更焦虑这一条款究竟能否确保;因此,与其在焦虑中等待中葡勘界,而且还是完全可能随时破裂的勘界(后来的勘界谈判证明了这一预感),不如趁清政府在内忧外患无暇旁顾时多捞多得。他们在条约签订之前,就从来没有考虑过侵夺行动的"合法性";在条约签订之后,条约也不过是合法性的遮羞布,考虑与否,是不足以阻挡他们大肆侵夺澳门地界的步伐的。

因此,条约第二款"会订界址"的效力当然影响到澳门地位问题,由于中葡双方始终没有"会订界址",则至少在条约第二款所涉的澳门主权问题上,葡国是不能在政治和法理上拥有"永居管理"权的;而澳葡政府的扩张行为,不过是加剧了这样一层非法的程度;非法的事实虽然是既成的事实,但绝不因为它已既成,就变为合法。

《中葡和好通商条约》第三款同样是关涉澳门地位的重要文本和依据,因为它规定有"由葡国坚允,若未经中国首肯,则葡国永不得将澳门让与他国"。正如民国时期史学家朱希祖在呼吁国民废约收回澳门时所言,葡国不得让澳门于他国一款,正约改为未经大清国首肯,这意味着"大西洋国不得将澳门让与他国,是澳门主权,中国未全失也"。[①] 由于葡萄牙没有交换、出卖、出租、割让等澳门的最终处分权,澳门的最终处分权即主权,则当然仍由中国掌握。

条约第四款是关于澳门应允协助中国鸦片税厘并征条件的内容,它是另订专约并一体遵行的依据,也同样涉及附带义务与澳

---

① 参见朱希祖《葡萄牙人背约侵略我国土杀戮我国民拟废约收回澳门意见书》,《东方杂志》第19卷第11期,1922年6月10日。

门地位的关系问题。

一种常见的论证思路是借鉴民法上附条件的民事法律行为概念，认为应允协助税厘并征属于条约生效的所附条件。前述梁嘉彬、谭志强等学者均持同样立场，认为葡萄牙要想得到"永居管理"的永租权，绝不是没有条件的，也不是绝对永远保留得住的，而必须依赖于履行特定义务，即协助中国鸦片税厘并征的义务才能保持；一旦这种特定义务归于消灭，则该条的效力也归于终结。①

对这种思路持保留态度的研究者则认为，不能单纯把葡国租借澳门之权与协助税厘并征义务放在一起，以至断言后者的实现是前者成立的必要条件；因为条约五十四款涉及两国之间的权利义务事项并非这几款内容，以"和好通商"为名的整个条约并没有这样的意思表示。虽然争取澳葡政府征税合作是签订条约的最初起因，条约中的权利义务也应对等，但由此把葡国能否"永居管理"维系于仅仅履行鸦片税厘并征一事，则未免偏颇。因此应从情势变更的角度予以修正，结论便是中国对澳葡政府征税合作的需要乃是缔结条约的情势之一；当中葡两国相继禁止鸦片贸易，作为缔约基础的情势有所改变，条约的效力则应重新审视，如其失效，则"地位条款"失效。②

综上所述，无论是基于"不得让与他国"的保证，还是基于"协助税厘并征"的承诺，葡国要想条约获得"永居管理澳门"，是必然需要附条件的；虽然这种附带条件并非条约生效的必要条

---

① 相关分析参见梁嘉彬《论澳门在历史上条约上的地位》，《中央日报》1947年10月27日。又见梁嘉彬《通论澳门在历史上条约上的地位》，包遵彭等编《中国近代史论丛——边疆》第2辑第7册，台北正中书局，1969，第142-143页；谭志强《澳门主权问题始末（1553-1993）》，第194页。
② 参见柳华文《1887年〈中葡和好通商条约〉国际法简析》，《澳门研究》总第10期，1999。

件，但如果葡国对这些条件及义务不予保证或承诺，则中国完全可以基于对方的违约行为，依条约第二款收回允准葡国"永居管理澳门"的管理权。

综上所述，无论从《中葡和好通商条约》第二款的"永居管理"字样、"会商界址"条件，还是从第三款"不得让与他国"的保证，或是从第四款"协助税厘并征"的承诺看，它们无不印证着一个最基本的事实，即中国政府依然拥有着法律上对澳门的"主权"；条约所让与的只是与主权相分离的"治权"；也进一步印证了葡国"永居管理"的澳门不是"割让"的"殖民地"，而只能是无时限却附条件的"租借地"。

如果从双方订约的目的与行动看，清政府自始至终没有丝毫"割让"澳门的意思表示，相反还是极力避免"割让"的。它所允准的仅仅是葡萄牙"永居管理澳门"，而且是一种附条件和特定义务的永居管理权。而葡萄牙在英国的协助与合谋下，试图通过"永居管理"字词实现变相的"割让"也是不可能成立的；它们所能做的，便是日后不断违反中葡条约、侵占澳门地界，以此试图造成既成事实。

因此，即使严格履行这一条约，澳葡政府所享有的也只能是使用权即治权，而不是主权或最高处分权。基于中国拥有对澳门的主权及由此产生的最高处分权，加上中葡条约规定葡方承担不得转让（其永居权）的义务，中国可以在适当时机结束租借、收回治权。这正是随后的中葡关系史上反复交涉的焦点问题。

四 世纪末的焦虑："海外自治"思潮暗涌

为使澳门财政摆脱每况愈下的窘境，澳葡政府设法通过种种带有自治性质的举措，包括准许经营赌场及彩票的方式，甚至不惜发展臭名昭著的"苦力贸易",① 试图开发新的公共收入管道。但由于葡国《1826年宪法》——即使经历了1852年的修正案——对"海外属地"自治程度的宪制性限制，澳门如同葡国的其他海外殖民地，在政治行政方面还是匮乏足够的自主性，使这些尝试摆脱窘境的举措，反而客观上导致澳门近代经济发展的日趋畸变。

对这种政治行政自主性的匮乏，一些葡国学者颇多微词。一方面，奉行君主立宪却腐败丛生的里斯本政府，对应予关注的澳门当地情况和有关问题漠不关心，反而使总督处处受到"节省糠麦以应付麦粉开支"式的官僚限制，② 连芝麻大的事务也得取决于中央政府的决定。另一方面，澳门反反复复被纳入或脱离"澳门、帝汶暨索洛省"，使澳门已出现匮乏的财政资源承受更大负担。③这都是妨碍澳门发展的重要因素。直至1896年10月21日，根据《政府日报》公布的法令，帝汶被宣布为"自治县"，④ 澳门才确定转变为"自主的省份"。

时值19世纪末期，垂垂老矣的清政府在内忧外患之中。置身于西方列强殖民主义疯狂攫取利益的旋涡，身不由己、力不从心的朝廷，对澳门的关注毕竟有限。澳葡政府抓住一切机会，对澳门及"属澳之地"加紧"行宪"，并尝试谋求更多"自治"，全方位推行事实上的殖民治理措施。

---

① 关于近代澳门博彩业的兴起，参见赵利峰、胡根《晚清澳门博彩业的兴起与发展》，吴志良、金国平、汤开建主编《澳门史新编》（第3册），第715－768页。至于近代澳门苦力贸易之始末，可参见黄鸿钊《澳门同知与近代澳门》，广东人民出版社，2006，第258－277页。
② 徐萨斯：《历史上的澳门》，第295－314页。
③ 萧伟华：《澳门宪法历史研究资料（1820－1974）》，第37页。
④ 帝汶在1909年又被定为"海外省"，1926年复改为"自治县"，1930年又改为"帝汶属地"。此后，它于1941年12月17日被澳大利亚人进入，又于1942－1945年被日本人占领，1975年12月7日被印度尼西亚占领。2002年5月20日东帝汶民主共和国宣告成立，成为21世纪第一个新生国家。相关信息参见施白蒂《澳门编年史（十九世纪）》，第288页。

同一时期的葡萄牙，也开始陷入君主立宪制即将垮台的危机。危机由英国 1890 年 1 月向葡萄牙发出最后通牒引起，它要求葡萄牙必须放弃"把安哥拉和莫桑比克连接起来的那片广阔的非洲领土"。① 这迅速掀起一场反对英国的民族愤恨和反对君主制与国王的运动，人们指责政府没有足够重视海外领土，到处都有游行动乱，1891 年 1 月波尔图甚至爆发了旋被镇压的起义。

好在 1892 年费雷拉斯政府通过解决金融危机方面的问题，安抚了人们的情绪。保皇性质的两党——"再生派"和"进步派"轮流执政则延续到 1906 年，但两党之争仅仅使议会成为争吵的地方，却未采取什么措施响应人们对其腐败、低效与无能的指斥。不过，共和党人从保皇党派的内部争论中捞得好处，为 1910 年推翻旧制度的共和革命奠定了基础。

这一切潜在或直接的危机，都使葡萄牙不得不在国内政治问题之外，重新认真对待海外殖民事业。为改变或扭转这种状况给"海外属地"带来的消极影响，葡萄牙国内逐渐兴起一股"新殖民地"思潮，主张海外省应享有真正的政治、立法和行政自治。

这股思潮的代表人物，是 1891 年出任海事及海外部部长的安东尼·伊尼斯（Antonio Enes）。他被派往莫桑比克界定其领域，着手研究如何进行管治，其间做出一份重要的研究报告，主张两项有关"新殖民地"的重大指引：一、对海外殖民地制定以政治及行政自治以及行政分治为基础的特别宪法；二、根据殖民地本身在社会、经济、文化、宗教等方面的特殊情况，为每一殖民地制定专门法规，借此落实上述特别宪法。这两项思想中，后者并非经常被接受，但前者产生直接影响——在葡萄牙殖民地法中，很快就制定了一个实质上有别于宗主国的"真正特别制度"。②

---

① 马尔格斯：《葡萄牙历史》，第 122 页。
② 萧伟华：《澳门宪法历史研究资料（1820 - 1974）》，第 39 页。

伊尼斯的"新殖民地"思想对在海外属地（尤其在非洲）担任要职的人士产生重要影响，至1901年举行的第一次"国家殖民会议"上崭露锋芒，并由海事及海外部部长奥尼拉斯（Aires de Ornelas）——他曾经是伊尼斯在莫桑比克期间的助手——在1907年5月23日颁布一项命令，[①]核准对莫桑比克进行行政改革，使其精神首次通过法律形式表现出来。

当然，置身君主立宪与共和革命的中央集权体制下，这样一种"海外自治"思潮要成为一个更具实质影响力的新学派，进而取得真正的胜利，是数年之后才有历史条件保障实现的事情。至于辛亥革命以来葡国宪制与澳门地位问题，则是笔者即将展开的后续研究内容。

第四节　葡国法的延伸适用与澳门法之嬗变

一　澳门葡式法律的传统源流

澳门葡式法律制度，脱胎于葡萄牙近代法典法体系。如继续往前追溯，葡萄牙法律传统可谓源远流长。

在葡萄牙正式建国前，伊比利亚半岛有着悠久的法律史。[②] 在

[①] 受伊尼斯"新殖民地"思想影响的重要人士包括：在1896年代替伊尼斯成为派往莫桑比克的钦差大臣阿布克尔克（Mouzinho de Albuquerque），曾任安哥拉总督的高士德（Eduardo da Costa）与高善路（Paiva Couceiro），曾任莫桑比克总督的安达德（Freire de Andrade），曾任伊尼斯与阿布克尔克在莫桑比克的助手、其后担任海事及海外部部长的奥尼拉斯（Aires de Ornelas），等等。参见萧伟华《澳门宪法历史研究资料（1820-1974）》，第39页。

[②] 关于早期伊比利亚半岛法律史概况，详参 Mário Júlio de Almeida Costa《葡萄牙法律史》，唐晓晴译，澳门大学法学院，2004，第63-136页。

原始时期，半岛法大致分为土著民族的法律和殖民者的法律。在罗马时期，土著民族被罗马文明缓慢同化，半岛法亦随之罗马化；至日耳曼入侵时，在半岛生效的法律已演为"通俗罗马法"。在日耳曼或西哥特时期，罗马法在日耳曼国家中仍有存留，随着中世纪封建社会的成型，半岛法律文化呈现罗马文化与日耳曼文化相融合的二元格局。在穆斯林统治和基督教光复时期，一面是伊斯兰法被推行至此，一面是私法领域因与西哥特法律混合而形成共同的风俗习惯法基础，通俗罗马法和日耳曼法因素占据主流，教会法（尤其在婚姻家庭领域）也有相当比例，习惯法领域则颇受伊斯兰法之影响。

葡萄牙在1140年成立单一民族国家后，据葡国法律史学家研究，其法律传统迭经不同时期，各有不同特色。[①] 第一阶段是葡萄牙法独立的时期（1140－1248年），自阿丰索·恩里克斯担任国王至阿丰索三世管制之初，主要法律渊源一是保持生效的里昂王国法律渊源，二是葡萄牙国家建立以后的法律渊源。第二阶段是葡萄牙法受罗马－教会法启发的时期（13世纪中叶－18世纪后期），在继受复兴的罗马法及改革后的教会法（共同法）期间，以罗马法为基础、包含多种法律因素（如教会法、日耳曼法、封建地方法等）在内的"共同法"体系，成为葡萄牙法律传统中的重要组成部分；至15世纪中叶，为统一法律并将现行法律更新和体系化，《阿丰索律令》应运而生，标志着"国家法"或"个别法"开始独立，"共同法"则衰落为纯因君主意志方获正当性的补充渊源。此后，相继有《曼努埃律令》（1521年）、《杜瓦特·努内斯·度·利昂的单行法律集录》（1569年）及菲利普二世期间的《菲利普律令》（1603年），以及单行法例、诏令、决议、训令等形式，构成所谓"律令时代"。

---

① 详参 Mário Júlio de Almeida Costa《葡萄牙法律史》，第147－261页。

第三章
殖民管治：近代澳门的治理与秩序

自18世纪后期步入第三阶段，是现代葡萄牙法的形成期，又可分为三个时期。① 首先是18世纪末至19世纪初的自然法理性主义时期，立足于荷兰的自然法理性主义、德国学说汇纂的现代应用、意大利式的启蒙主义及人道主义的思想基础，形成彭巴尔改革思想方针的基础，相关举措先是1769年颁行《良好理由的法律》对法律渊源体系予以改革，稍后有1772年《大学的新规章》予以进一步解释。其次是19世纪个人主义时期，立足于法国注释学派及实证主义、德国历史法学派及潘德克顿学派之概念法学的思想基础，同时伴随经济上的自由主义路线，葡萄牙法律开始走向个人主义，从而导致法律体系的变化和法典化运动。最后是20世纪以来的社会法时期，因经济民主化与国家立法干涉，私法自治与契约自由原则受到限制，法律的社会化以及公法化趋势日增，不仅传统公法、私法领域发生诸多变化，新兴法律部门如劳动法、经济法、环境法等也方兴未艾。

葡萄牙在早期海外扩张事业中，或多或少地将其法统带到各地。在鸦片战争前，居澳葡人基于自身利益的权衡而奉行"双重效忠"，虽在整体上遵守着中国传统法律及司法管辖，但涉及葡人内部自治事务时在很大程度上沿袭着葡萄牙民族文化和法律传统。

鸦片战争后，随着葡萄牙海外殖民政策与对华外交谋略的调整，不仅葡式殖民政制逐渐展开而至于全盘侵入，葡国法律体系及更为广阔的法律文化也大举东渐。尤其是1887年《中葡和好通商条约》签署后，葡方对澳门地位条款所涉"永驻管理"及"属澳之地"等问题罔顾实义，在加紧侵夺澳门地界和不断扩展殖民管治范围的同时，将葡萄牙本土追随欧陆国家的法典法体系全面延伸适用于澳门。即使这套体系与澳门华人社会对规则与秩序的

---

① 详参 Mário Júlio de Almeida Costa《葡萄牙法律史》，第265-358页。

实际要求几乎格格不入，仍无法扭转葡式法在澳门的全面殖民化趋势。直至因1974年葡萄牙政变与推行"非殖民化运动"后诞生1976年《澳门组织章程》时，澳门的葡式法律制度才转向新的历史阶段。

二　近代澳门政制的宪制依据

在澳门葡式法律制度发展史上，至为重要的是关涉澳门宪法地位及政制架构的宪制性法律的嬗变。它不仅关涉葡式殖民政制本身，亦与葡式法典法体系的全面渗透息息相关。自1911年葡萄牙共和国成立以来，由于葡萄牙政局动荡不安，海外殖民政策经常朝令夕改，关涉澳门自治地位的宪制性法律亦更迭频繁。迨至1976年《澳门组织章程》颁布生效，澳门政制才终于掀开新的一页。以下择要述之。①

1914年《海外省民政组织法》（Lei Orgânica de Administração Civildas Províncias Ultramarinas，法律第277号）订出纲要50条，对海外省与中央政府的关系、总督的职责权限、政务委员会的组成及其职权，均有详细的总体规定。该法依照英国的殖民地管理模式，首次对海外属地政治行政组织做出彻底的规定，为各海外省制定自身的组织法提供了指导原则和法律依据，亦使兴起于19世纪末力主海外省实行真正政治、立法和行政自治的新殖民思想得以付诸实践，意味着澳门开始获得名副其实的自治。

1917年《澳门省组织章程》（Carta Orgânica da Província de Macau）共17章258条，重复1914年第277、278号法律的许多内

---

① 关于澳门宪制性法律演进史概略，参见萧伟华《澳门宪法历史研究资料（1820-1974）》，第40-93页；吴志良：《澳门政制》，第50-57页；黄汉强、吴志良主编《澳门总览》（第二版），第70-74页；较详细的介绍见何志辉《从殖民宪制到高度自治》，第46-87页。

容，内容冗长而文理欠清，但对澳门政治、行政、财政、军事和市政组织及其运作规定甚详。根据章程，澳门享有行政财政自主权，受中央政府的领导和监督。澳门有两个本身的机关，即总督和政务委员会。总督按照法律和公共利益管理澳门，是澳门最高民事和军事权威，直属殖民地部长，代表中央政府，拥有行政权、军事权、财政权和立法权，其立法以训令（Portaria）形式为之。政务委员会是总督之后首要和主要管理机关，依法密切协同总督运作，由公务员成员和非公务员成员两部分组成，不仅是咨询机关，且已带有官方立法会的功能，开始与总督互相制衡。总督与政务委员会产生纷争时，由中央政府经听取殖民地委员会意见后进行裁决。

1920年第7030号法令旨在顺应该年葡国修改宪法，以落实修宪所赋予各殖民地的高度自治。根据修宪内容，殖民地变成三个自我管治机构，因为原有的政务委员会被分拆为立法会（Conselho Legislativo）和行政会（Conselho Executivo），且前者应有当地代表，以适应各殖民地发展。为此颁布的第7030号法令，对1917年各殖民地组织章程进行修订，制定各管治机构的组成、运作及产生方式。

1926年《澳门殖民地组织章程》（*Carta Orgânica da Colónia de Macau*）紧跟此前葡萄牙对有关管治殖民地法例的再次修改，以使对澳门的管治法例更为系统化。该章程恢复原被分拆的政务委员会，具有决议和咨询的职责，由当然成员、委任成员和选举产生成员三部分组成，并首创性地引入直选机制。总督在殖民地部长提名下由部长会议委任，直属殖民地部长，主持政务委员会工作，行使行政立法权。一般情况下，总督经咨询政务委员会意见便可立法，重要立法则由政务委员会进行。总督与政务委员会的分歧，由殖民地部长自由裁决。

1933年《葡萄牙殖民地帝国组织章程》（*Carta Orgânicado*

lmpério Colonial Português）顺应该年宪法对 1930 年第 18570 号令（俗称《殖民地法案》）的肯定，亦为萨拉查建立"新政"（Estado Novo）、推行独裁统治的体现。该章程共 8 章 248 条，对殖民地内部管治各方面的组织运作、中央（议会、政府、部长会议、殖民地部长）与殖民地政府的关系，均有详尽而系统的规定。依据章程，殖民地部长成为殖民政策的主要指导者和领导人，在殖民地高等委员会、殖民地总督联席会议和葡萄牙殖民地帝国经济联席会议等咨询机构的协助下，代表中央政府对殖民地帝国行使除议会保留立法权之外的所有权力，俨然"总督的总督"。政务委员会变为一个纯咨询机关，可以向总督提出议案，但本身没有立法创制权。总督立法和制定重大行政措施时，必须咨询政务委员会的意见；两者在立法事务上有歧见时，由殖民地部长仲裁；在行政措施上有分歧时，总督可以不接受政务委员会的意见，但须将有关决定知会殖民地部长。在此之后的 20 年间，各殖民地都没有单独的组织章程，一概依此章程和《海外行政改革法》（*Reforma Administrativa Ultramarina*，第 23229 号法令）进行内部管理。

1955 年《澳门省章程》（*Estatuto da Província de Macau*）是对"二战"结束后葡萄牙分别在 1945 年和 1951 年两次修宪的顺应。第一次修宪促成前述《葡萄牙殖民地帝国组织章程》和《殖民地法案》在 1946 年的修订，殖民地部长的职权有所减少；第二次修宪则撤销《殖民地法案》，有关殖民地管理的纲要直接写入宪法，复以"海外省"替换原"殖民地帝国"一词。依据该章程，澳门从此成为"公权法人"而享有行政财政自治，总督和政务委员会也首次被明确称为"自我管治机关"。作为赋予更多自治权的表示，总督还可以配备办公室主任，立法权也有所增加；政务委员会有直接选举的成员，且人数首次超过委任成员。

1963 年《澳门省政治行政章程》（*Estatuto Político - Administra-*

tivo da Província de Macau）紧跟同年《葡萄牙海外组织法》的修订，该次修订使立法会得以恢复。依据该章程，澳门自我管治机关再次分拆为三，即总督、立法会和政务委员会。总督一般在立法会休会或被解散时立法，亦可行使与立法会的共享性立法权，但均须听取政务委员会的意见；且有权否决立法会通过的法例，但获得第二次表决通过的法律则必须颁布。立法会由总督担任主席，选举产生的议员占多数，具有立法和咨询功能，除一般立法权外，尚有专属立法权，还有立法创制权。政务委员会由总督出任主席，主要是咨询机关，只有一项立法职能，即通过澳门经济发展大纲。

1972年《澳门省政治行政章程》作为葡萄牙殖民时期内的最后一个章程，旨在呼应1971年葡萄牙修宪所致的翌年《葡萄牙海外组织法》的修订，因为该次修订广涉海外省管治的基本原则、各省公共行政、财政、市政、司法、经济、社会秩序等内容。新章程共5章56条，订定自我管治机关的组织、权限和运作、行政架构、财政制度和地方行政的设置。依据该章程，澳门省为内部公权法人，并享有行政财政自治；自我管理机关有总督和立法会，在省咨询会（Junta Consultiva Provincial）协同下工作。分权方面，立法权由立法会和总督行使，除国会和政府所属立法范围，可以对澳门省各有关事项立法；行政权归总督行使，亦可将部分职权授予秘书长执行，但财政权不可转授。总督由海外部长提议、部长会议任免，是葡萄牙派驻澳门最高官员和代表，也是澳门的最高民事、军事和财政权威；立法会仍由总督担任主席，除华人社会代表外，全部在葡萄牙公民中由选举产生；省咨询会协助总督行使职权，对总督提交的所有事项提出意见。

综观19世纪中期至20世纪70年代澳门葡式殖民政制的变迁，可见澳门政治行政组织受制葡萄牙政局而显得变化无常，"特别是中央政府集大权在身，对澳门经济社会的长远稳定发展造成严重不良影响"。① 但从法律制度演进的角度看，这些章程及法例（尤其是 1972 年《澳门省政治行政章程》）对建立澳门高度自治的《澳门组织章程》影响甚大。

三　近代葡萄牙法典法的延伸适用

自鸦片战争爆发和清廷战败后，亚马留总督趁势强悍推行殖民政策，拉开了葡萄牙法大举东渐的帷幕。作为葡萄牙法律在澳门延伸适用的产物，近代澳门法体现了以民法典为核心、以成文法为表征的大陆法系特征。

一是葡式民事法的延伸适用。

《葡萄牙民法典》是澳门民法的基本法源和制度基础，长期占据着举足轻重的位置。1867 年 7 月 1 日诏令通过的《葡萄牙民法典》（*Código Civil Português*），是葡萄牙法律史上具有里程碑意义的第一部民法典。它主要受《法国民法典》的影响，明显追随罗马法律传统，借鉴当时大陆法国家不同的法律秩序，并把葡萄牙以往的民法渊源加以系统化；② 同时体现出理性主义法学的影响，表现出强烈的个人主义色彩，完全契合那个时代基于自由主义的意识形态。③ 1879 年 11 月 18 日，葡萄牙颁行法令，将法典延伸适用于葡萄牙海外地区，其中就包括澳门。

在民法典延伸适用过程中，葡萄牙也注意到澳门自身的特殊历史背景与文化环境，对不合中国风俗习惯的规范做了部分保留。基于此点考虑，尤其是 20 世纪以来澳门华洋共处关系的复杂化，原有的《葡萄牙民法典》难以为继，遂有 1909 年 6 月 17 日葡萄

---

① 对此问题展开的分析，参见吴志良《澳门政制》，第 57 页；何志辉：《从殖民宪制到高度自治》，第 85－87 页。
② 参见米健等《澳门法律》，中国友谊出版公司，1996，第 26 页。
③ Mário Júlio de Almeida Costa：《葡萄牙法律史》，第 317 页。

牙海军暨海外事务部颁布的《华人风俗习惯法典》，并于同年9月2日通过。该法共33条，以当时广东和广西地区流行的风俗习惯和法律规范为蓝本，对澳门华人的婚姻家庭、继承和相关民事问题进行了较为详细的规定。① 因辛亥革命以后国民思想观念的近代化，风俗习惯也发生了许多变化，涉及华人婚姻家庭和继承领域的法律无法固守陈规，该法遂经1948年7月24日葡萄牙政府第36987号法令而被撤销，取代者是总共5条内容的第36987号法令，较之前者更为方便、灵活。②

随着时间的推移，这部民法典虽然一经颁布即备受赞誉，但也难以脱离时代的局限。这不仅因为它实际上是一部"个人作品"，还因其过分的"原创性"而产生某些"不幸的规则"，而越来越多的常见法律制度未获其承认，或至少难以找到令人满意的规定，且随着时间的推移，有越来越多的制度与后来的法律规定相抵牾或不甚协调，其局限性可谓日趋明显。③ 为重新制定一部更接近现实的民法典，葡萄牙政府遂从1944年开始组建一个民法典改革委员会，前后花费二十多年时间，先后提出数个草案进行讨论，最终重点趋向于德国法律体系的样式，④ 于1966年11月25日通过第47344号法令公布新《葡萄牙民法典》，并于1967年6月1日正式生效。⑤

这部新法典仿照德国民法典体系，增加"总则"部分，采用五编制结构，依次为总则、债法、物法、家庭法和继承法，颇得

---

① 关于《华人风俗习惯法典》始末及内容，参见黄汉强、吴志良主编《澳门总览》（第二版），第67－69页。
② 蓝天主编《一国两制法律问题研究（澳门卷）》，法律出版社，1999，第14页。
③ Mário Júlio de Almeida Costa：《葡萄牙法律史》，第319－320页。
④ 参见 António Menezes Cordeiro, *Teoria Geral do Direito Civil*, 1990, p.112。转见米健等《澳门法律》，第27－28页。
⑤ 关于该法典的最新中译本，参见唐晓晴等译《葡萄牙民法典》，北京大学出版社，2009。

借鉴其他国家民法编纂成果之利。随后，1967年9月4日通过第22869号训令，正式将新法典延伸至澳门适用。该法颁行不久又有数项内容受到修订，最大规模的修订则在1976年葡萄牙新宪法公布以后，是为1977年11月25日第496/77号法令，经1978年4月1日延伸适用于澳门地区，直至1999年11月1日《澳门民法典》生效为止。

二是葡式商事法的延伸适用。

葡萄牙奉行"民商分立"的立法体例，把商法典作为民法典的特别法。事实上，葡萄牙的法典化运动始于商法领域。《葡萄牙商法典》（*Código Comercial*）的最早版本是1833年费雷拉·博日兹（Ferreira Borges）起草的，其结构分为陆上商业活动与海上商业活动两部分，内容不仅包括实体商法，还有程序、司法组织甚至民事法规范。虽然该法无论是规范内容还是立法技术都难以令人满意，但毕竟代表了葡萄牙商事法的一个重大进步，尤其标志着将商法作为私法的一个独特范畴的建制及理解上的贡献。因1833年商法典随商业活动的发展而更趋落伍，短时间内涌现大量单行法的局面要求一部新法典予以统一。新法典的酝酿始于1859年一个相关委员会，但实质性贡献可归于维格·贝冷（Veiga Beirão），他起草的文本在1888年6月28日获葡萄牙议会通过，同年8月23日正式公布，翌年1月1日在葡国本土及离岛生效，并于1894年6月20日通过法令延伸适用于澳门。该法共四编，分别为商事总论、各种商业合同、海商法、破产法，精神上汲取了法国商法典的精髓，更多具体内容却深受意大利立法的影响，形成一个介于客观主义与主观主义之间的体系。[1]

除此之外，延伸适用于澳门的葡国商法规范，还有1901年4月11日的《有限公司法》（*Lei das Sociedades por Quotas*）和一系列

---

[1] Mário Júlio de Almeida Costa：《葡萄牙法律史》，第309-310页。

第三章
殖民管治：近代澳门的治理与秩序

与公司运作有关的单行法规；1959年的《商业登记法》、1960年的《统一汇票本票法》、1976年的《公共企业法》以及其他特别的单行商事法。它们由不同效力等级、不同表现形式的法律组成复合体，既有总督颁布的商事方面的法令，也有原来从葡国延伸适用的单行商事法律。

作为葡萄牙商事法律制度延伸的产物，澳门商法制度的形成与发展离不开《葡萄牙商法典》的全盘影响，但也无法忽略澳门本身的历史文化、政治地位与社会发展等因素影响形成的商业法制传统，以及它对临近地区香港的商事法律的适量吸收。[①] 因此，作为一种地区性商事法律，澳门商法又有着不同于主权国家商法的多元化和国际化特点。这种以葡式商法为核心而兼有多元因素的澳门商事法状况，直至1999年11月1日《澳门商法典》生效才有改变。

三是葡式刑事法的延伸适用。

澳门适用的葡式刑事法是葡萄牙本土刑法典。葡萄牙史上第一部《刑法典》产生于1852年。此前已有很多的立法尝试，但即使设有奖赏也未能成事。该法受若干外国法典的启发，尤其是1810年《法国刑法典》、1830年《巴西刑法典》和1848年《西班牙刑法典》，对自身的律令传统少有体现，但仍因远未能回应社会发展的需求而受到批判。此后，不断有制定新法典试图取而代之的尝试。例如1861年完成的《彼得罗五世刑法典》草案，但仅在1864年重新整理后才公布于世，且未被立法机构所采纳。原法典在继续生效的同时，亦为顺应时势而做出调整，例如1867年7月1日刑法及监狱改革中废除了民事罪行的死刑，1884年6月14日刑法新改革中则在刑罚目的上采择"补偿理论"等。[②]

[①] 蓝天主编《一国两制法律问题研究（澳门卷）》，第8页。
[②] Mário Júlio de Almeida Costa：《葡萄牙法律史》，第312-314页。

1886年9月16日法令通过了新《葡萄牙刑法典》，成为近代澳门刑事法的主要渊源。新法典共486条，包括总则和分则两卷，确立了罪刑法定、禁止类推、不溯及既往、罪刑相适应、刑罚人道主义等原则，贯穿了近代欧洲大陆法系国家刑事法制的基本精神。但随着时间的推移，该法典的不少内容日趋落伍，例如决斗罪、通奸罪以及关于未成年人年龄的规定，都属名存实亡的虚文。因此，该法典自1892年以来不断修订，所涉条文超过150条，包括增设假释和缓刑制度、将某些刑罚改为罚金、废除流放刑等，并对刑罚的适用和执行做了系统修改。

除刑法典之外，澳门葡式刑事法渊源还包括葡国主权机关制定的一些补充性和单行的刑事法规、葡国参加的某些与刑法有关的国际条约等。需要指出的是，由于葡萄牙与澳门的社会现实、道德观念及文化价值均存在较大差异，而法典延伸于澳门期间，也没有根据澳门的具体情况进行相应调整，即使法典在葡萄牙屡经修改，也只有小部分内容延伸适用于澳门。因此它在澳门地区的适用难以实现立法意图、适应本地要求，许多条文在实际运用中都可谓一纸空文。[①] 这种状况延至1996年1月1日《澳门刑法典》正式生效始有改观。

四是葡式民商诉讼法制的延伸适用。

早期澳门葡人之间的民事诉讼法制，依循《菲利普律令》旧体系的规范。后经19世纪前期司法改革，陆续有1832年司法改革、1837年新司法改革、1841年最新司法改革，既涉及民事诉讼又涉及刑事诉讼。在《葡萄牙民法典》公布后，为顺应民刑分离之势，1876年正式颁行《葡萄牙民事诉讼法典》，稍后又有1895年和1896年两部《商事诉讼法典》、1899年的《破产法典》，后

[①] 参见黄少泽《澳门新〈刑法典〉与法律本地化》，《澳门1996》，澳门基金会，1996。

两者最终结合而成 1905 年的《商业诉讼法典》,① 稍后延伸适用于澳门地区。

至 20 世纪多次的局部改革,私法方面的程序性规范形成了统一立法,遂有 1939 年 5 月 28 日经 29637 号命令所通过的《葡萄牙民事诉讼法典》,自此完全改变过往强调调查的体系,体现其受奥地利与意大利之民事诉讼法文化的影响,随后迭经 1961 年、1967 年和 1977 年的数次修订。

由 1961 年 12 月 28 日第 44129 号法令通过的新的《民事诉讼法典》,于 1962 年 4 月 24 日正式生效,后经同年 7 月 30 日第 19035 号总督训令公布于澳门《政府公报》(10 月 9 日第 40 期),自 1963 年 1 月 1 日起延伸适用于澳门,构成现代澳门民事诉讼法的主要渊源。该法典共 1528 条,包括诉讼、管辖及公平的保障、程序、仲裁法庭四大部分。② 为顺应 1966 年《葡萄牙民法典》的生效,该法又经 1967 年 5 月 11 日第 47690 号法令做出若干更新;1976 年葡萄牙新宪法的问世,则导致 1977 年 9 月 3 日第 369/77 号法令做出的修改,稍后亦延伸适用于澳门,直至 1999 年 11 月 1 日《澳门民事诉讼法典》生效为止。

五是葡式刑事诉讼法制的延伸适用。

早期澳门葡人之间的刑事诉讼法制,有着与民事诉讼法制大致相同的渊源。虽然有很多单行法对其修订补充,但长期以来一直生效的是最新司法改革的制度。由于刑事程序法的立法越来越混乱而难以查阅,历史上数次出现法典编纂的尝试,但直到 1929 年才确定最终版本。③ 经 1929 年 2 月 15 日第 16489 号法令核准的《葡萄牙刑事诉讼法典》,经 1931 年 1 月 24 日第 192710 号法

---

① Mário Júlio de Almeida Costa:《葡萄牙法律史》,第 321 页。
② 米健等:《澳门法律》,第 173－196 页。
③ Mário Júlio de Almeida Costa:《葡萄牙法律史》,第 322 页。

令而延伸适用于澳门,从此成为现代澳门刑事诉讼法制的主要渊源。

该法典共两卷700条,将过往以检控原则为基础的结构改为以调查原则为基础,适用于一切犯罪和违法行为的审理。第一卷共2编2章,主要是关于诉讼行为与刑事管辖的一般性规定;第二卷共10编29章,对刑事诉讼程序的各个阶段进行详细规定,包括刑事诉讼程序的一般性规定和具体程序等内容。[①] 此后,该法典又经葡国和澳门立法机关大量的单行立法做出修订或补充,但由于难以通过法典文本的重新公布进行融合处理,结果使该法日趋臃肿。

作为辅助性的渊源,还有一系列由葡国立法机关制定、颁布并适用于澳门的法令和法规,以及有关规范澳门司法组织运作的法律或法例。值得注意的是,葡萄牙共和国议会在1987年2月27日通过新《刑事诉讼法典》,废除旧《刑事诉讼法典》,但未将其延伸适用于澳门,结果这部旧法典仍在澳门生效,直至1997年4月1日《澳门刑事诉讼法》正式施行为止。

除上述葡萄牙五大法典构成近代澳门法典法体系的核心外,还有葡萄牙行政法、财税法、劳动法、移民法、律师与公证制度等方面内容,也同样通过延伸适用而逐步覆盖于澳门社会各领域。

需要指出的是,近世以来葡式殖民法制的东渐与渗透,仅在形式上满足于澳门占极少数的澳葡人士的法律需要。但澳葡对它的采纳也多流于形式,作为体现澳门作为"殖民地"而应"归属于葡国"的一种政治态度,更多的是考虑如何对葡式殖民政制的顺应,而非关注它们能否真正适用于澳门本地。与此同时,由于语言文化隔阂尤其是政治与民族情感上的隔离,占

---

① 米健等:《澳门法律》,第200-226页。

澳门人口绝对数量的本地华人很难真正接受这些外来的强硬塞入的欧式法律文化，大多数人仍以各种方式继续袭用中国传统法律文化。

  正因如此，近代葡国法典法体系在澳门的延伸适用，虽在形式上臻于完备，但在实践中难以运行。如何打破它与澳门华人社会乃至整个华洋共处社会的隔膜并促成法律本地化，遂成为一项任重道远的历史使命。

第四章
地区自治：现代澳门的治理与秩序

第一节 告别与重构：《澳门组织章程》之诞生与内容

相比历次组织章程，1976年颁行的《澳门组织章程》是直至回归前在澳门法律体系中具有最高效力、内容也最重要的基本法律。该章程明确规定了澳门的公权法人地位，并提到澳门在不抵触葡国宪法和该章程的原则，以及在尊重两者所定的权利、自由保障的情况下，享有行政、经济、财政及立法自治权，还订定了葡国的主权机关在澳门代表、缔结国际协议或国际协约的权限，以及国际协议或国际协约在澳门的实施等规则，因而"是澳门政治、行政、财政、立法组织运作的根本依据"。[①] 鉴于这部章程在澳门现代政治与法制发展中至关重要的地位和作用，有必要在此简要回顾其制定始末及修订过程，并重新阐释其基本结构与主要内容，以资当前"一国两制"与基本法研究参考。

---

① 吴志良：《澳门政制》，中国友谊出版公司，1996，第62页。

第四章
地区自治：现代澳门的治理与秩序

一 葡国"鲜花革命"与章程的诞生

自1917年《澳门省组织章程》诞生以来，半个世纪的澳门政制虽有组织章程规范，却因葡萄牙政局动荡而变化无常。尤其是长期以来葡国宪制力主中央集权，对澳门经济社会的长远稳定发展造成了严重影响。即使是1972年新颁布的《澳门省政治行政章程》，在葡国民主革命发生后，随着时局变迁与社会发展，也与澳门自身政治、经济和文化之间隔阂日深。

在此之前，澳门作为葡萄牙殖民宪制意义上的"海外省"，虽然有澳门总督与政务委员会共同行使立法权，但只能制定较低层次的法令规章，具有实质意义的立法权基本来自葡萄牙。葡萄牙1974年爆发"鲜花革命"后，虽然采取了一些非集权化措施，但更大的改革尚需待新宪法颁布后才能进行。由于葡萄牙政局重陷混乱，新宪法的起草迟迟未有动静，延至1975年4月25日才选举制宪大会（Assembleia Constituinte）。

葡国"鲜花革命"最初对澳门并未产生震撼效应。有葡国学者指出："澳门远离葡萄牙的政治生活，对普通华人居民来说，'四·二五'革命是不可理喻的。然而，对华人特殊阶层和澳门普通葡人而言，'四·二五'革命不仅是难于理解，还近乎荒谬"。[①] 澳门居民并不希望打破原有的安定局面，充其量只是希望里斯本政权改变中央集权政策，以加强澳门政府的决策权，提升行政效率。澳督嘉乐庇（Nobre de Carvalho）也没有像葡属非洲海外省总督们那样被革命后执政的救国委员会（Junta de salvação Nacional）解除职务，他的留任甚至成为华人领袖何贤所谈的"值得本地居

---

① Jorge Morbey, *Macau 1999——O Desafio da Transição*, p. 57. 译文见吴志良《澳门政制》，第60页。

民高兴的一件事"。①

这种"人心不思变"的心态，随后因澳门葡人内部的急剧分化而有变化。分化的"保守派"以澳门公民协会为中心，主张维持建制现状；"激进派"以澳门民主协会为主体，提出要改变现行政制。政见分歧导致澳门内部失去原有的安宁，这种不安甚至引起邻埠香港的极大关注。1974年10月10日，葡萄牙区际领土协调部圣托斯部长抵澳访问，原拟安抚澳门居民情绪，平息各派政见，不料一批激进军官的求见改变一切：他们要求撤换澳督嘉乐庇，提议由陪同前来的李安道（Garcia Leandro）少校接任。

李安道在1974年11月13日就职新任澳督，接手澳门政制的各种问题。在难以预期葡萄牙修宪的情况下，为满足澳门自身发展的政治需要，他决定草拟一部新的澳门组织章程，争取先以宪制法律形式通过，待葡国制宪大会完成宪法起草工作后，再要求其核准颁行。② 同年12月27日，李安道批示制定新澳门组织章程的目标；翌年1月6日，成立起草工作小组，成员包括驻澳门法院检察官、民政厅厅长、澳门公民协会代表、澳门民主协会代表、澳门教区代表、武装部队代表、华人社会代表和总督秘书等人。由此可见，《澳门组织章程》的出台，确乎是澳门政制受葡国革命影响的一种政治抉择。

在李安道等人的努力下，新《澳门组织章程》初稿于1975年7月完成。草案分别以中葡文本送交公众讨论，收集意见，详加修改，11月提交葡萄牙区际领土协调部修订，呈送执掌宪法权力的革命委员会（Conselho de Revolução），最终在1976年1月6日审议通过。③ 至1976年2月17日，葡国总统高美士根据革命委员会

---

① 吴志良：《东西交汇看澳门》，第108页。
② Jorge Morbey, *Macau 1999——O Desafio da Transição*, p. 68.
③ 吴志良：《澳门政制》，第60—61页。

的命令，颁布实施第 1/76 号法律《澳门组织章程》。①

1976 年 4 月 25 日，《葡萄牙共和国宪法》正式颁布生效。新宪法首次承认澳门为葡萄牙管理下的"中国领土"，由一个适合其特殊情况的章程所管理。根据该法关于"澳门地区仍受葡萄牙行政管理时，由适合其特别情况之通则约束"和"载于二月十七日第 1/76 号法律的澳门地区章程，继续有效"（第 306 条第 1 款）的规定，作为地区宪制性法律的《澳门组织章程》的性质和内容，获得了葡萄牙宪法的进一步确认。

第 1/76 号法律《澳门组织章程》共 6 章、76 条，依次如下：第一章"概则"（第 1 - 3 条），第二章"本身管理机关"（第 4 - 50 条），第三章"司法行政"（第 51 - 53 条），第四章"财政"（第 54 - 66 条），第五章"地区行政"（第 67 - 70 条），第六章"附则及暂行条例"（第 71 - 76 条）。此后，该章程经历 1979 年 9 月 14 日第 53/79/M 号法律、1990 年 4 月 17 日第 13/90/M 号法律修订，调整为 6 章 75 条；再经 1996 年第 23 - A/96 号法律修订，调整为 6 章 72 条（鉴于本文旨在溯源史事，以下引用均以第 1/76 号《澳门组织章程》为据，凡有修订则另行比较，或做特别说明）。

二　两大本身管理机关：总督与立法会

（一）本身管理机关之一：总督

在澳门回归前，《澳门组织章程》在澳门法律体系中具有基本法的地位。它首先规定澳门地区包括"天主名之城的澳门及凼仔、路环两岛（第 1 条），"组成一个具有内部公权，以及除在葡萄牙

---

① 参见《澳门工商年鉴：1975 - 1977》（第十三回），澳门《大众报》编印，1978，第 32 - 42 页。

共和国组织法及本章程规定的原则外,并享有行政、经济、财政及立法自治权的法人"(第2条)。须注意的是,1990年章程对该条予以修订,所涉"组织法"改为"宪法",并新增"在尊重两者所定的权利、自由与保障的情况下"等字样。

为明确澳门政制的整体权力配置,章程第二章"本身管理机构"共有47条详细规定。先以分节"概则"形式,确立如下最基本的权力格局:一是澳门地区"本身管理机构为总督及立法会,附属前者则有咨询会"(第4条);二是规定立法任务由立法会和总督执行(第5条);三是规定实施任务系由总督执行,并由各政务司协助(第6条)。随后的内容更为具体,广泛涉及澳门本身管理机构、司法、财政与其他问题。

依据葡国公法学说,所谓"本身管理机关"(Orgaos de Governo Proprio),是指设立于某地区内且以自治方式行使立法、行政及政治职能的机关,不同于行政法上的自治实体(Entidades Autonomas)或自治机关(Servicos Autonomos)。[1] 据此,章程明确规定"澳门公共机关系属于该地区本身,得组成为有或无法人资格的自治机构"(第67条),以示区别本身管理机关。

总督作为澳门本身管理机关之一,是澳门政治权力体系的核心,在澳门代表葡萄牙除法院以外的所有其他主权机关——总统、国会和政府。有鉴于此,章程依次规定了总督的任免、缺席、权限及其责任制度。

第一,总督任免制度。依据章程规定,总督由葡国总统任免,并授予职权;对总督的任命应预先咨询当地居民,该项咨询主要通过立法会和在社会基本利益方面有代表性的机构为之(第7条),其职级相当于葡国政府的部长(第8条)。总督的任期没有法律规定,通常从属于葡国总统的任期。

---

[1] 参见黄显辉《澳门政治体制与法渊源》,东方葡萄牙学会,1992,第33页。

第二，总督代理制度。总督不在场或有障碍时，应由葡国总统指定人选担任有关职务，但在此期间内该等职务将由总督在政务司及保安部队司令中指出一人作为护督（护理总督）执行。总督缺席时，由保安部队司令担任护督职务，直至葡国总统指定总督的人选为止（第9条）。未经预先得到葡国总统同意，总督不得离开本地，但"香港不在此限，往该地时只系通知不在场便妥"（第10条）。护督的职权范围没有明文规定，一般认为可代为行使总督的全部权力。

须注意的是，1990年章程对此予以修订，指定护督的人选删除了"保安部队司令"，总督缺席时护督人选也改为"由在职时间最久的政务司担任护督职务"，总督不得离开本地的要求，则删除"香港不在此限，往该地时只系通知不在场便妥"字样。

第三，总督权限制度。总督通过葡萄牙政府的授权，对澳门进行除司法权外的全面管治，其权限得到进一步加强，[1] 广泛涉及代表权、牵制权、政治权、立法权与行政权等内容。现分述如下。

一是代表权（Poderes de Representacao）。总督的一般代表资格，是指"除法院外，共和国在本地区的主权机构系由总督为代表"（第3条1款），即作为葡国总统、政府及国会等主权机关在澳门的一般代表。在对外国际关系上，虽然与外国发生关系及缔结国际协议或公约时仍由葡国总统代表澳门，不过涉及专属澳门地区利益事宜时"得委托总督处理"（第3条2款）。此外，总督"在内部的关系代表本地区，但对于某种行动得由法律指定其他人士担任"（第11条1款a项），等等。

二是牵制权（Poderes de Controlo）。在牵制立法会方面，总督有权签署法律和法令，并命令颁布（第11条1款b项）；须经总督签署的法律文件而欠缺时，"法律上是作为不存在的"（第11条

---

[1] 关于总督诸种权力之分析，参见黄显辉《澳门政治体制与法渊源》，第35-37页。

2款)。总督也有权以公共利益为理由,向葡国总统建议命令解散立法会,并使之重新选举;解散的建议应详细陈述证明系合理的理由,并将之通知立法会(第25条)。在牵制司法权方面,总督还有权"保证法院当局的自由、充分执行职务及独立"(第15条1款d项)。

从随后的政治实践看,章程赋予总督对立法会的牵制权,乃是自此之后澳门政制内部矛盾的根源。尤其是总督可以公共利益为由建议葡国总统解散立法会,导致了1984年澳门第二届立法会被总督建议葡国总统解散的政治事件。而总督在立法程序方面的牵制,使《立法会章程》不得不规定立法会制定的所有法律均须送交总督签署,并由总督命令颁布;总督还可拒绝签署法律并退回立法会重新审议,立法会须在接到总督退回法律的8天内重新审议。

须注意的是,1990年章程对该类权力新增若干内容,如总督有权提请宪法法院审议立法会发出的任何规定有否违宪或违法(第11条1款e项),等等。

三是政治权(Poderes Politicos)。例如,总督有权"负起本地区治安责任",当澳门地区在任何地方发生或可能发生公共治安有严重变动时,听取保安高级委员会意见后,采取必要措施使秩序恢复(第11条第1款各项),等等。此外,总督的专属权限,还包括领导本地区一般性政治、统筹整个公共行政等方面(第15条1款各项)。

须注意的是,1990年章程对该类权力做了较大修订。例如,总督有权订定当地内部安全政策,确保其执行,并订定负责执行有关政策的实体之组织、运作与纪律;在公共秩序受严重威胁或骚乱影响时,经听取咨询会意见,采取必要及适当措施迅速恢复秩序;当有需要临时限制或临时中止宪法的权利、自由和保障时,应先咨询立法会,且尽可能立即通知葡国总统(第11条1款各项），等等。

尤其重要的是，1990年章程修订还赋予总督以宪制权（Poderes Constituintes）。例如，总督有权向葡国议会提出修改或取代《澳门组织章程》的建议，并对议会修改其建议发表意见（第11条1款f项）；有权任命立法会23名议员中的7名议员（第21条1款a项），并得随时列席立法会会议，唯无表决权（第37条1款），等等。

四是立法权（Poderes Legislativos）。总督享有一般立法权，即总督"行使立法权系通过法令，包括所有专属于对本地区有利事宜，而非共和国主权机构或立法会的范畴者"（第13条1款）；总督还享有获许可之立法权，即"当立法会已授予立法的许可或已解散时，立法权亦属于总督"（第13条第2款）。

应指出的是，1990年章程对此详加修订，不仅进一步明确了总督获许可之立法权，如规定另有一部分立法事宜，立法会也可授权给总督（第31条3款）；还规定总督享有竞合立法权，即与立法会分享部分立法事宜（第31条4、5款）；以及享有专属立法权，即总督具专属权限，充实葡国主权机关的纲要法，以及核准执行机关的架构和运作之法规（第13条3款），等等。

从整体看，总督具有立法权，是《澳门组织章程》在本地权力配置上的显著特色。为规范这种容易膨胀的权力，1990年章程修订时，对总督的三种"非专属立法权"设定了两类立法程序，情况如下述。

关于立法许可程序，是由立法会授权，许可总督制定法律，授权应订明许可之标的、意义、范围及期限，而期限得被延长（第14条1款）。在此情况下，总督应根据立法许可规定的条件和期限，责成与该法律有关的政务司草拟法案；该法案经征求咨询会的意见后，由总督以法令颁布之。当然，立法许可使用不得超过一次，但可局部使用（第14条2款），即只就立法授权范围的部分内容立法。在此情况下，未使用的那部分立法授权即告作废。

关于立法追认程序，是总督未经立法会许可而制定的法令，须经立法会追认方可生效。该法令在公布后的前五次立法会会议内，经六名议员请求，得置于立法会的追认程序（第15条1款）。如拒绝追认，该法令应自立法会的决议在《政府公报》公布之日起失效（第15条2款）。该法令经修改后得被追认，如出现此种情况时，在有关法律公布前，法令仍然有效；但经立法会2/3在职议员决议，中止实施该法令时，则不在此限（第15条3款）。在此过程中，议员启动追认程序，须向立法会执行委员会提出书面申请，并指出该法令的名称和颁布日期；立法会主席应在接到申请后48小时内决定是否接纳该申请，一旦接纳即交全体会议讨论，通过是否给予追认来确定该法令能否有效。

五是执行权（Poder Executivo）或行政权（Poder Administrativo）。执行职能由总督行使，并由各政务司辅助（第6条）。作为澳门地区全部行政工作的总负责人，总督的执行权除有前述的领导本地区一般性政治、统筹整个公共行政等权力，还有权为实施在当地生效但欠缺规章的法律及其他法规而制定行政规章，保障司法当局之自由、执行职务的全权性及其独立性，管理当地财政，订定货币及金融市场结构并管制其运作，以及行使警察行政权，即如因国民或外国人之存在引致内部或国际秩序出现严重不适宜时，为着公共利益得拒绝其入境或根据法律驱逐其出境，但关系人有权向葡国总统提出诉愿（第15条1款各项）。在行使执行权时，总督发出训令（portaria）后，应在《政府公报》上公布，而做出批示后得按其性质订定公布方式（第15条2款）。

第四，总督责任制度。在政治方面总督"系向共和国总统负责"，总督及政务司须向法院负责民事及刑事责任；若任职期间为民事或刑事诉讼的被告时，只能在葡萄牙里斯本法区提起诉讼，但该诉讼非属澳门而属另一法院管辖时不在此限（第19条），立法会无权对其进行弹劾或罢免。

从上述规定看，澳门总督拥有全部的行政权。尤其是在实行双轨立法的体制下，他与本地立法会分享立法权，同立法议员可提法案交立法会讨论，且在立法程序上扮演举足轻重的角色。正是在此层面上，澳门政治体系可谓是一个"以澳督为主、行政主导、权威式的政治体系"，[①] 它为澳门政治后来的发展预定了大致方向。

（二）另一本身管理机构：立法会

根据《澳门组织章程》规定，澳门立法会不再从属于总督，而成为澳门地区另一本身管理机构，是澳门主要的立法机关和行政监督机关。立法会是一个混合性的利益代表机关，享有部分民意基础，是澳门政治走向民主化的起点。[②] 其要点如下。

第一，立法会的组织制度。

关于立法会的构成。立法会系由有选举资格的市民中指出17人为议员所组成，其中总督委任5名，通过直接和间接选举各产生6名；立法会有主席1人和副主席1人，由议员中秘密投票以获多数票者选出，前者可将主席职权委托后者，但当主席不在会场工作时，该项委托自然地经常存在（第21条1、2款）。

关于议员的选任。在议员选任方式上，直接及普遍投票选举将通过候选人推荐委员会，或者经由公民团体进行；间接投票选举的目的是为了保证道德、文化、救济及经济利益能有代表；澳门政府将以法例订定立法会议员选举及指定的条件、选民的登记及选举资格、选举程序及应举行的选举日期（第21

[①] 余振、刘伯龙、吴德荣：《澳门华人政治文化》，澳门基金会，1993，第28页。
[②] 关于立法会的权限、组织、运作、立法程序、议员的任期、权利与义务的相关分析，参见吴志良《澳门政制》，第93–110页。

条 3、4、5 款)。检查选举结果及宣布当选议员之权属于地区法院,当选议员名单将在《政府公报》公布;法院的决定须于立法会开会之前最少 8 天公布,或补缺选举时则在选举后 15 天内公布(第 23 条)。

关于议员的任期。议员任期系由召开第一次会议之日起不得续期的三年;在三年期间内所发生的空缺,按照其空缺的情况于发生之日起 60 天内以指定或选举方式进行填补,任期在该期限内届满则不在此限;按照上款所预料的情况,议员的任期系直至该三年期满为止(第 22 条 1、2、3 款)。三年期限的最后一次会议之后,立法会将其所有议员维持直至新议员之权审定为止(第 24 条)。

关于议员的权利和义务。首先,议员在执行任务期内所发出的意见及表决是不可侵犯的;但该项豁免并不包括有关诽谤、诋毁、侮辱、违犯公共道德或公开引诱犯罪等民事及刑事责任,在此情况下得由立法会自行决定其停止执行任务(第 26 条 1、2 款)。其次,议员在会议期间倘未经得到立法会的同意,不得遭受扣留或拘押;但其罪名系属重监禁,或在罪名表内系属同等的且系当场犯罪,或有法院的命令时,不在此限(第 26 条 3 款)。议员如犯上述罪行,立法会将决定应否中止其履行议员职务。再者,议员未经立法会许可不得充任陪审员、秉公或证人,该项许可于听取议员意见后方能做出应否批给;但有权申请被认为对于担任职务所不可免的资料、报告及政府刊物,亦有权领取认别证、特别护照及将来由立法会本身用法律文件所订定的报酬(第 27 条 1、2 款),等等。

须注意的是,1979 年章程对议员任期予以修订,改为每任 4 年;1990 年章程又对议员构成予以修订,立法会由 23 名议员组成,其中由总督委任者 7 名,通过直接选举和间接选举各产生 8 名(第 21 条),议员权利与义务制度亦有适度修订。

第四章
地区自治：现代澳门的治理与秩序

第二，立法会的职权制度。

立法会是澳门主要的立法机关和行政监督机关，除拥有订立社会、经济、财政及行政政策总方针和对某些事项的专属立法权外，还具有牵制和监督总督、政务司及行政当局的权力，其专有职权罗列于章程第 31 条 1 款 A 至 Z 项。

根据章程规定，立法会有权对专属本地区有利而非按照具有宪法规定属于葡国主权机构的事项，制定法律连同解释、停止及撤销；授予总督以立法许可；监视在本地区对具有国家基本法规及法律的遵守，并将本地区机构所颁任何抵触宪法的法例转送有关法庭评定；订定犯罪的等级，系由于本地区政治、社会环境所引致者，但所定刑罚不得超过 8 年重监禁（第 31 条 1 款 A 至 D 项），等等。

立法会也有权设立公务员新阶级或名称，或修正已订定该等阶级的表，以及订定团体人员薪俸或其他报酬方式；订定本地区行政上划分；核准当地行政合法制度的一般性基础；订定本地区的行政总机构与分机构之间关系上的合法制度（第 31 条 1 款 E 至 H 项）；有权订定总督得解散行政团体的条件；订定属于本地区最高首长职权范围内的批给制度；订定本地区税收制度的要素及每项税的征税对象与税率，以及订定得给予税务豁免与其他优待条件；核准本地区经济发展总计划的原则；以及订定本地区的社会、经济及财政政策大纲（第 31 条 1 款 I 至 N 项），等等。

立法会还有权准许总督按照法律之规定借入款项，以及进行其他信用活动，连同作为第 63 条所指条件的保证；省察总督或政府的行动；表决对政府有怀疑的提议，该等提议应有详细陈述合理理由，并将之立即通知葡国总统及总督（第 31 条 1 款 Q 至 S 项），等等。

此外，立法会还有权对本地区组织章程发表意见及建议修改；检查及承认其议员的权利，选举常务委员会，以及编制内部章程

225

及订定对其本身的管制；选出议员三人参加保安高级委员会；主动或由葡国政府或总督授意，对本地区一切有关事务提供意见（第31条1款T至Z项），等等。

第三，立法会的工作制度。

关于会议期限。立法会于选举完成后30天内，在本地区首府举行会议。立法会议期通常不超过8个月，但得分作二段或三段期间进行。立法会得将会议期延长，只限于讨论有关延期命令及召开通告所指定的事项（第32条1-3款）。平常会期一般是每年的10月15日至翌年6月15日。但如需要，经主席或若干议员的倡议，平常会期可以延长或暂停，或者在此会期下召开特别会议。

关于会议召开。会议包括平常会议和特别会议。关于前者，立法会系由主席自行或不少于6名议员的请求而召开平常会议；关于后者，得由主席或过半数议员召开立法会特别会议，以便讨论召开会议通知书内所指定的事项（第33条）。立法会议必须有过半数议员出席方得举行（第34条），立法会全体会议属公开的，但为维护公共利益，由主席主动或任何议员做出有根据的建议而否定时，则不在此限（第35条1款）。

关于会议表决。立法会议的决议系以普通多数取决，对于总督拒绝颁布立法会所通过的条例或者关于犯罪、公务员制度及对政府不信任案之类情况，则以2/3的多数通过；若票数相等时，主席方有表决权（第36条）。在此过程中，总督如有意参加，但无表决权；主席由其自行或任何议员的请求，还可邀请立法会以外人士（特别是对审核事项有才能或知识者）参加，但亦无表决权（第37条）。立法会议员还可对总督或本地区行政任何行动提出书面咨询，以便对舆论做解释；与立法会议长期性工作无关者，得向任何团体或机关提出关于公共行政事务的咨询，听取其意见或索取资料（第38条1款），等等。

关于立法会文件效力。由立法会通过的建议书及草案，定名为法律，并将之送交总督，以便由收到之日起 15 天内，由总督签署及着令颁布；倘不同意时，有关条例将送回立法会重做研究，当立法会有确实执行职务的议员 2/3 大多数肯定该条例时，总督不得拒绝颁布（第 40 条 1、2 款）。倘由葡国主权机构颁行的法例与澳门地区立法机构颁行的法例有抵触时，非涉及后者机构专有事项，应维持前者，而行政当局及法院只能执行前者；如上述所指任何情况所发出的法例实质上不合法时，法院得声明有关不合法性（第 41 条 1、3 款）。

此外，章程还明确了订定"立法会章程"的应有事项，如立法会常务委员会的组成及职权、组织认为有必要的委员会、表决办法、在议程前所讨论的事项应公布之预先期限、法律建议书及草案的提交条件及其讨论应遵期限、由立法会通过的法律之最后校订应遵程序、建议书或意见书的编制期限、立法会议员的权利与豁免及特权的规定，以及组织章程其他规定和对立法会工作认为有必要的规定（第 42 条）。

须注意的是，该章程关于立法会的诸多权限，尤其是与总督权力相互钳制的设置，引发了随后持续多年澳门政治的内部问题，矛盾郁积到 1984 年更以第二届立法会被强令解散而达到顶峰，但也给章程后来的修订工作积累了政治实践层面的经验教训。

另外值得注意的是，根据该章程第 42 条，立法会拥有订定有关本身组织运作规程和议员章程的权力。据此，立法会发展最引人注目的年头是 1993 年。是年 3 月 12 日立法会决议第 1/93/M 号《立法会章程》（共 196 条）和 8 月 9 日第 7/93/M 号法律《议员章程》（共 26 条），[①] 分别对立法会的运行规则、议员权利义务与立法程序等内容予以详尽规定。

---

① 关于这两份法律文本的中译本，参见肖蔚云主编《澳门现行法律汇编》第 1 辑，北京大学出版社，1994，第 96－150 页。

例如，根据《立法会章程》，立法程序分为普通立法程序、特别立法程序和紧急立法程序三种，[①] 概略如下。

关于普通立法程序。这是立法会制定法律最常用的程序，可分以下几个阶段。一是法律的创制。按照《澳门组织章程》，总督和立法会议员均有权提出法案，但名称各异，前者叫法律建议案；后者为法律草案。上述法案均交由立法会执行委员会刊登在立法会刊上，并由主席决定是否接受。但是，总督提出的法案在提交立法会之前，应听取咨询会的意见。二是法案的审查。法案被接纳后，即由主席交立法会有关委员会或临时委员会进行审议。该委员会应在30天内提出修改意见或建议案交给主席。三是大会审议通过。大会审议包括对法案的原则和体系做一般性讨论和表决，以及对法案具体条文的讨论和修订。大会亦可决定将法案交到有关委员会重新审查。四是法案的定稿。法案如获大会通过，则由有关委员会对法案的文字和风格加以润饰，做最后的定稿，但不得改变法案的原意。五是法律的颁布。经上述程序通过的法案称为法律，该等法律须送交总督签署并着令颁行，但总督可拒绝颁布。

关于特别立法程序。它适用于对《澳门组织章程》的修改、总督立法许可的授予以及法令的追认。对该章程的修改或重订的提案权专属立法会。该提案应由总督交葡国国会审议通过。在适用特别立法程序时，对总督的立法许可及其法令的追认，不须经有关委员会审查。

关于紧急立法程序。这是为了减少法案的审议时间，使之尽快获得通过。总督或任何议员均有权提请立法会运用这一程序通过任何法案。运用该程序时，法案无须经有关委员会审查，或可

[①] 关于这三种立法程序的详细规定，参见《立法会章程》（第1/93/M号决议），第六章，第117-157条。

缩短审查时间，减少辩论次数和时间，免除有关委员会的最后定稿或缩短定稿时间等。

三 总督之下/之外：政府架构、司法与财政

（一）关于政务司与咨询会

根据《澳门组织章程》，政务司是总督的协助机构，其地位、构成、权限与职责，均纳入第二章第二节"总督"予以规范。

一是组织构成。据章程规定，执行职能由总督行使，并由各政务司协助（第6条）；政务司人数不超过5名（后修改为7名），由总督提请葡国总统任免，并由总督授予职权，职级相当于葡国政府副部长（第16条1、2款）。可见其在行政机构中的法律地位仅次于总督，辅助总督行使行政职能，处理行政事务。不过，章程对其任期、职务范围没有明确规定，可由各任总督自行决定。

二是职责权限。总督停止其职务时，政务司应维持其任务，直至有代替时为止；政务司有责任执行总督通过训令所委托的实施权（第16条3、4款）。政务司在任职期间，不得兼任其他公职或做任何私职活动（第17条）。据此可知，各政务司也可以分别用批示方式，转授权给其属下的司长、署长和厅长等，以执行所赋予的职务。

三是行为效力。总督及政务司所做出的而非属组成法权（即没有创设权）的活动，随时得由其本身予以取消、修改或停止；有关组成法权的活动（即有创设权的行为）亦得由其本身加以取消、修改或停止，但只系基于不合法性，而且在法定申辩期或递交申辩前为之。上述规定得引用于所有总督及政务司不合法活动的追认、调整或改变（第18条1、2、3款）。此外，总督及政务司的行政活动，得由关系人申辩，但须基于前者的无能、越权、

滥权、歪曲法律及违背法例章程或行政合约方可；对于总督及政务司的判决性及执行性上诉案的审核权，属于葡国最高平政院；该项上诉的期限，由颁布而已正式获知或被通知执行的开始或上诉者应完成的期限之日起40天内进行（第18条4、5款）。

与政务司不同，咨询会（Conselho Consultivo）是澳门政府根据《澳门组织章程》设立的一个咨询机构，主要职责是协助总督行使其立法和行政职权，对有关政府和当地行政机构的一切事宜以及总督为此所提交的事项发表意见，其构成、职责与运作规则，均纳入章程第二章第四节。

一是组织构成。咨询会由选任委员5名、官守委员3名、委任委员2名组成，任期为3年。选任委员的办法及机构对象为：由地区行政团体就其成员中选出2人，代表道德、文化及福利机构者1人，经济利益社团就其领导机构选出2人；官守委员分别是管制民政厅的政务司（或缺席时则为该厅厅长）、检察长与财政厅长；委任委员由总督就认为有专长及有声誉的市民而委任之，任期为3年（第44条1-4款）。上述委员享有给予立法会议员的同一特权与利益（第46条），但不得兼任立法会议员。咨询会另设秘书1名，处理咨询会的日常事务以及文书工作。

另外，在选举正选委员时，一并选出同一人数的候补委员（第45条5款），以便在委员出缺或因故不能视事时代替之。官守委员缺席或因故不能出席时，则由彼等之法定代替人补充；委任委员代替人的指定，属总督之权（第45条）。至于选举办法及日期，由澳门政府以训令规定之；总督将着令在《政府公报》颁布一名表，载明第44条选任委员和官守委员所指的机构（第47条）。

须注意的是，1990年章程对此做出修订：委员任期改为4年，选任委员的选举制度亦进一步明确，特别是关于被选的要件、选民登记、选举资格、所代表的社会利益之界定、选举程序及选举日期等，规定"应以法律定之"（第47条）。

二是基本职责。对于由总督送交咨询会的一切有关政府及本地区行政事项，由咨询会发表意见（第48条1款）。对于下列事项，硬性规定须听取咨询会的意见：由政府提交立法会的法律建议书；将由总督颁行的命令草案；执行本地区现行法例的实施条例；本地区的经济发展总计划草案；订定本地区的经济、社会及财政发展总纲；以及倘因本国人或外国人在场而引致内部或国际性秩序有严重不适宜时，为着公共利益得拒绝入境或根据法例驱逐出境，但关系人有权向葡国总统上诉（第48条2款各项）。

三是运作规则。作为常设机构，咨询会系由总督或其代替人主持，并得授权委员中之一人主持（第43条）。咨询会议一经总督召集即予举行，但必须有执行职务委员的多数出席方可；咨询会的决议，系以出席委员多数取决，倘票数相同时，总督方得行使其表决权；对于法令或法律的草案及建议书，发表意见的期限，系由有关内部章程所订定，或倘属紧急事项，则由总督指定之；建议书系并无约束性者（第49条1－4款）。咨询会会议并非公开的，但政务司、保安部队司令及由总督按每一情况所指定的公务员，得列席而无表决权；总督得邀请有专长的人士列席会议，该等人士对所订讨论事项可做有利的解释，但无表决权（第50条）。

（二）关于司法及司法行政

长期以来，澳门司法机关直接隶属葡萄牙，是葡萄牙司法机关的组成部分。《澳门组织章程》第三章"司法行政"，对澳门司法制度仅有简略三条规定。一是司法行政原则，规定澳门地区的一般司法行政，继续受葡国主权机构颁布的法例所管制（第51条）。二是澳门检察厅制度，规定澳门检察厅的业务将由检察长一人及检察官一人加以确实执行，检察长负责监察检察官公署、登记局、立契官公署、司法警察厅等机构的业务，并有权管理政府法律咨询署，检察官为该署成员之一（第52条）。另外，检察厅的代表应接受总督以书面致送该厅有关维护澳门权益的指示,但有关法律的技术性除外;关于纪律上的效力及其权利与义务,检察厅的代表应遵守葡国的一般法律(第53条)。

值得注意的是,随着1987年《中葡联合声明》的签署,为适应过渡期法律发展形势的需要,葡萄牙政府于1989年修订了有关澳门条款,并于1990年修订《澳门组织章程》第三章"司法行政",首先规定澳门地区"拥有本身的司法组织,其享有自治,并适应澳门的特征"(第51条),从而使之逐步脱离葡国司法体系。在具体制度上,它也不再适用葡国原有相关法律,而是由葡国议会根据澳门实际,专门制定一个有关澳门司法制度的纲要法,使之拥有相对独立的司法体系。

为实现这个目标,葡萄牙国会于1991年6月19日通过《澳门司法组织纲要法》(Lie de Bases da Orgânização Judiciária de Macau)。在随后的新司法组织架构中,普通管辖法院、刑事预审法院、行政法院作为一审法院继续保留;新增设澳门高等法院和审计法院为二审法院,高等法院受理全澳门上诉案件,在多数情况下其审判具有终审性质。此外,还一般性地将受法律保障的权益、遏止违法性,以及解决公、私利益冲突等事务,拨归澳门法院负责;最后还定出了保障法院的独立、法官的不可移调性、独立性及不承担责任性等规定,并确保检察院通则的自治及特性。

(三) 关于财政与地区行政

至于澳门的财政制度,章程第四章"财政"共有13条,规定较为详细。

一是澳门财政所涉范围。依据章程规定,澳门地区有其本身的债权与债务,并按照有关法例,负责其行动及合约所引致的债务与承担,它的政府有权处理其财产与收入(第54条)。澳门地区的财产构成,则包括如下内容:空地,或非属确实私有或公有产业制度的土地,及在地区本身范围内非属他人所有的其他动产与不动产，以及在地区本身范围外依法购置或属于它所有的一切财物，尤其是利润的参与以及它所有的其他性质的收益（第55条）。

二是地区财政预算册制度。依据章程规定，地区的财政有赖于就地预算册所管制，该预算册系根据法律订定的计划而编制；预算册系单一的，包括所有收入及支出，连同各项基金及有自治权机关的预算，该等预算系另行及根据法律订定特别详细编造而颁布者；预算册应预算必需的收入以应付支出（第56条）。预算册系每年编制，而由总督依法着令实施（第57条1款）。此外，预算册内未经载明的经费，不得动支，亦不得做超越预算册预定的负担或支出；对于某些开支，经核定其用途者，不得超越预算册或拨款法例的范围（第60条4、5款），等等。

三是澳门财政收入构成。依据章程规定，澳门本身的收入，其构成将载明于现行法例或有关立法机构所颁布的法例内，具体包括税、收入或工作的参与、葡国所支持或因做出保证而须负担责任的经营或批给，以及对地区给予资助的利息及分期还款（第58条）。只限于经法律核准及预算册有关部门内载明的收入，方可征收，其后获得增加或获准者则不在此限（第59条）。

四是澳门地区的财政负担。依据章程规定，澳门财政负担来自两方面。一方面，来自葡国对澳门地区的负担，其构成包括：葡国所属各级机关，其在澳门地区的场所、工作、管理等开支，以及葡国为当地做担保的给付；对海运或空运机构所做的全部或局部资助，以及葡国其他地区与澳门地区间的通信经营；对地区治安部队经费的补助；对东方传教会的资助及对获承认的天主教传教团体与修道院及其人员休憩场所的补助。另一方面，来自澳门地区的负担，其构成包括：利息、每年还款及因合约或法律所引致的负担；所属机关的经费，包括其人员的交通费、物料费及与机关作业有关的其他费用；有关地区的繁荣费用，包括法定或合约批给所引起的负担，或为着同一目的而兴建的工程；退休人员的退休金，系按照彼等在澳门地区所占服务时间的比例计算；货币及印花税票的印制费，以及澳门政府给予经常维护本地区公共利益服务的企业或机构以资助（第60条1、2款）。

五是澳门地区的财政借款。依据章程规定，澳门地区只得作为经济繁荣的特别用途、摊还其他债务、增加不可免的财产，或因治安及公共救济必要事项而借款。与此并无抵触时，澳门地区得不需保证金或特别保证而向内或向外借款，连同进行其他信用活动。澳门地区亦得通过流动负债，取得所需的补充，以代替有关年度的收入，但在年度终结前应办理有关清算或由公库备款清算之。澳门发行银行的活动，系等于地区政府的银行；澳门地区不得减低有保证公债的本息，致使债券持有人受到损失，但有权将之转换（第61条各款）。

此外，章程还规定澳门地区对于所资助的建设或计划，其目的系对澳门经济有显著利益或它可能有份参与其事；有关出具保证的程序，其实施办法及拒保规则，将由有关立法机构订定（第63条1、2款）；审核行政团体及公益团体的账目，以及对属于地区当局职权范围内的行动及合约，进行审查及批准的权限，系属于平政院（第64条）；澳门政府与地区平政院对于审核或批准的歧见有上诉时，决定权属于葡国审计院（第66条），以进一步明确澳门地区财政制度。

此外，关于澳门的地区行政制度，章程第五章"地区行政"对公共机关与公职人员做出如下规定。

关于澳门公共机关，依据章程，在不抵触第51条规定情形下，澳门公共机关系属于该地区本身，得组成有或无法人资格的自治机构（第67条）。由此可见，澳门公共机关作为当地专属机构，体现了澳门地区的行政自治。

关于澳门公职人员，依据章程规定，公共机关的人员不分等级，一律隶属澳门地区本身的团体，只受有关部门的管辖及督导（第68条）。

关于公职人员的互换，具体又分两类情况。一类是，葡国主权机构团体所属人员，经本人申请并取得共和国同意及有关部长许可，并征得总督的同意后，得在澳门地区做定期性服务；在此情况下，该项服务时间在法律上的效力，视为在其本身团体及阶级的实际服务时间论。上述人员若经本人申请并取得有关部长同意，得转为澳门地区团体人员，但委任为新团体人员之权属于总督；合作部人员经澳门政府邀请及透过有关部长批示，得以平常或临时任期制度在澳门地区服务（第69条各款）。另一类是，澳门地区团体人员，经本人申请并获有兴趣的政府许可，得在葡萄牙主权机构或前葡国殖民地的团体，按照个别情况所协议之规定，做定期性服务；在此情况下该项服务时间在所有法律上的效力，视为在其本身团体及阶级的实际服务；上述人员经本人申请并取得澳门总督同意，得转入葡萄牙主权机构或前葡国殖民地机构的团体，但须透过该等地区的有关部门委任为新团体人员（第70条）。这套互换制度，为后来澳门葡籍公务员纳入葡萄牙编制提供了基本论据和指引。

除上述章节对澳门政治体制予以宏观构建，章程第六章"附则及暂行条例"还提到澳门本地专营公司（第71条）、葡国主权机构所颁适于澳门地区之法例的颁布生效程序（第72条）、为立法会及咨询会选举部署工作（第76条）等内容。

四 章程的适时修订及其意义

时至1990年4月18日，葡萄牙共和国议会一致通过《澳门组织章程》修订草案。5月10日，葡国议会通过关于修改章程的第

13/90号法律；5月15日，澳门《政府公报》刊登了这一法律。①

经此修订的《澳门组织章程》，较之1976年原稿，有较大幅度的文字调整，且减为75条，但仍保留原有6章体例，依次如下：第一章"总则"（第1-3条），第二章"本身管理机关"（第4-50条），第三章"司法行政"（第51-53条），第四章"财政"（第54-66条），第五章"当地行政"（第67-70条），第六章"补充及过渡规定"（第71-75条）。②

1996年7月29日，葡萄牙议会对《澳门组织章程》进行了第三次修改，仍为6章，条文压缩为72条。这次修改与1993年《澳门基本法》的颁行有密切关联，因基本法明确澳门原有法律基本不变，为过渡期的法律改革提供指引，也成为再度修改章程的依据。据此，章程原第51条规定的有关司法组织纲要的立法权，自议会转移到澳门立法会和总督（第31条3款J项），以赋予澳门司法自治权。

从以上修改的内容来看，《澳门组织章程》不但起着澳门法律本地化之始的作用，而且在履行《中葡联合声明》和衔接《澳门基本法》上所做的努力，都值得肯定。

《澳门组织章程》的颁布及其修订，不仅进一步明确澳门地区的法律地位，亦使其从此享有更高程度的内部自治，并为澳门回归后新型法制的衔接奠定良好的政治基础，在整个过渡期的法律本地化运动中起着极为重要的作用。

应该指出的是，我们今天对该章程的高度肯定，仅仅是基于历史发展的视角，并不意味着对其本质属性的认同，亦不表示它已在法律技术上尽善尽美。作为一部直接体现葡萄牙对澳门行使

---

① 华荔：《澳门法律本地化历程》，澳门基金会，2000，第23页。
② 关于第13/90号法律《澳门组织章程》，参见肖蔚云主编《澳门现行法律汇编》第1辑，第11-31页。

管治权的法律，它的效力必然伴随葡国对澳门管治的结束而终止。

综上可见，正确认识《澳门组织章程》在澳门法制史上的地位，既要从宏观层面对葡国殖民宪制与澳门政治进行综合考察，探索其间互动的变迁与章程得以诞生和运行的关系，又要从微观层面认识它究竟如何启动澳门的法律本地化、推动澳门的法制现代化。这对我们把握澳门法律文化的特质，深化澳门法制发展的认识，进而完善澳门法律体制，具有深刻的历史启示作用。

第二节 迈向高度自治："一国两制"构想及其保障

一 "一国两制"：文明共生的政治智慧

（一）"一国两制"构想的形成过程

众所周知，所谓"一国两制"（One Country Two Systems），是指"一个国家，两种制度"，即在一个国家的前提下，在中国主体部分坚持社会主义的同时，容许在发展背景特殊的局部地区和局部范围内保留原有的资本主义，以利于在大的范围内壮大和发展社会主义；或者说，在中华人民共和国境内大陆地区实行社会主义制度，在香港与澳门地区实行原有的资本主义制度五十年或更长历史时期不变。

回溯现代澳门史，可知"一国两制"构想萌芽于中华人民共和国成立初期对香港、澳门实行"长期打算，充分利用"的基本政策。

中华人民共和国成立后，中央人民政府鉴于当时复杂的国际和国内形势，根据澳门和香港的历史和特殊地位，做出"长期打算，充分利用"的决策，同时公开表明香港、澳门是中国领土，不承认外国强加给中国的一切不平等条约，并将在适当时候通过和平谈判解决这一历史遗留问题的严正立场。这在今天来看，"可以说是在一个国家的前提下，并存两种社会制度思想的萌芽"。① 如今回顾毛泽东、周恩来等新中国第一代领导人关于解决港澳问题的决策，② 我们不难看到这是一个"显示政治智慧的重要决策"，③ 看到社会主义新中国在当时特定的国际、国内形势下，以和平外交方式积极尝试解决历史遗留问题的用心所在，为这一深谋远虑的政治构想提供了极为难得的历史镜鉴。

"一国两制"构想起步于中共十一届三中全会以来中国政府对和平统一祖国大业的基本方针。

1978年中共十一届三中全会是新中国成立以来又一转折点，它全面纠正"文革""左"的错误，恢复实事求是的思想路线，坚持从实际出发，制定和调整各方面工作的政策，包括解决台、港、澳问题的政策，并提出实现祖国统一的历史任务。正是在和平统一的基本方针里，如何从实际出发解决台湾问题，再次推动了人们对"一个国家，两种制度"构想的积极探索。在值得两岸人民铭记的1979年1月1日，全国人大常务委员会发表《告台湾同胞书》，④ 首次宣布和平统一祖国的方针："在解决统一问题时，尊重台湾的现状和台湾各界人士的意见，采取合情合理的政策和办法，不使台湾人民蒙受损失。"随后，邓小平提出"只要台湾回归祖

---

① 参见鲁平《在澳门基本法研讨会上的讲话》，《基本法——澳门新时代的蓝图》，1995年5月26日。
② 参见杨亲华、余科杰《毛泽东、周恩来关于解决香港问题的决策》，《毛泽东思想论坛》1997年第3期。
③ 杨允中：《"一国两制"：实践在澳门》，澳门基本法推广协会，2002，第221页。
④ 《告台湾同胞书》，《人民日报》1979年1月1日。

国，我们将尊重那里的现实和现行制度"，并将完成祖国统一的大业提到具体日程上来。① 在此问题上，邓小平反复强调的"总的要求就是一条"，即必须且只能是"一个中国"，而不是"两个中国"。②

围绕"一个中国"展开统一祖国大业，成为 1980 年代中国对台、港、澳问题的主导思路。1981 年 9 月 30 日，全国人大常委会委员长叶剑英发表著名讲话，建议举行中国共产党和中国国民党两党对等谈判，共同完成祖国统一大业，提出"国家实现统一后，台湾可作为特别行政区，享有高度自治权，并可保留军队，中央政府不干预台湾地方事务"；"台湾现行社会、经济制度不变，生活方式不变，同外国的经济、文化关系不变。私人财产、房屋、土地、企业所有权、合法继承权和外国投资不受侵犯"；"台湾当局和各界代表人士，可担任全国性政治机构的领导职务，参与国家管理"，③ 由此全面阐明关于台湾回归祖国、实现和平统一的九条方针政策。

回顾这篇具有里程碑意义的讲话，我们不难看到其间蕴藏着"一国两制"构想最初形态的政治智慧。正如邓小平 1982 年接见海外朋友时说，这九条方针实际上就是"一个国家，两种制度"，并重申"两制"是允许的，"他们不要破坏大陆的制度，我们也不要破坏他那个制度"。④ 正是在这里，中国政府第一次明确提出"特别行政区"这一术语，并谈及对未来特别行政区的政策。虽然这份文献针对的是台湾统一问题，同时也明确表述了后来被定为

---

① 刘强伦、汪太理：《邓小平卓越智慧》，当代中国出版社，2001，第 234 页。
② 参见中共中央文献研究室编《邓小平思想年谱（1975－1997）》，中央文献出版社，1998，第 107－109 页。
③ 叶剑英：《关于台湾回归祖国、实现和平统一的方针政策》，《人民日报》1981 年 10 月 1 日。
④ 刘强伦、汪太理：《邓小平卓越智慧》，第 235 页。

"一国两制"构想的基本精神,实际上已具备"一国两制"构想的基本架构。①

"一国两制"构想的成型,也深深得益于解决香港问题的政治实践。

20世纪70年代末,中国政府在探索如何解决台湾问题时,由于香港新界租期即将届满,英国方面不断试探中国政府对香港问题的立场和态度。在中国政府看来,解决香港问题的时机已经到来。1979年3月29日,邓小平在北京会见来访的香港总督麦理浩(Sir Murray McLehose)时透露,中国政府将于1997年收回香港,视香港为一"特别行政区",到时不管香港问题怎么解决,其特殊地位将得到保证;并表示在20世纪和21世纪相当长的时间内,香港可以保留资本主义制度,全世界的投资者都不必担心。香港问题的解决自此开始,亦反映了邓小平在最终解决台湾问题尚需时日的情势下,先行解决港澳历史遗留问题的政治谋略,② 初具规模的"一国两制"构想已日渐成熟。

1982年9月24日,邓小平会见英国首相撒切尔夫人(M. Thatcher),提出可以用"一个国家,两种制度"的方案来解决历史遗留的"香港问题",③ 全面阐述并正式确认了"一国两制"的提法。12月4日,第五届全国人民代表大会第五次会议正式通过《中华人民共和国宪法》,其中第三十一条规定"国家在必要时得设立特别行政区。在特别行政区内实行的制度按照具体情况由全国人民代表大会以法律规定",使"一国两制"构想从政治理念转向制度实践,进而获得了最具保障性的宪法依据。

至1984年5月,第六届全国人民代表大会第二次会议通过

---

① 《"一国两制"在澳门实施的专题研究》,澳门发展策略研究中心编印,1999,第3页。
② 杨允中:《"一国两制":实践在澳门》,第238页。
③ 邓小平:《邓小平文选》第3卷,人民出版社,1993,第49页。

《政府工作报告》，正式把"一国两制"方针确定为中国政府为实现祖国和平统一大业而实行的一项基本国策。同年6月，邓小平在会见香港工商界访京团和香港知名人士钟士元等时指出："我们的政策是实行'一个国家，两种制度'，具体说，就是在中华人民共和国内，十亿人口的大陆实行社会主义制度，香港、台湾实行资本主义制度"。①

与之相应，"一国两制"的构想正式进入国际政治观察的视野，受到国际社会舆论的关注。从实现国家统一的战略上看，它的确是20世纪世界史上从未攀登过的高峰。英国前首相撒切尔夫人认为，历史上遗留下来的无法解决的问题，通过"一国两制"对未来富有想象力的做法得到解决，国际生活中的分歧能够通过保持有关社会的自治和特性得到解决。② 美国一些高级专家则认为这一构想具有战略意义，其作用与意义可称为"超级战略"或一项"战略方程式"，宗旨一是为了求证三个未知数，即中国特色的社会主义、苏联模式的社会主义和美、日、西欧的资本主义制度谁优谁劣；二是为达到两大战略目标，即由"一国两制"转化为"一国一制"和由"一球两制"向"一球一制"做示范性推进。这无疑是一个"高瞻远瞩的设想"，③ 也为未来的政治哲学开了一"新纪元"。④

在中国，"一国两制"构想经逐步深入的宣传，成为人们对和平统一祖国大业的基本共识，最终纳入中国宪法则意味着这一问题成为宪制性问题：台湾、香港与澳门回归祖国的问题，从此不仅是一项政治学意义上的历史使命，也成为未来中国宪政建设的题中之意。

---

① 邓小平：《邓小平文选》第3卷，第103页。
② 参见《人民日报》1984年12月4日。
③ 参见《人民日报》1984年12月7日。
④ 梁厚甫：《谈一个国家，两种制度》，《明报》1984年6月15日。

至此,"一个国家,两种制度"的创造性构想,便成为以"一个中国"为前提,国家的主体坚持社会主义制度,香港、澳门、台湾保持原有的资本主义制度长期不变,按照这个原则来推进祖国和平统一大业之完成的政治实践,并在随后解决香港回归的实践过程中赢得举世瞩目的成功,成为澳门回归祖国和建设特别行政区最为切实可行的宝贵示范。

(二)"一国两制"构想的政治智慧

"一国两制"的科学内涵,[①] 是由"一个国家"和"两种制度"有机组合而成。这首先意味着其前提和基础是"一国",否则根本谈不上"和平统一、一国两制"。解决国家的统一和主权问题,是"一国两制"的首要任务。国家的领土不容分裂,主权不可分割,只能由中央政府行使。在解决港、澳、台问题的过程中,在实施"一国两制"的过程中,都必然要碰到进而又必须处理好这一主权问题,即"一国"问题。同时应注意的是,必须在"一国"的前提下,保证"两制"的和平共处。国家的主体是在拥有13亿人口的内地实行的社会主义制度,而在港澳回归后,根据《中华人民共和国宪法》第三十一条和香港与澳门两部基本法的有关规定,分别设立两个特别行政区。

特别行政区是中华人民共和国的一个地方行政区域,直接受中央人民政府管辖。两者的关系是中央与地方的关系,具有垂直隶属性质,制定并颁布特别行政区基本法的权力由最高国家权力机关——全国人民代表大会行使。特别行政区由当地人组成,维持原有的资本主义制度和生活方式五十年不变,现行的法律基本不变,凡与这两个基本法不相抵触的法律均予保留;除外交和国

---

① 关于"一国两制"科学内涵的详细分析,见杨允中《"一国两制":实践在澳门》,第250页以下。

防事务由中央政府管理外，特别行政区享有高度自治权，拥有十分广泛的行政管理权、立法权、独立司法权和终审权。

由此可见，所谓"两制"是在各方面包括社会经济、政治、法律、教育制度等领域，都具有不同性质、地位和作用的两种制度。这两种根本不同的制度实行于不同地区，但由于港澳人口与面积均不能跟大陆相比，其经济绝不可能占主导地位，因而不可能改变中国的社会主义性质；相反，这是作为社会主义经济发展的补充，有利于社会主义生产力的发展。同时，由于存在许多共性或趋同因素，如居民同属中华民族，语言文化传统一致，有共同的经济与社会发展目标，因此在大陆地区实行社会主义制度，在港澳特别行政区保持原有资本主义制度，完全是可行的。

在世界政治思想史上，"一国两制"构想是一场革命性和时代性的宪政实验。对中国政治发展而言，它又是一个既有理论创新又有科学内涵的综合体系。它的基本出发点是尊重历史、尊重现实，以利于中国的现代化建设和中华民族的繁荣昌盛，体现中国各族同胞和平统一祖国的共同愿望。

从理论渊源看，这个伟大构想不仅彰显了邓小平作为改革开放"总设计师"的雄才大略，更是新中国三代领导人集体政治智慧的集中体现；不仅蕴涵着近代以来无数先贤对祖国统一的赤诚渴盼，更闪耀出中华文明兼容并蓄、求同存异的理性光芒。[1] 正是在此意义上，这一构想不愧是中国传统政治智慧与现代政治理念相融合的"智慧结晶"。[2]

对澳门而言，这一构想不仅是邓小平理论的重要组成部分，更是中国政府以和平方式顺利解决历史遗留问题的指导方针，是

---

[1] 参见杨允中《"一国两制"理论渊源探析》，《澳门研究》总第17期，2003，第9-24页。

[2] 参见杨允中《"一国两制"：实践在澳门》，第212页。

制定特别行政区基本法和确保特区稳定繁荣发展的理论基础,其形成、完善与定型化经历了漫长的过程。

自20世纪80年代初中葡双方就澳门问题达成共识以来,"一国两制"构想与澳门回归及其未来的政治实践,成为举国上下乃至国际社会共同关注的一大焦点。澳门继香港回归之后回归祖国,不仅标志着世界殖民主义在中国和整个东方的彻底结束,也标志着中国人自主全面行使国家主权的伟大时代已正式开启。

澳门成为实施"一国两制"构想的第二站,其意义不仅在于开拓澳门自身政治、经济与文化的新格局,还对最终完成祖国统一大业起着不可估量的政治影响。事实的确如此,这一构想从政治理论走向政治实践,带给澳门的是澳人治澳与高度自治的发展契机,为澳门经济的发展与繁荣提供了条件,为澳门社会的和谐与进步奠定了基础。如今回首澳门回归十年的政治实践,有目共睹的巨大成就打造出国际瞩目的"腾飞的澳门",便是这一构想之正确性和可行性的最有力明证。

二 《澳门基本法》的制定及其结构

(一)《澳门基本法》的起草背景

《澳门基本法》是中国政府在澳门特别行政区实施"一国两制"的宪法性法律,对其贯彻落实"澳人治澳"与"高度自治"原则具有重大的法律意义。这部宪制性法律的起草,有着广阔而复杂的历史背景,是中葡两国围绕澳门问题历时多年交涉,最终达成和平解决历史遗留问题协议,并由此开始实行"一国两制"构想的制度化和法制化的积极尝试。

澳门问题和平解决的突破口,始于1979年中葡两国正式建交。两国政府就澳门主权问题达成谅解,双方同意在适当时候通过两国政府间的谈判，解决澳门归还中国的问题。

从1986年6月至1987年3月间，中葡两国就澳门前途问题进行了多轮谈判，最终达成《中葡联合声明》。1987年3月26日，双方在北京人民大会堂举行草签仪式，中国外交部副部长周南和葡萄牙驻联合国大使鲁伊·梅迪纳（Rui Medina）分别代表两国签字。4月13日，双方在北京人民大会堂举行正式签字仪式，时任国务院总理赵紫阳与葡萄牙总理席尔瓦（Cavaco Silva，又译施华高）分别代表两国政府郑重签字，协定该声明与附件自互换批准书之日起生效。[①]

1988年1月15日，中葡两国政府代表在北京钓鱼台国宾馆十八号楼举行换文仪式。中国外交部副部长周南和葡萄牙共和国驻华大使瓦莱里奥（Amhassadoy Valerio），分别代表两国政府，互换声明及其附件的批准书，并共同签署互换批准书的证书，《中葡联合声明》即日生效。[②] 为解决澳门政权交接相关事宜，便于进行联络、磋商及交换情况，"中葡联合联络小组"亦在该日成立。

《中葡联合声明》向全世界庄严宣布：澳门地区（包括澳门半岛、凼仔岛和路环岛，以下简称澳门）是中国领土，中华人民共和国政府将于1999年12月20日对澳门恢复行使主权。自联合声明生效之日起至1999年12月19日止的过渡期内，葡萄牙共和国政府负责澳门的行政管理，并将继续促进澳门的经济发展和保持其社会稳定，中华人民共和国政府对此将给予合作。

中国政府同时声明，中华人民共和国根据"一个国家，两种制度"的方针，对澳门执行如下基本政策：根据《中华人民共和国宪法》第三十一条规定，中华人民共和国对澳门恢复行使主权时，设立中华人民共和国澳门特别行政区；澳门特别行政区直辖于中华人民共和国中央人民政府，除外交和国防事务属中央人民

---

① 华荔：《澳门法律本地化历程》，澳门基金会，2000，第1页。
② 华荔：《澳门法律本地化历程》，第3页。

政府管理外,享有高度的自治权;澳门特别行政区享有行政管理权、立法权、独立的司法权和终审权;澳门现行的社会制度、经济制度不变,生活方式不变,法律基本不变。①

《中葡联合声明》的正式签署和生效,意味着澳门从此成为"一国两制"构想的实验区,②标志着葡萄牙向结束管治澳门的目标迈进,也标志着中国向恢复对澳门行使主权的目标与"澳人治澳"的新局面进发。③澳门自此进入回归祖国的过渡期,澳门社会也随之掀起规模浩大的法律本地化、中文官方化与公务员本地化之"三化"运动。

为确保平稳过渡、顺利交接,原 1976 年《澳门组织章程》(第 1/76 号法律)在过渡期内必须负起相应的历史使命,即澳门政治、经济、文化等社会生活各方面的演进,必须同《中葡联合声明》的规定相衔接,由此为该章程在 1990 年的大幅度修改提供了指导方向。与此同时,基于中国政府提出的"一国两制"方针,《澳门基本法》的制定也迅速提上了这一时期最显要的工作日程。

(二)《澳门基本法》的制定过程

1988 年 4 月 13 日,即《中葡联合声明》签署一周年之际,第七届全国人民代表大会第一次会议通过决定,成立"中华人民共和国澳门特别行政区基本法起草委员会"(以下简称"基本法起草委员会"),向全国人大及其常委会负责,起草《澳门基本法》。同年 9 月 5 日,七届全国人大常委会通过共 48 人的基本法起草委员会名单。④

---

① 参见《中葡联合声明》(1987 年 4 月 13 日)第 1 条、第 2 条第 1-2 款,《附件一:中华人民共和国政府对澳门的基本政策的具体说明》第一至三节。
② 杨允中:《"一国两制":实践在澳门》,第 230 页。
③ 华荔:《澳门法律本地化历程》,第 3 页。
④ 《中华人民共和国澳门特别行政区基本法起草委员会委员名单》,李鹏翥、杨允中主编《澳门基本法文献集》,澳门日报出版社,1993,第 213-216 页。

第四章
地区自治：现代澳门的治理与秩序

基本法的起草工作离不开"澳门特别行政区基本法咨询委员会"（以下简称"基本法咨询委员会"）的密切合作。基本法起草委员会1988年10月25日举行的第一次全体会议决议，决定委托在澳门的22位委员发起组成一个民间有广泛代表性的咨询委员会，听取并反馈澳门各界人士的意见，以配合《澳门基本法》的起草工作，但与起草委员会的任务和性质不同，彼此没有隶属关系。

基本法咨询委员会的筹建工作历时半年。1988年11月，基本法起草委员会在澳门的22位委员组成"咨询委员会发起人会议"，推选由5人组成的"咨询委员会章程起草小组"，在参照香港基本法咨询委员会章程和听取澳门各界人士意见的基础上，草拟出《澳门基本法咨询委员会章程》初稿。在1989年发起人第三次会议上，该章程经多次修改后正式获得通过，同时推选由5人组成的咨询委员会成员名单筹划小组，建议按"八界别、三渠道"产生咨询委员会成员，[①] 并对成员名额与八界别人选比例提出若干具体建议。在第六次发起人会议上，成立由8位起草委员会组成的咨询委员会临时召集小组，负责筹备咨询委员会成立大会和指导筹备工作的移交等事宜，并主持咨询委员会成立大会的第一次预备会议，讨论并修订通过"咨询委员会常务委员产生办法"。随后的第二、第三次预备会议选举产生了咨询委员会常务委员，常务委员依照章程又选举产生了咨询委员会主任委员、副主任委员和秘书长。1989年5月28日，由澳门各界别90位代表性人士组成的"澳门基本法咨询委员会"，[②] 正式宣告成立。

[①] 所谓"八界别、三渠道"，前者是指将澳门各界社团和人士按功能性质分为八个界别；后者是指通过三种渠道，即（1）社团推荐、发起人邀请；（2）个人自荐、发起人邀请；（3）发起人商定邀请。

[②] 《中华人民共和国澳门特别行政区基本法咨询委员会委员名单》，李鹏翥、杨允中主编《澳门基本法文献集》，第217-224页。

基本法咨询委员会为《澳门基本法》的制定做出了重要贡献。[1]一方面，该委员会在法律起草过程中，将澳门各界人士对起草基本法的意见和建议及时反映、送交基本法起草委员会，将基本法起草委员会草拟的条文、意见及时转达给咨询委员会委员，听取咨询委员的意见，从而起到良好的联系和沟通作用；另一方面，该委员会每年组织交流团到北京向基本法起草委员会反映意见、交流情况，还分批邀请内地起草委员到澳门进行咨询和调查研究，直接听取澳门各界人士的意见，了解澳门的实际情况，并以多种人们喜闻乐见的形式大力推广基本法，促进广大居民对基本法的关注，为起草工作做了大量的宣传和准备工作。

自1988年10月基本法起草委员会召开第一次全体会议，至1993年3月八届全国人大第一次会议通过，《澳门基本法》的制定历时四年零六个月，具体又分为四个阶段。[2]

第一阶段是准备阶段，大体是从1988年10月到1989年11月，起草委员会主要从事起草《澳门基本法》的各项准备工作，包括讨论《澳门基本法》起草工作的大体规划和步骤、起草委员会的工作方法和工作规则，通过了《中华人民共和国澳门特别行政区基本法结构（草案）》，为起草具体条文奠定良好的基础。为起草好基本法，起草委员会第二次全体会议决定成立一个澳门基本法结构草案起草小组，具体负责起草工作，起草委员会第三次全体会议通过了澳门基本法结构草案。根据起草委员会工作规则和澳门基本法结构草案，设立五个专题小组，即中央与澳门特别行政区关系专题小组、居民的基本权利和义务专题小组、政治体制专题小组、经济专题小组、文化与社会事务专题小组，分头负

---

[1] 萧蔚云：《澳门基本法讲座》，张健、李鹏翥、萧玉林主编《澳门与澳门基本法》，澳门日报出版社，1998，第157-159页。

[2] 萧蔚云：《澳门基本法讲座》，第145-147页。

责具体起草法律条文。同时还成立了澳门基本法咨询委员会，如前所述，这是一个由澳门各方面人士组成的民间团体，主要在澳门各界人士和起草委员会之间起重要的联系和桥梁作用。

第二阶段是形成征求意见稿阶段，大体是从1989年12月到1991年7月，即从《澳门基本法》起草委员会各专题小组开始工作到澳门基本法征求意见稿公布阶段。各专题小组成立后，开始制订工作计划，应咨询委员会的邀请到澳门开展调查研究，与澳门各界人士进行座谈，听取各界人士对起草基本法的意见和建议，各专题小组还在澳门进行参观访问。在调查研究后即开始起草条文，经过起草委员会第四次、五次、六次、七次全体会议的讨论和修改，在第七次全体会议上通过了关于公布澳门基本法征求意见稿和开展征询意见工作的决定，决定从1991年7月中旬到11月中旬的四个月，在澳门和内地广泛征询各界人士的意见。

第三阶段是形成基本法草案阶段，大体是从1991年8月到1992年3月，即从澳门基本法征求意见稿到基本法草案的完成。在澳门基本法征求意见稿公布后的4个月，咨询委员会进行了大量的推广基本法和收集意见的工作，印发基本法征求意见稿中文本3万本、葡文本4000本，咨询委员会的5个专题小组举行了17次座谈会，咨询委员会邀请部分内地委员到澳门进行为期9天的访问，听取澳门各界人士对基本法征求意见稿的修改建议，共举行座谈会19次，与会者近1000人次。在咨询期内，咨询委员会共收到意见1734条。基本法起草委员会还在内地听取了各界人士对基本法征求意见稿的意见。起草委员会5个专题小组根据收集的意见，对条文做了100多处修改。1992年3月，起草委员会第八次全体会议对《澳门基本法（草案）》的序言、条文、附件等逐件逐条地进行了无记名投票表决，都获得2/3以上多数票通过。同时，起草委员会决定将这一基本法草案提交全国人大常委会审议公布，再次在内地和澳门征求各界人士意见。

第四阶段是从基本法草案到基本法通过阶段，大体是从1992年3月到1993年3月。《澳门基本法（草案）》公布后，部分内地起草委员到澳门征求各界人士的意见，召开座谈会13次，出席座谈会者近1000人。在四个半月的征求意见后，各小组又对条文进行了修改。1993年1月，澳门基本法起草委员会第九次全体会议在通过了18个修改提案后，通过了《澳门基本法（草案）》，并提请全国人大常委会审议；全国人大常委会审议后，又提请全国人大审议。

历经基本法起草委员会先后召开9次全体会议、3次主任扩大会议、72次专题小组会议、3次区旗区徽会议，以及多次到澳门直接听取澳门各界的意见、建议和要求之后，1993年3月31日，第八届全国人民代表大会第一次会议终于正式通过了《澳门基本法》。

（三）《澳门基本法》的整体结构

在第八届全国人民代表大会第一次会议正式审议并顺利通过《澳门基本法》的当日，即1993年3月31日，国家主席江泽民签署主席令第三号，公布了《澳门基本法》及其三个附件，[1]包括澳门特别行政区区旗、区徽图案，并决定自1999年12月20日起实施。

《澳门基本法》由序言、正文和三个附件组成。第一部分为"序言"，主要用来说明立法的依据和宗旨，包括《澳门基本法》制定的历史背景、在澳门实行的方针政策和基本法制定的法律依据。序言虽不像正文条款那样具有规范性，但同样具有法律效力。

第二部分为正文，下设总则、中央和澳门特别行政区的关系、居民的基本权利和义务，政治体制，经济、文化和社会事务，对

---

[1] 全文参见《中华人民共和国澳门特别行政区基本法》，1993年3月31日。

外事务，本法的解释和修改以及附则9章，共145条，依次是：第一章总则，从政治、经济、法律等方面对澳门特别行政区实行的制度和政策做了概括的规定，对"一国两制"方针的主要轮廓与内容做了勾划。第二章中央与澳门特别行政区的关系，规定了澳门特别行政区在中国的法律地位，中央与澳门特别行政区职权的具体划分，主要对行政管理权、立法权、独立的司法权和终审权做了规定。第三章居民的基本权利和义务，主要依照中葡联合声明附件一的第五部分，也参考了葡萄牙宪法和两个国际人权公约的有关内容。第四章政治体制，规定了澳门特别行政区的行政、立法、司法机关的法律地位、产生、职权及它们之间的相互关系。第五章经济，规定了经济方面的基本原则和政策。考虑到《香港基本法》关于经济这一章分节及条文过细，"澳门基本法"经济这一章，没有采取分节的办法。第六章文化与社会事务，规定了关于文化与社会事务方面的基本原则与政策。第七章对外事务，在外交事务属于中央人民政府管理的原则下，对澳门特别行政区政府处理有关对外事务的范围做了明确的规定，也是中央授权澳门特别行政区依照基本法自行处理的有关对外事务。第八章基本法的解释和修改，规定了基本法的解释权与修改权属于谁、谁有权提出修改基本法的议案，以及与解释权相联系的自治权问题。第九章附则，规定澳门原有法律的采用，原有证件、契约的效力问题。

  第三部分为附件，分别为《澳门特别行政区行政长官的产生办法》《澳门特别行政区立法会的产生办法》和《在澳门特别行政区实施的全国性法律》，具有同等的法律效力。

  从整体结构与行文布局看，《澳门基本法》文本具有鲜明的超前性、创新性、保障性、务实性、实践性、权威性。尤其可贵的是，它的许多条文都尽可能对回归后50年内的发展需要预留足够的空间。这部宪制性法律的出台，标志着澳门开始进入后过渡期。

在后过渡期，通过中葡双方的合作，澳门的法律本地化加快了步伐，并取得了显著的成绩。正是在此意义上，作为一部具有巨大示范意义和前瞻价值的基本法，它同样可谓是国际制宪史和法制史上一个"空前的伟大纪录"。①

三 特别行政区的宪制定位与政治架构

（一）宪制定位：高度自治的特别行政区

根据《澳门基本法》规定，澳门特别行政区的制度和政策，包括社会制度和经济制度，有关保障居民的基本权利和自由的制度，行政管理、立法和司法方面的制度，以及有关政策，必须以《澳门基本法》的规定为依据。澳门特别行政区的任何法律、法令、行政法规和其他规范性文件，都不得与此相抵触（第11条）。

《澳门基本法》是澳门特别行政区的根本大法，是解决澳门问题的总章程，具有权威性和约束力。与《澳门组织章程》不同，虽然二者均为澳门不同时期的宪法性法律，但性质截然不同，这尤其体现在自治权、立法与司法诸领域。

1990年的《澳门组织章程》赋予澳门"公权法人"资格，强调在不抵触葡萄牙宪法与该章程的原则以及尊重两者所定的权利、自由和保障的情况下，澳门享有行政、经济、财政及立法的自治权。与此不同，《澳门基本法》则规定澳门特别行政区是根据《中华人民共和国宪法》第三十一条规定建立起来的特别行政区，是中华人民共和国不可分离的部分，中华人民共和国人民代表大会授权澳门特别行政区依基本法实行高度自治。

据此授权，这种高度自治具体表现在如下方面：（1）澳门特

---

① 杨允中：《"一国两制"：实践在澳门》，第268页。

别行政区享有行政管理权、立法权、独立的司法权和终审权,是一种完整行政权、立法权、独立的司法权和终审权。(2)澳门特别行政区依法保障澳门居民和其他人员的权利和自由,这是澳门特别行政区实行澳人治澳高度自治的重要保障。(3)澳门特别行政区拥有财政独立权,其财政收入全部由澳门特别行政区自行支配,不上缴中央人民政府。中央人民政府不在澳门特别行政区征税。这一规定,为澳门特别行政区提供财政上的高度自治保障。(4)澳门特别行政区不实行社会主义的制度和政策,保持原有资本主义制度和生活方式,五十年不变,这是澳门特别行政区实行高度自治不可缺少的条件。(5)澳门特别行政区的法律、法令、行政法规和其他规范性文件,除同基本法相抵触或经澳门特别行政区立法机关或其他有关机关依照法定程序做出修改者外,予以保留,这是高度自治的法律保障。

(二)政治架构:新型体制的行政主导

《澳门基本法》使澳门回归后的立法会与行政权关系呈现新局面,但仍体现为行政主导模式,是一种别具特色的行政长官制度、一种行政主导型政权分工制度。[①] 这可以从如下两方面来看。

一方面,可从权力配置来看特区新型行政主导体制。

根据《澳门基本法》规定,行政长官在当地通过选举或协商产生,由中央人民政府任命,代表澳门特别行政区,对中央人民政府和澳门特别行政区负责(第45条),享有如下职权:领导澳门特别行政区政府;负责执行本法和依照本法适用于澳门特别行政区的其他法律;签署立法会通过的法案,公布法律;提名并报请中央人民政府任命主要官员;制定行政法规并颁布执行;委任部分立法会议员;任免行政会委员;决定政府政策,发布行政命

---

① 杨允中:《"一国两制":实践在澳门》,第304-319页。

令；任免各级法院院长、法官和检察官；提名并报请中央人民政府任命及免除检察长；执行中央人民政府就本法规定的有关事务发出的指令；代表澳门特别行政区政府处理中央授权的对外事务和其他事务；依法赦免或减轻刑事罪犯的刑罚；解散立法会（第50条、第52条）。

根据《澳门基本法》规定，立法会是澳门特别行政区的立法机关，议员由选举及委任产生（第67条），享有如下职权：依照本法规定和法定程序制定、修改、暂停实施和废除法律；审核、通过政府提出的财政预算案；审议政府提出的预算执行情况报告；根据政府提案决定税收，批准由政府承担的债务；听取行政长官的施政报告并进行辩论；就公共利益问题进行辩论；接受澳门居民申诉并做出处理；对行政长官提出弹劾案，报请中央人民政府决定（第71条）。

在立法权的分工上，《澳门基本法》赋予立法会和行政长官各自的立法职能。立法会是特别行政区唯一的立法机关，有权就特别行政区的政治、经济、文化等领域中的各项重要事务制定法律，行使的是狭义的立法职能。行政长官作为特别行政区行政机关的最高首脑，有权就特别行政区行政管理方面的事务制定行政法规，行使的是广义的立法职能。

对比二者，由于《澳门基本法》赋予行政长官非常大的权力，诸如委任部分立法会议员，任免全部行政会委员，任免各级主要官员、法官、检察官，以致可直接解散立法会，等等，可见《澳门基本法》在顺应澳门现行政治与社会实际时，并没有完全抛弃此前已有的传统行政主导模式。

另一方面，可从制衡关系来看这种新型行政主导。

在立法权与行政权的制衡关系上，《澳门基本法》并未增强立法会的制衡力量。立法会所获权力并无实质性增长，仅在政府财政预算的监督权方面有所增加；相反，议员所享的自由提案权还将受到一定程度的限制。虽然立法会议员有权依照法定程序单独或联名提出不涉及公共收支、政治体制或政府运作的议案，但由于"凡涉及政府政策的议案，在提出前必须得到行政长官的书面同意"（第75条），而所谓"政府政策"涉及面广，行政长官可以此为由阻止议员递交议案，进一步加强对立法会的牵制。

此外，立法会虽有弹劾行政长官的权力，但依照规定，"如立法会全体议员三分之一联合动议，指控行政长官有严重违法或渎职行为而不辞职，经立法会通过决议，可委托终审法院院长负责组成独立的调查委员会进行调查。调查委员会如认为有足够证据构成上述指控，立法会以全体议员三分之二多数通过，可提出弹劾案，报请中央人民政府决定"（第71条第7款），而事实上立法会部分议员由行政长官委任，要获得他们支持通过弹劾案的可能性不大，即使通过弹劾案而罢免行政长官之权属中央人民政府，也与立法会无关。

相比之下，行政对立法的制衡则有所增强。对比《澳门基本法》与《澳门组织章程》的相关规定，还会发现，行政长官除了把立法权归还立法会之外，其行政权力比此前的澳门总督还大。这尤其体现在制约立法会方面，行政长官有权直接解散立法会而不仅仅是建议解散，有权限制立法议员的提案权，等等。

由是观之，澳葡时代发展成形的行政主导，经过立法者的创造性转化之后，成为《澳门基本法》中被保留并继续发扬的澳门政治体制的一大特色。据此，这种行政主导体制又可直接概括为行政长官制。

然而，如同人类社会所有政治制度都不可能尽善尽美，早在《澳门基本法》问世不久，就有研究者通过比较分析，认为这种模式一方面可带来高效率的管治，有利于澳门社会发展与政治稳定，另一方面也容易在权力失衡的情况下，导致行政权的滥用，甚至可能出现独裁管治的局面。① 如今我们虽然没有在澳门政治实践中感知其消极的一面，但随着时代发展和各种新情况和新问题的出现，还是有必要预作绸缪，以更趋完善的政治制度迎接新时期的时代挑战。

在此，围绕行政长官制而展开的行政长官与中央的新型关系，行政长官与行政会、行政机关的关系，行政长官与立法机关的关系，以及行政长官与司法机关的关系，都成为澳门特别行政区行政长官制继续发展所需认真对待和深入研究的问题，② 并通过进一步的学理研究，以促成制度上的相应完善。这也给当前乃至今后关于《澳门基本法》的深入研究留下了更为广阔的思考空间。③

第三节 法律本地化运动：内涵、回顾与得失

众所周知，作为过渡期"三化"任务之一的法律本地化（localização legislativa）呈现于公众面前，缘起于《中葡联合声明》的签署和生效。1987年4月13日，中葡两国政府经过四轮谈判之后，终于签署关于澳门问题的《中葡联合声明》，确认中华人民共和国于1999年12月20日对澳门恢复行使主权，澳门开始进入过渡期。为实现澳门的平稳过渡和政权的顺利交接，中方从澳门的实际情况出发，提出在过渡期内必须解决三大问题，其中之一就

---

① 相关分析参见叶志强《澳门行政权与立法权之间的制衡》，余振编《澳门政治与公共政策初探》，澳门基金会，1994，第107页。
② 参见肖蔚云主编《论澳门特别行政区行政长官制》，澳门科技大学出版，2005。
③ 关于《澳门基本法》之研究进展及基础理论问题，详见骆伟建、王禹主编《澳门人文社会科学研究文选·基本法卷》，社会科学文献出版社，2009，"序言"。

是"法律本地化"问题。在澳门回归祖国已逾10年的当下，对其重新加以审视，并非一件过时或者多余的事。相反，在笔者看来，这不仅关乎我们对过渡期澳门法制发展的阶段性总结，亦在很大程度上有助于我们更好地评判当前澳门法制的基本面貌，进而把握其未来的发展趋势。

一 法律本地化之内涵：基于范畴的争鸣

"法律本地化"跻身过渡期的三大任务之列，本质上与澳门政权转移的历史性巨变有着密切联系，亦与中国对澳门实行"一国两制，高度自治"的既定政策相联系。然而，正如"一国两制"作为理论创新和制度创新是无先例可循的，如何理解、进而实现"法律本地化"也同样无先例可循。因为它跟学界通常提及的"法制现代化"或"法律移植"之类概念不同，亦无法全然照搬其他国家或地区在此方面的经验，故而从一开始就注定成为一个聚讼纷纭的学理问题和不断试错的实践问题。

这里有必要回溯当时学界的相关探讨。基于不同的立场和视角，学界对何谓法律本地化有不同的理解，总体上有狭义、中义与广义之分。举要如下。

其一，狭义的法律本地化。有人认为，根据《中葡联合声明》和《澳门基本法》的规定，主张将澳门法律由"葡国化"改为"本地化"，即经由澳门立法机关通过必要的立法程序，形式上将葡国五大法典和其他在澳门实施的法律变为澳门本地法，内容上则根据澳门社会的实际需求以对原有的葡国法律进行必要的修订，摒弃不适应形势发展需要的条文，代之以适应现代社会发展需要的内容，使这些法律从形式到内容都变为澳门本地法律。[①] 有人认

---

① 杨贤坤主编《澳门法律概论》，中山大学出版社，1994，第31页。

为，法律本地化就是将回归前澳门的法律（主要是从葡萄牙延伸到澳门生效适用、在制度和理论上占有重要地位的法律），根据澳门本地区的实际情况，进行有计划的系统整理、考察、调整和修订，最后由澳门本身的立法机关完成重要的立法程序，使之真正成为澳门地区的法律。[①] 有人认为，澳门的法律本地化是指通过一定的立法程序，把适用于澳门的葡萄牙法律转变为澳门本地法律，并在内容上与澳门基本法相衔接，以利于澳门政权交接与社会稳定；[②] 或认为，法律本地化就是将适用于澳门的葡萄牙法律经过中葡的双边磋商，在政权交接的过渡期内，通过澳葡政府的立法程序确立为澳门本地的法律，从而在法的渊源和适用上割断澳门法律与葡萄牙法律的直接联系，这一过程同时也是一个法律适应化的过程。[③] 还有人认为，法律本地化是指顺应澳门回归中国，在确保与《澳门基本法》相衔接的前提下，根据澳门本地的实际情况和追随法律的现代发展趋势，将澳门现行法律（主要是葡萄牙延伸适用于澳门的法律）进行系统的清理、调整、修订、编纂和中葡双语化，然后由澳门本身的立法机关完成必要的立法程序，使之转变为澳门本地的法律。[④]

其二，中义的法律本地化。例如，有人认为，法律本地化包括立法本地化及司法本地化两方面的工作，前者指由澳门的立法机关制定、颁布及实施在本地区生效的法律文件，后者的一个重要因素，可以理解为由符合《澳门基本法》要求的本地人员出任司法界的各种职位。[⑤] 有人认为，广义的法律本地化包括两方面内

[①] 米健等：《澳门法律》，中国友谊出版公司，1996，第13页。
[②] 赵秉志、高德志主编《澳门法律问题》，中国人民公安大学出版社，1997，第32页。
[③] 许昌：《澳门过渡期重要法律问题研究》，北京大学出版社，1999，第34页。
[④] 黄进：《澳门法律本地化之我见》，《澳门研究》总第9期，1998，第44页。
[⑤] 陈海帆：《澳门法律本地化的现状》，《澳门1998》，澳门基金会，1998，第39页。

容，一是法律人才的本地化，二是法律文件的本地化。前者是因为澳门本地法律人才奇缺，尤其是本地华人几乎没有法律人才，澳门所有的司法官全部来自葡萄牙，这种状况与《中葡联合声明》确认的"高度自治"和"澳人治澳"原则是不相适应的，需要加强本地法律人才的培养。后者则可用八字概括其任务，即法律的"清理、翻译、修订、过户"。[①] 值得注意的是，此处所引"广义的"理解，相比下述看法只能算一种中义的理解。

其三，广义的法律本地化。例如，有人认为，广义的法律本地化应包括四方面内容，一是通过立法程序把葡萄牙为澳门制定的法律或由葡萄牙延伸适用于澳门的法律变为澳门本地化法律；二是法律语言应为澳门本地化的官方语文，特别是以占澳门人口95%以上的中国居民使用的语文来制定；三是作为法律的基本功能应符合澳门的实际情况，真实地反映澳门的社会、经济现实，并特别考虑这些法律应与《澳门基本法》相衔接，四是司法人员（特别是法官、检察官）应主要由澳门本地懂中葡双语的法律人士担任。[②]

综观上述三类观点，狭义论者从较为严格的"法律"概念入手，着重于立法本地化的内容。中义论者在此基础上略做添加，或谓司法本地化，或谓人才本地化，实质仍是一致的，即关乎法律如何付诸实践的本地化。广义论者则糅合了立法、司法、法律语言与法律人才等方面内容，几乎涵盖了澳门法之方方面面。

回溯过渡期澳门法制发展历程，可以看到，实践中逐步推进的法律本地化运动，同时涵盖了立法、司法、法律语言与法律人才等方面内容。的确，如果仅有立法层面的法律本地化，缺乏司

[①] 赵国强：《关于发展与完善澳门法律的几点思考》，《澳门2000》，澳门基金会，2000，第90页。

[②] 伍林：《澳门法律本地化进程述评》，《澳门1997》，澳门基金会，1997，第16页。

法本地化与法律人才本地化等重要内容，则所谓法律本地化不过是一种徒有其表的法律文本的本地化。如是检点，似乎中义论尤其是广义论言之成理。

然而，中义论尤其是广义论的观点，是对过渡期"三化"任务的杂糅。司法本地化关乎法律的实践，法律人才本地化则是法律付诸实践的前提，它们相互关联并附着于"人"的本地化，因而在一定程度上可视为"三化"任务之"公务员本地化"的延伸；至于法律语言的本地化，则是"三化"任务之"中文地位官方化"的拓展。由是观之，它们非但没有充分界定法律本地化的真意，反而让这个并列"三化"之一的概念边界趋于模糊。

相比之下，上述狭义论的理解较为符合法律本地化之本意。它涉及如下两个层面。一方面，就实质内容而言，法律本地化必须正视澳门回归的基本事实，在内容上与《基本法》相衔接，不得与之相抵触；还必须重视澳门社会的实际状况，不能再像葡萄牙法律延伸适用于澳门时那样脱离澳门社会与民众需求，而应使之真正成为澳门地区的本地法。另一方面，就程序内容而言，是要将现行的澳门法律进行系统的清理、翻译、修订和过户，通过法定程序而转变为澳门本地法。当然，即便是狭义的理解，它也并非一个孤立的存在，而是涉及多方面的综合问题，是一项浩大、复杂而艰巨的系统工程，广泛涉及与立法相关的法律实践的各个方面。

二 法律本地化之使命：目标与范畴

（一）法律本地化的使命

作为《中葡联合声明》签署以后的任务之一，法律本地化的目标是为顺利实现政权交接与社会平稳过渡，其使命是符合中葡双方尤其是澳门地区利益的。

第四章
地区自治：现代澳门的治理与秩序

首先，法律本地化使命的政治性。对中方而言，这是出于顺利回归与法制衔接的需要，以免出现法律空白引起的无序和混乱。对葡方而言，则是为尽可能地保留对回归后特区事务的影响，特别是"利用法律形式的稳定性和权威性来树立和宣扬西方的意识形态和价值观念"。[①] 鉴于此，这场法律本地化运动从始至终必须遵循的基本原则，就是主权限度原则。澳门法律本地化应以回归中国为宗旨，不得逾越《中葡联合声明》与《澳门基本法》关于澳门法律地位及其自治权的限度。基于澳门作为特别行政区的高度自治有着明确规定，法律本地化所涉及的法律调整及具体内容都应在此限度内，绝不能无视中国恢复对澳门行使主权的事实。

其次，法律本地化使命的社会性。法律本地化的具体目标是使法律与社会现实相适应，并保持澳门独有的区域特色。这就决定了不能盲目照搬葡国法律或其他法律内容，而须考虑现有的社会经济发展状况，从法律体系还不完备、法治基础还不稳固、法律意识还不健全的实际出发，优先考虑关系居民权利、经济民生和社会管理方面的法律本地化，不拘泥于细枝末节的内容，有重点、有计划、有步骤地展开工作。鉴于此，法律本地化工作既需要澳葡政府不断努力，也需要中国政府支持与配合，更需要澳门整个社会的关心和监督。

再者，法律本地化使命的文化性。它虽然看似一场空间维度的法律文化的移转，但究其实质乃是时间维度的法律文化的更迭。在如何让葡国法律移转为澳门本地法律的同时，这场移转也必然带动或者至少是催生澳门本地原有法律体系的现代化。对过渡期的澳门而言，法律本地化与法律现代化并不矛盾。本地化过程不仅是着眼于政治需要、确保澳门平稳过渡和顺利回归的过程，也是使澳门法摆脱葡国法律体系的局限与影响的现代化过程，推进

[①] 许昌：《澳门过渡期重要法律问题研究》，第35页。

本地化也就同时促使现有法律走向现代化。

正是在上述三层意义上，法律本地化是澳门法制发展史上一个千载难逢的机会。正如当时学界极力呼吁的那样，澳门法律本地化工作者以及一切对这项工作负有责任的人士要尽力把握契机，"在进行澳门法律本地化的同时推动实现澳门法律的现代化"。[①] 因此，在过渡时期做好法律本地化的工作，既是中国政府对澳门恢复行使主权的必然要求，也是澳门过渡期法制建设的核心内容，是确保澳门顺利回归、促进特别行政区法制建设的客观需要，是落实《中葡联合声明》关于法律基本不变的规定、实现"澳人治澳"和高度自治的基本要素。

（二）法律本地化的范畴

由于长期受葡萄牙的殖民管治，澳门原有法制深深浸泡于葡萄牙法律体系之中，从而呈现大陆法系的基本特点。在1976年《澳门组织章程》颁行前，澳门地区是不享有本地立法权的。所有以"本地"面貌呈现的法律，究其实质都是葡萄牙法律文化的渗透或延伸。葡萄牙宪法及葡萄牙五大法典，构成了澳门原有法律体系的基本框架。直至《澳门组织章程》颁行后，澳门地区才享有立法自治权，形成澳门总督与立法会共同行使立法权的"双轨立法体制"，才使澳门本地立法机关制定的法律得以逐步形成规模和体系。

从葡萄牙延伸适用过来的成文法，是回归前澳门最主要的法律渊源。它包括如下层次的规范形态："法律"（包括葡萄牙延伸至澳门生效的法律与澳门立法会制定的法律），"法令"（澳门总督行使法律创制权及经过立法会授权而进行的立法），"立法性命令"（总督颁布或命令执行的各部门立法性文件），"法律规章"（政府

---

① 黄进：《澳门法律本地化之我见》，《澳门研究》总第9期，1998，第49页。

各部门制定的部门性规范性文件），以及"司法判例"（由葡萄牙最高法院或澳门高等法院制作）。

据此可见，澳门回归前的法制模式，是法出多源、以葡为主的模式。由于法出多源，不同形式的法律有不同的效力范围，立法者各自行使对不同法律规范的解释权，却难以清楚各法律之间彼此有无冲突、是否有效等具体情况。即使是澳葡政府，也长期不明澳门法律的基本情况，仅在临近回归前几年，才由澳门行政暨公职局对澳门地区各种法律做了粗疏的归类和统计。如此一来，法律本地化任务之艰巨和复杂程度，确实非比寻常。

那么，如何推进并完成这一历史使命呢？对澳葡政府而言，一方面应加强对该项工作的组织和各部门之间的协调，采取可行措施，提高工作效率。在这方面，澳门总督于1996年10月14日颁布第81/GM/96号批示，设立关注法律过渡委员会，其宗旨就在于促使政府各领域之间的工作协调与高效。另一方面应努力借鉴其他国家和地区在法律本地化方面的经验。例如较早推行法律本地化的邻近地区香港，无论在双语立法、司法实践还是在人才培养方面，其经验与探索都值得借鉴。[1] 学界对此问题的关注，也与官方保持了较高程度的契合。于是，这场法律本地化运动，主要在如下方面展开工作：法律汇编，法律清理，法律翻译，法律修订，从而实现法律"过户"。

其一，法律汇编。法律汇编即按法律的类别或出处（出自葡国还是本地立法机关），将澳门《政府公报》公布的在澳门适用的法律加以编列。[2] 该项工作之所以重要，主要有如下方面的原因。首先，原有法律来源复杂，表现在外来法律和本地法律相互交错，

---

[1] 伍林：《澳门法律本地化进程述评》，《澳门1997》，澳门基金会，1997，第20-21页。

[2] 《政府法律本地化工作简况》，高德志供稿、郭华成编译，《澳门1995》，澳门基金会，1995，第14页。

既有葡萄牙延伸到澳门适用的法律，又有葡萄牙延伸到澳门适用的国际条约；既有澳门总督的立法，又有澳门立法会的立法；既有各政务司制定的规范性文件，又有各公共行政部门制定的规范性文件。其次，原有法律形式多样，结构多元，延伸到澳门的葡萄牙法律就有宪法性法律、法律、法令，地方性立法命令、命令、决议、实施细则令、地方性实施细则令、部长委员会决议、训令和规范性批示等形式，澳门本身的法律也有法律、法令、训示、批示以及其他规范性文件之分。再次，原有法律历时长久，不少法律的效力状况模糊不清，要对跨度上百年的法律文件进行清理、整理和汇编，其难度可想而知。最后，澳葡政府过去对法律的整理、清理和汇编工作缺乏足够的重视，许多重要的法律尚无中文文本，既没有健全的法律汇编，也没有完整的现行有效的法律清单。这一状况是与澳门社会的发展不相适应的，既不利于澳门与外界的交往，也为澳门特别行政区筹备委员会审查澳门原有的法律带来困难。[①] 有鉴于此，法律汇编便是一项基础工作，亦是法律系统化的前提，以使与五大法典领域基本吻合的法律部门得到清理。

其二，法律清理。根据《中葡联合声明》附件规定："澳门原有的法律、法令、行政法规和其他规范性文件，除与《基本法》相抵触或澳门特别行政区立法机关作逐步修改外，予以保留。"这就要求澳门政府在过渡期着手清理现有的法律、法令、行政法规和其他规范性文件，淘汰过时部分，修改不符实际部分，填补欠缺部分，并将清理后的法律逐步翻译成中文，使中文版本与葡文版本有同等法律效力。这些改革还必须结合《澳门基本法》内容，以保证澳门过渡期的法律清理工作顺利到位。在清理现有法律的过程中，凡与《澳门基本法》并无冲突又对澳门长远发展有利的

---

① 黄进：《澳门法律本地化之我见》，《澳门研究》总第9期，1998，第51-52页。

第四章
地区自治：现代澳门的治理与秩序

内容，是值得继续保留的。

要清理所谓现有法律，需要明确其大致范围：（1）作为葡萄牙法律核心的五大法典，即1867年《澳门民法典》、1961年《澳门民事诉讼法》、1888年《澳门商事法》、1886年《澳门刑法典》和1929年《澳门刑事诉讼法典》。1974年后制定的葡萄牙宪法内容（特别是关于人权和自由的保障）也适用于澳门，在1990年修订《澳门组织章程》时新增"要尊重共和国宪法所定的权利、自由与保障"内容。这些法律在葡国大都陆续修订或更新，在澳门却不顾实际，照旧适用。（2）只适用于葡国海外省的一些法律，如《毒品管制法》、《租借法》等法例，它们随着海外省的地位变化而在1982年做了修订。（3）只适用于澳门的法律，既有澳门总督颁行的法令、训令、批示等，又有立法会自1976年成立后在本地制定的法律，包括《银行法》、《租地法》、《建筑置业法》、《税务法》、《劳工法》、《旅游博彩法》、《外贸投资法》、《居留法》等内容，后者占澳门所有法律一半以上。这些本地法有的已经过时或不完善，不能适应本地社会经济迅速发展的需要。（4）原有法律还包括照顾华人风俗习惯的法律，以及香港的某些法律（特别是商业领域）。①

其三，法律翻译。法律本地化工作需要法律翻译，是有特殊的历史原因与社会原因的。长期以来澳门地区实行葡文单语立法，直至1991年12月之前，中文不具备官方语文地位，所有的葡萄牙法律以及绝大部分本地法律都没有中译本。在中文官方地位已经确定的后过渡期，澳门仍基本维持葡文单语立法的局面，除立法会的一些议员所提的部分法案是以中文形式出现之外，绝大多数的立法工作是以葡文单语立法方式进行，制定后才译为中文，以中葡双语公布。另一方面，在葡萄牙的长期管治下，澳门法律深

---

① 魏美昌：《澳门纵谈》，澳门基金会，1994，第5-6页。

受葡萄牙法律专家的影响。这些法律专家大多是将法律视为法律专家的法律,而不关注法律能否为民众理解和使用。[①] 在澳门颁行的不少法律照搬葡国法,没考虑澳门民众的法律需求;而葡语立法与司法又加深了普通民众对法律的隔膜,使这些葡式法律更加脱离澳门社会转型的实际。

由于澳门社会中有96%的居民是讲中文的中国人,真正懂葡文尤其是懂葡文立法的为极少数,可见单语立法根本就没有顾及澳门的社会实际。如果不及时进行翻译,就很难使占人口绝大多数的华人居民接受和消化,"已在澳门实行多年的葡国法律也难以在此地继续生根"。[②] 正是在此意义上,学界才多次强调,为满足一个华人占绝大多数的法制社会的起码要求,更重要的是为与澳门未来的政治地位相适应,法律翻译工作不仅势在必行,它自身亦构成了落实法律本地化的重要环节。[③] 因此,法律翻译也是确立中文官方地位、促进法律本地化的客观要求。

其四,法律修订。在前述相关工作的基础上,大规模的法律修订工作得以成为可能。事实上,这也正是法律本地化的重点和难点。回归前澳门法的主体内容,是从葡萄牙延伸的法律规范,其文化基础和社会背景并非立足澳门,其规范的内容与调整的对象也往往与澳门的实际情况发生冲突。而且,不少法律有较长的历史,却未根据形势进行补充或修订,以至根本不符合澳门社会在新时期的发展要求。这一切都使法律修订工作日益显得迫切。在修订工作中,必须根据澳门而非葡国的实际情况来决定取舍,并参考其他法系加以补充,做出改革或填补漏洞,使之适应现代社会之要求。

---

① 黄进:《澳门法律本地化之我见》,《澳门研究》总第9期,1998,第45页。
② 魏美昌:《澳门纵谈》,第37页。
③ 学界对此问题讨论较多,相关代表性观点参见赵国强《关于发展与完善澳门法律的几点思考》,《澳门2000》,澳门基金会,2000,第91页。

从 1995 年开始，澳门立法事务办公室的工作重点，集中在五大法典的修订上。除此之外，澳门总督与立法会还根据《澳门组织章程》1996 年修订后赋予的本地立法权，进行了大量的补充性立法工作，或者对原有法律进行废止、修订，或者制定新法律、填补空白，① 取得了较为显著的成绩。

三 法律本地化之得失：对过渡期的反思

从整体上重新审视过渡期的法律本地化，应该承认，它基本完成了政治意义上的历史使命，为澳门的平稳过渡和顺利回归奠定了至为重要的法制基础。

在《中葡联合声明》签署之后，中葡双方以及澳葡政府均围绕过渡期"三化"任务展开相关工作。20 世纪 80 年代后期，澳门政府开始集中一批专业人士，成立专门机构，通过行政部门和司法部门的协助，全面系统地搜集自 1910 年来在澳门实施的各种法律、法令、条例等规范性文件。在编列清单时，先按规范性文件的类别进行分类，删除一些明显与澳门无关的法规，将澳门《政府公报》公布的葡国立法机构制定的全部规范性文件清单及澳门立法办的清单，对照澳门行政暨公职司的"澳门法规数据库"（legismac）进行核实。编列清单后，由澳门司法政务司将编列的清单发送各有关政务部门，再由后者交所辖的各单位审核，以确认是否有效，并根据澳门现时和将来的需要，从中挑选宜在回归后沿用的规范性文件；同时从各部门收集回复意见，以便制定对规范性文件进行本地化的时间表。

这里且先看看当年情况。根据 1995 年澳门政府有关统计，编列清单的规范性文件共计 1734 件，其中法律 78 件，法令与命令

---

① 伍林：《澳门法律本地化进程述评》，《澳门 1997》，澳门基金会，1997，第 17 页。

1124件，殖民地法规9件，部长法规7件，部长训令490件，规范性批示25件，部长批示1件。通过这些烦琐的工作，发现清单中的许多法规已经失效，或是超过有效期，或是存而不用，或是违宪及违反其他法律而被默示废止。[①] 随着回归日期越来越近，法律本地化任务与既定目标之间仍有较大距离，澳葡政府不得不加速步伐，全面推进法律翻译和法律修订工作，以尽快促成法律过户及相关事宜。为此，立法会成立了8人临时委员会，从修订和编制《刑法》和《刑事诉讼法》开始，使之适合澳门的社会环境。中葡联合联络小组也相继展开多次不同形式、不同层次的专题磋商，致力于推动法律本地化的历史进程。

在中葡双方及澳葡政府的共同努力下，以五大法典为代表的澳门本地法典法体系，终于从1996年掀开历史性的第一页：由葡国法律专家迪亚士教授起草的《澳门刑法典》，经法律翻译办公室译成中文，并经中葡联合联络小组磋商，澳门立法会讨论通过，于1996年1月1日正式生效。继之而来的是迪亚士教授起草的《澳门刑事诉讼法典》，亦经一系列严格程序之后，于1997年4月1日生效。在此之后，《澳门民法典》《澳门商法典》及《澳门民事诉讼法典》也相继完成草稿，迭经讨论，赶在回归前夕正式颁行生效，从而在法律体系的层面完成了法律本地化之最具核心意义的基本任务。

然而，法律本地化使命不仅是政治性的，亦同时是社会性和文化性的。从后两者的角度重新加以审视，我们不难看到其间尚有不少难尽如人意的地方。对这些问题适时予以反思，当然不是盲目批判，更不是断然否定其历史意义，而是为更好地顺应当前澳门社会的发展形势，更好地满足当前澳门民众的法

---

① 该统计情况及相关分析，参见高德志供稿、郭华成编译《政府法律本地化工作简况》，《澳门1995》，澳门基金会，1995，第16页。

律需求，进而更好地把握"一国两制"之下特区新型政治文明的前进方向。

那么，过渡期澳门法律本地化工作的不足之处，究竟有哪些方面值得反思呢？

就工作本身而言，最明显的问题就是进展缓慢，成果仓促。虽然本地化工作在20世纪90年代初期就已起步，但真正有作为的、大规模的本地化工作，迟至90年代中后期甚至是回归前夕才进行。以澳门五大法典的本地化为例，至1998年才完成《刑法典》和《刑事诉讼法典》，其他三部则在回归前夕才仓促完成，另一些比较重要的法律也往往应备而迟迟未备，延缓了澳门本地法律体系的形成。究其原因，首先，澳葡政府对法律本地化工作重要性的主观认识不够，往往借口工作需稳步进行、不能操之过急，由此而耽误不少时间，错失不少机遇；其次，在于澳葡政府处理法律本地化工作时缺乏计划性和组织性，而一贯存在的官僚主义拖拉作风又使这一问题更为严重。再次，澳葡政府面对澳门各阶层中一些既得利益者的压力，经常在法律本地化工作中放弃努力、选择妥协，即使在回归前夕，这种妥协现象仍然存在。例如澳门公司法的本地化问题，澳门长期适用的是1888年《葡萄牙商法典》和1901年《葡萄牙有限公司法》，这些陈旧的法律在葡萄牙都已被新法取代，澳门也曾在1989年初完成新《公司法典》草案，但由于草案的部分内容影响了当时仍以葡萄牙人为主体的澳门某些团体的经济利益，遭到他们的反对，澳葡政府则迁就他们的利益，导致草案一搁就是近十年。[①]

就客观成效而言，一方面是内容上，一套新型法律体系虽然初步建成，但与预期的"本地"性质尚有距离。由于任务须赶在回归之前完成，最终成果难免粗略。以五大法典的本地化而论，

---

① 黄进：《澳门法律本地化之我见》，《澳门研究》总第9期，1998，第47页。

由于聘请葡国法律专家起草文本时，模仿、借鉴乃至照搬葡国法律制度甚多，既无法全面考虑澳门本地民众当时的法律需求，亦难以充分预见特区社会未来的法律格局，使得整个法典体系虽然结构完备、规范明晰，但容易游离于澳门本地民众的社会生活。另一方面在形式上，尤其突出的问题是法律翻译。因为实践中存在种种试图变通的做法，例如，让不熟悉普通法的葡籍律师将葡文法律译成英文，再让不熟悉大陆法的香港华人律师将之译成中文，这就使几个环节之间因缺乏"共识"而造成概念混乱甚至理解错误；或者把这种本应高标准严要求的任务交给那些既无法律修养又不精通中葡双语的一般翻译人员。[1] 其中最明显的问题，便是中文译本晦涩难解。由于长期实行单语立法，翻译者熟谙葡文表述而不熟悉中文表述，在翻译过程中往往不得不生硬地照字面直译，或在难以与立法者沟通而又不明白相关法律含义的情况下进行主观理解，使翻译出来的中文译本不仅谬误难免，而且晦涩难懂，以至许多懂中文的法律专家初看译本时也不知所云，更何况是那些并不具备法律知识和素养的澳门市民。至于一些已有正式且通用的中文译本的法律文件，尤其是中国已经加入亦在澳门适用的国际公约，澳门政府也往往派人另行翻译一个中译本，这种情况就"不仅不是适当地保持澳门法律翻译应有的特色，反而可以说是画蛇添足"，[2] 一定程度上变成对严肃的法律翻译工作的一种轻慢或扭曲，因而也在客观上减损了法律本地化的社会实效。

作为过渡期"三化"任务之一的法律本地化虽已告一段落，但它的历史使命并未真正完结。复杂而繁琐的后续工作留待回归之后成立的特区政府，成为持续至今仍受各界关注的法律改革的

---

[1] 魏美昌：《澳门纵谈》，第 8 页。
[2] 黄进：《澳门法律本地化之我见》，《澳门研究》总第 9 期，1998，第46–47 页。

重要内容。关于这一问题，社会各界从来不乏有识之士的评判分析，囿于主题和篇幅，笔者不再赘言。

我们期望，在特区未来的法制发展中，法律本地化之未完成的使命，能够从容游刃于更具包容性的现代化与全球化之间，在时间坐标与空间维度内，更好地形塑一种彰显"一国两制"独特价值的新型法治和文明秩序。[①]

[①] 关于文明秩序之说，详见于兴中《法治与文明秩序》，中国政法大学出版社，2006。

第五章

结语：两种文化对垒下的治理与秩序

第一节 开放精神：共处分治何以可能

一 开放精神的另类见证

综观明清时期澳门法文化发展历程，可见这种华洋共处分治的文化传统是中葡共同缔造和逐渐沉淀而成的，它既凝结着中华文明的开放精神，也折射出葡国早期奉行殖民主义的对外扩张精神。

16世纪初，葡萄牙人远道而来，在东南沿海活跃，可谓"亦商亦盗"，干着种种"有患于中国"的勾当。明政府基于沿海民生与海防形势，依照明初海外政策予以征讨。经历广东屯门、浙江双屿等多处军事冲突之后，葡人不仅被扫荡出其据居之地，还被朝廷宣布为不受欢迎的"佛郎机"，从而失去在华通商贸易的机会。然利之所趋，生死之不顾，葡人从未停止寻求在华贸易的机会，不再一味恃强横行，开始变换手段，获允入居澳门，且最终演化为中葡关系史上众所周知的"澳门主权问题"。

长期以来，中外关于葡萄牙人何以入居澳门，可谓众说纷纭。

第五章
结语：两种文化对垒下的治理与秩序

葡人为寻求其居留的历史合法性，更是炮制各种说法，以致诸如"借地骗取"与"助剿得赏"之类谬说流行于世。这些说法经后世学者陆续考订真伪，① 即使确有其事者，亦不过是历史的诱因，而非单一因素可决定。现在，葡国学者也大多抛弃了以往的种种谬说或偏见，认为是"中葡两国地理、政治、宗教、社会等诸多因素的巧合"，使葡萄牙人得以在澳门立足，且明清以来中国一直拥有对澳门的"实际的、连续的占有政策"。② 可见，葡萄牙人居留澳门表面看来有其偶然性，实则是一连串历史事件的结果，其巩固和发展亦同样如此。

虽然葡人入居澳门与行贿手段大有关联，但葡人之继续居留与发展之根本因素，则应归因于中华文化的开放精神。关于这一点，不妨重新审视明末朝野间关于治理澳门政策与葡人去留问题的争论。当时的论争大体分为"主驱派"与"主留派"，前者先后有御史庞尚鹏、总兵俞大猷、番禺举人卢延龙和御史郭尚宾等，认为这些"夷人"本性即"喜则人，怒则兽"，盘踞澳门必将构成对香山与广州的威胁，因而主张驱逐出澳；后者为广东官员霍与瑕首倡，认为把葡人"赶之出境，谢绝往来"或者"扼其喉、绝其食、激其变而剿之"均不是好办法，最好是"建城设官而县治之"，并认为设城池置官吏"以柔道治之，不动而安，诚得之策"；后来的广东巡按田生金也同样认为葡人离故国万里，居澳门数载，"驱之不忍、灭之不仁"。③ 朝廷之所以最终采纳"主留派"意见，容留葡人继续安居澳门，并非单纯基于时局因素考虑，更深层次

---

① 对这些荒谬观点的批判分析，参见戴裔煊《关于澳门历史上所谓赶走海盗问题》，《中山大学学报》1957 年第 3 期；费成康《澳门：葡萄牙人逐步占领的历史回顾》，第 20 – 24 页。

② 何思灵：《澳门的主权问题》，吴志良主编《东西方文化交流》，澳门基金会，1994，第 121 页。

③ 相关分析参见黄启臣《澳门通史》，第 64 – 73 页。

的原因在于,"主留派"的意见契合明朝"怀柔远人"的政策,体现了中国文化根深蒂固的开放及其对外来文明大力包容的精神。

二　怀柔意识下的主导治理

有着五千年悠久历史的中华文明,其内在的固有的开放精神也在中外文化交流过程中绵延不绝。但人们习惯于在封建中国与闭关自守之间画等号,从而认为中华传统文化(其中蕴涵着法文化)是封闭型文化。这种认识固然有推论上的可比之处,但中外文化交流史却展示了历史真实的另一面。[①]

历史的真实和人们的想象相反,正如葡萄牙学者潘日明对中外文化交流的推论:"不可想象一个人或一个民族能够在隔绝于世界的环境中发展和进步。任何个人和民族通过生来皆有的合群本能和自身的努力而完善。因此,国家的政治、社会及文化的进步,有赖于国际间的经济贸易和各种交流。纵然某些国家所具有非同一般的国力,然而没有一个国家能够绝对不靠国外引进而生存。中国是千年古国,也逃脱不了这个整体。任何一个朝代,即使是最短暂的时刻,中国与邻国从未断绝过邦交,中国正是以这种姿态多次试图恢复繁荣安定的正常生活。"[②] 由此他认为中国文化是

[①] 学界关于中外文化交流史已有相当丰厚的研究,代表性成果如周一良《中外文化交流史》,河南人民出版社,1987;方豪《中西交通史》,岳麓书社,1987;张维华主编《中国古代对外关系史》,高等教育出版社,1993;李喜所主编《五千年中外文化交流史》第2卷,世界知识出版社,2002;赵春晨《中西文化交流与岭南社会变迁》,中国社会科学出版社,2003;等等。从中外持续数千年尤其是从明清时期的中外文化交流状况,可见中国传统文化并非想象中的"封闭"和"僵化",而是一直秉持着与其他文化之间交流之精神的。

[②] 潘日明:《殊途同归——澳门的文化交融》,苏勤译,澳门文化司署,1992,第15页。

蕴涵着开放精神的,"可以肯定中国对外常常开放,并且采用世界最先进的科学、艺术和技术来满足人类发展的需要。各个朝代差不多都是这样"。①

在这里,潘日明神父是根据他所论的"一般规律"来推论中国文化中的开放精神。当然,仅根据文化交流的普遍规律推论中国文化的开放精神还欠完整,如果深入中国文化的精神特质中,我们将看到它确实是一种博大精深的文化。这种文化精神特质的外在表现是容纳与宽容,它无疑是一种开放的系统;内在的更为深厚的精神本质,则是仁爱、和平与统一,它是我们文明的理念、民族的精神和国家的事业,亦即国家和民族生存的"中国之道"。②

正是中国文化精神内在的仁爱、和平与统一,使这种文明成为容纳外来文明与宽待"化外之人"的载体,也使澳门法文化的出现与发展获得了相应的文化土壤。考证数千年来中国对外关系与文化交流史,可见这种开放精神构成了国家行为的准则,因而它也使中国传统法文化呈现这种开放精神的特质。

以明代对外关系而论,明初推行的对外政策即可概括为"厚往薄来""怀柔夷人"的开放政策。③ 自明太祖以后即强调四海一家、内外无别,他国来朝归顺,天朝自应厚待,除非有患须讨,不可动辄兴兵。明成祖时期郑和下西洋,更为中国文化精神广播海外的壮阔史诗。

虽然后世考证郑和下西洋之事持有别论,认为这与明成祖之

---

① 潘日明:《殊途同归——澳门的文化交融》,第21页。
② 黎晓平:《法与历史——中国法的历史精神导言》,付子堂主编《法理学讲演录》第1卷,法律出版社,2006。
③ 有学者总结明朝对外政策之演变,明初奉行"海外蛮夷之国,有为患于中国者,不可不讨,不为患中国者,不可辄自兴兵"的以防为主之消极政策,到明成祖时期则演变为"内安诸夏,外抚四夷,一视同仁"的积极政策。参见吴志良《生存之道——论澳门政治制度与政治发展》,第18页。

"昭示恩德"造成"万邦臣服"有密切关联,以此了解南洋诸国人心向背并使之安定,[①]因而论及天朝心态、经济利益与海权地缘政治诸问题时褒贬不一,但无论如何,这种文化传播绝非后来那些欧洲殖民主义者所奉行的劫掠、侵夺与殖民理念,因而"与半个世纪后东来的西方殖民者形成了鲜明的对比"。[②]

中华文化的这种开放与包容精神,构成了明清时期以"共处分治"为核心的传统澳门法文化发展的底色,而这又辗转表现于从葡萄牙人东来到聚居澳门不断发展期间的朝廷与澳门之政治关系上。

三 葡式政制背后的王道因素

葡式制度文化得以扎根澳门,与中国传统政治文化有密切关联。概而言之,至少如下因素不可忽视,一为边疆治理所采"羁縻"之术,一为侨民管理所奉"蕃坊"之制,进而改"化外人"之法加以统摄。儒家道统的"华夷之辨"与天朝中心观,不成想恰成居澳葡人从谋求内部自治到推行殖民政制的文化温床。

在中国传统政治文化中,中央王权对少数民族或边远地区进行管理的统治策略之一是进行特别管理政策与行政建制的"羁縻"。它可以溯源于秦统一中国时期作为治理地方的郡县制,郡县制的前身则是春秋战国时期诸侯王国在边远地建立的郡或县。自西汉张骞通西域后设立西域都护府始,至唐代设羁縻州府,宋代沿袭唐制,元代设土司制度,明代在广建土司的基础上建立双轨制,既有各级土司衙门,又有府州县建制,采取与内地不同的特殊管理制度。唐宋羁縻州府,是在边境民族地区设置府、州、县

[①] 张维华主编《中国古代对外关系史》,第281-282页。
[②] 张维华主编《中国古代对外关系史》,第294页。

第五章
结语：两种文化对垒下的治理与秩序

等地方行政单位，任命归附的当地统治者为官吏，以示笼络牵制之意。元明土司制度，亦为统治者的一种羁縻政策，授予少数民族地区统治者世袭官职以统治本地区，通过控制土司达到牢固统治边区的目的，使各族听从中央政府指令。通过"羁縻"方式实现中央对边远民族地区的政治统治，这对明清政府默许居澳葡人自治的态度有一定影响；至于澳葡议事会之检察长被朝野视为贯通华洋事务之间的"夷目"及其与中国政府往来交道的方式，更可显示中央王权治理澳葡所予特别政策及建制的"羁縻"意味。

比"羁縻"更具影响的另一传统政治文化是"蕃坊"制度，它体现了中国政府让聚居在一地的外国人享有某种类型的自治，同时保留中国最高权威地位的管理政策。所谓"蕃坊"是指外族人在华聚居区域，源自两汉时期专供来华"蛮夷"居住地长安"蛮夷邸"；后随中外交往尤其是对外商贸关系发展，不仅长安、洛阳等京城有外族人居留区域，扬州、泉州、广州等商埠也形成大规模外族人聚居地。[①] 广州"蕃坊"始于唐代，不少外国人来华经商、留学、传教、游历，初在广州和中国人杂居，后实行华夷异处以便管理，另在城外划出外侨居留地"蕃坊"，由外国人充任管理"蕃坊"公事的官吏"蕃长"。[②] 唐末广州"蕃坊"一度没落，宋时复兴，延至元代。明初海禁以后，仍有大批外国人来华，但散居全国各地，并不成立"蕃坊"。尽管广州"蕃坊"渐成陈迹，其对明清政府管理澳门的体制仍有不可忽略的影响，此点已

[①] 关于唐宋以来"蕃坊"制度的变迁，参见邱树森《唐宋蕃坊与明清澳门比较研究》，南方出版社，2001，第1-60页。

[②] 据学者考证，唐代已开始设立"蕃长"。如《唐会要》卷100载有天祐元年（904）六月授福连道三佛齐国人朝进奉使都蕃长蒲诃粟以宁远将军封号。唐末来华的阿拉伯人索理曼所著《见闻录》云："为欲裁决广府回教徒之争议，由中国皇帝简选一回教徒，此人于式日与信徒举行宗教之仪式，谈法话，又为本国君主行祈祷。"参见黄文宽《澳门史钩沉》，澳门，星光出版社，1987，第11章。

被学者所论证。① 值得注意的是，这仅仅是就"影响"而言，事实上，澳门管理模式与广州"蕃坊"制度迥然有别。② 严格来说，明清官员在采取对澳门政策时，是将澳门与"蕃坊"等同对待的，澳葡议事会中的检察长便是"蕃长"，故而议事会组织的法律性质是一种"另类蕃坊"。③

葡式制度文化的存留发展还得益于传统政治文化中的"化外人"制度。它与儒家文化立意于华夷之辨的义理息息相关，其适用法律的原则亦与前述"蕃坊"制度有一定关联，是对外侨法制和风俗的照顾，在无害中国社会安宁秩序的情况下，使外侨能遵守其本国的法制。例如《唐律》规定："诸化外人，同类自相犯者，各依本俗法；异类相犯者，以法律论"。④ 宋沿唐制，元朝因蒙古入主中原别异四民，自无"化外人相犯"之名例。明初复兴汉统，循唐律而修律，因海禁导致"蕃坊"衰落，"化外人"散居各地，成为"归附回回"（即"王民"），⑤ 立法遂有别于唐宋，故

---

① 例如，张天泽考证认为："中国人的政策是让聚居在一地的外国人享有某种类型的自治，与此同时保留其中国人最高权威的地位。外国人只要遵守秩序，与中国人和平相处，便可获准使用他们自己的法律，按照他们自己的风俗习惯办事。中国政府当局无意干预纯属外国人的事务，除非事实证明有必要进行干涉"。参见张天泽《中葡早期通商史》，姚楠、钱江译，香港，中华书局，1988，第6页。黄文宽也认为"必须追溯到唐朝的唐律和唐宋两代广州蕃坊的制度"。参见黄文宽《澳门史钩沉》，第37页。费成康还将议事会时期的澳门与广州蕃坊相提并论，认为"明政府仿照唐、宋两代管理广州外国侨民的'蕃坊'制度，可能还参照元代以来在少数民族中实行的'以土官治土民'的土司制度，将葡萄牙人的首领视同'蕃长'、土司，于1584年任命他为中国第二级的官员，称之为'夷目'，让他管理赁居蚝镜的葡萄牙人，并授予他一些管理当地中国商民的权力"。参见费成康《澳门四百年》，上海人民出版社，1988，第35页。
② 关于此点，学界亦有论证。据汤开建教授考证，在明代有关澳门管理的奏疏文献中，从未有人提出"仿照唐宋蕃坊制度"管理澳门之类意见，进一步从关于首领的设置、关于"自治"的问题、关于司法权问题入手，认为这是两种"完全不同的模式，不是后者对前者的模仿"。参见汤开建《澳门开埠初期史研究》，第203-219页。
③ 吴志良：《生存之道——论澳门政治制度与政治发展》，第56-65页。
④ 《唐律疏议》卷6，《名例》，"化外人相犯"条。
⑤ 邱树森：《唐宋蕃坊与明清澳门比较研究》，第77页。

在《大明律》规定"凡化外人犯罪者,并以律拟断",纂注则谓"化外人"为"外夷来降之人,及收捕夷人,散处各地方者"。[①] 清代律例沿袭明律,亦在《大清律》规定"化外人有犯,并依律问断",因"化外人既来归附,即是王民,罪并依律断,所以示无外也"。[②] 明清时期居澳葡人在法律适用上虽应"以律拟断"或"依律问断",但实践中基于获允内部自治而权为变通,这在华洋司法交涉史上屡有所闻。如乾隆八年(1743)两广总督策楞上奏谓澳门之"化外人有犯,原与内地不同"而形成"乾隆九年定例",实体刑法未做更改,司法程序出现变通。但该定例仅限于澳门葡萄牙人,其他别国侨民犯罪不能适用,中国亦未放弃管辖澳门地方的审判权。至于乾隆十三年(1748)华洋命案,因地方官吏索贿而致办理失当,朝廷为此重申"民夷重案务须按律究拟",由此出台《澳夷善后事宜条议》十二款,成为影响深远的澳门地方法令,亦可从中管窥朝野视澳葡隐有"化外人"之意,澳葡亦乐得从中谋求不再遵行明清律例而是"各依本俗法"的更多自治空间。

总之,综观澳门华洋共处分治的政制历程与法律发展,可以看到它是中葡居民在此共同缔造和逐渐沉淀而成的产物,折射出葡国海外扩张事业奉行资本主义的殖民精神,亦深刻凝结着中华文明中仁爱、和平与统一的开放精神。[③]

第二节 殖民主义:主权问题何以滥觞

一 "双重效忠"面纱下的殖民主义

前述中华文明的开放精神成为澳门法文化得以生长的土壤,

---

① 《大明律附例》卷1,《名例》。
② 《大清律例新增统纂集成》卷5,道光二十七年刻本。
③ 参见黎晓平、何志辉《澳门法制史研究》,第11-13页。

而澳门法文化之不同于中国内地传统法文化，也不同于万里之外的葡国早期法文化，则是因为明末清初的澳门在华洋共处之中，持续不断地发生着两种文化的对峙与融合。

中国政府对澳门行使管理维系着主导文化的基础，但真正使澳门得以呈现为一种独特的、混合的、复杂的法文化形态，则在于处于辅助地位的葡国早期殖民主义文化对澳门的熏染。立足于中国政府的允准，葡萄牙人在澳门极力发展其沿袭于欧洲中世纪城市自治法之下的有限自治。明清时期这种混合型的澳门法文化并不像我们今天通常所见的那么直接而明显，它曲曲折折地贯穿于明清政府与澳门葡人的政治交涉过程，唯有在涉及司法管辖权等方面的法律问题时才明确体现出来。

正确认识葡国早期的殖民主义，是我们真正深入明清时期澳门法文化何以成为混合型法律文明的必经之路。如果没有意识到葡萄牙人远道而来一开始就秉持海外殖民与开发海上贸易领域的野心，我们就不可理解葡人何以如此"百折不挠"要在中国东南沿海寻求据居点，也无法理解他们在千方百计获得朝廷允准居留之后竟会如此迅速地着手全面构建其自治机构和相应的组织体系，更无法理解他们在澳门屡屡违背朝廷意旨的所作所为的真实动机。而正是这一切，构成了明清时期传统澳门法文化独特的混合色彩。

葡国早期的殖民主义其实在整个明清时期一直延续着，尽管这种延续蛰伏在所谓"双重效忠"的面纱下。近代以来，葡国人乃至很大一部分别有用心的其他国家人士，都曾不同程度地蓄意曲解明清澳门主权归属中国的基本事实。例如，基于明清政府允准葡人适度自治，他们有意无意地宣称澳门在治理形态上是所谓"混合管治"或"双轨制"，甚至认为是"主权由两个民族共同行使"。[①]

[①] 直至当代仍有人认为"澳门的独特状况以及历史上的磨难使其政体出现'混合管辖权'或'分享主权'的局面。"参见何思灵《澳门的主权问题》，吴志良主编《东西方文化交流》，第172页。

第五章
结语：两种文化对垒下的治理与秩序

这些观点不仅仅是对中华文明开放精神的歪曲利用，也是对葡国早期殖民主义精神的刻意掩饰，它根本无视前者的主导文化地位，片面夸大以澳葡议事会为核心的澳门葡人政治组织与机构的有限自治。显然，无论是有意还是无心，脱离葡国早期殖民主义精神的要素，就绝不可能真正认识此时期澳门治理之真相，因而也完全不可能真正认识传统澳门法文化的历史面貌。

葡国早期的殖民主义精神，不仅潜伏在明清时期澳门葡人不断寻求扩展自治权限的过程中，在清中期至鸦片战争期间，它更是赤裸裸地呈现了最真实的原初面目。澳门葡人内心一直清楚，他们居留在中国领土上的合法性危机。远在万里之外的葡萄牙王室，也在相当长时期没有过多介入澳门事务。

在澳门政治发展史上的所谓"议事会时期"，以议事会为主导力量的澳门葡人只能在"恭顺"与"贿赂"之间谋求继续发展。唯有在《王室制诰》颁行之后，随着议事会地位的急剧衰落与葡萄牙对华殖民政策的迅速转变，以往的一切掩饰和伪装，遂都毫不犹豫地陆续撕破了，在鸦片战争期间更是达到极致。之所以明清时期中国政府对此视若无睹，也因为在其看来，天朝大国文化精神的主导地位根本不可能撼动。

二 治理格局变动下的"分治"真相

考诸明清澳门政治发展史，一方面是明清政府对澳门充分行使主权，另一方面是居澳葡人设法内部自治。[①] 澳门社会长期呈现

---

① 明清政府对澳门充分行使主权的具体表现，近年来中国学界可资参考的研究，包括吴志良《生存之道——论澳门政治制度与政治发展》，黄鸿钊《澳门史》，费成康《澳门：葡萄牙人逐步占领的历史回顾》，黄庆华《中葡关系史》等著述，笔者亦有《澳门法制史研究》《明清澳门的司法变迁》等予以考证。

的这种局面，便是后世学者所称的"华洋共处与分治"。① 但是，后世有一些葡国学者，为论证早期葡萄牙人对澳门试图殖民的正当性，进而证成近代以来葡国一再通过宪法单方宣称澳门归其管辖的合法性，不惜歪曲历史事实。

其一，粉饰葡人入居澳门的真相，为近代葡国通过立宪方式向西方世界宣称澳门是其"殖民地"奠定历史根据。

在葡萄牙，因对地理大发现等方面问题依循"国家机密政策"，学界缺乏可靠的相关原始文献，② 早期葡人居澳的诸多问题难有定论。一些怀有殖民情感的史学者，宁肯采信谬种流传的官方版本，例如所谓"驱盗有功说"，③ 认为葡人是因协助中国官员击退骚扰华南海域的海盗，赢得朝廷信任而获允定居澳门，还编造出所谓中国皇帝赏赐澳门的物证"金札"。④ 在鸦片战争前后，葡国政府鼓动学界"寻找澳门主权论据"，⑤ 结果不仅是无功而返，反而进一步确证澳门自古即归中国管辖。

其二，夸饰居澳葡人内部自治的"分治"效应，以"印证"近代葡国宪法对澳门"海外省"所做的自治性法律定位。

在西方，有学者认为，早期葡人聚居澳门，既不是葡国国王

---

① 吴志良：《生存之道——论澳门政治制度与政治发展》，第9页。
② 葡国学者贡世生《1862 - 1887：澳门与中国两个条约》持此观点，参见 Lourenço Maria de Conceição, 1862 - 1887: *Macau entre Dois Tratados comé a China*, Instituto Cultural de Macau, 1988, p. 7.
③ 葡国学者徐萨斯《历史上的澳门》便是如此。参见 Montalto de Jesus, *Macau Histórico*, Macau, Livros do Oriente, 1990. 中译本参见徐萨斯《历史上的澳门》，第14页以下。
④ 关于"金札说"始末及其批判，中国学界素有研究，晚近较具代表性的考证批评，参见黄庆华《中葡关系史》上册，第175 - 186页。葡萄牙知名的澳门史研究专家文德泉神父，对此类谬说也予以了批评。参见 Manuel Teixeira, *Primórdios de Macau*, Instituto Cultural de Macau, 1990, pp. 11 - 13。
⑤ 关于此事的来龙去脉，吴志良《鸦片战争前后葡萄牙寻找澳门主权论据的过程》一文分析甚详，参见吴志良《东西交汇看澳门》，第78 - 91页。

第五章
结语：两种文化对垒下的治理与秩序

的意思，也不是印度总督的意思，而纯粹是那批葡人靠岸于此的个人行动，此后才知会果阿（Goa）。[1] 他们最初建立内部自治组织"议事会"（Senado da Camara），此后逐渐发展成由总督、大法官与专司华洋事务交涉的检察官构成的政治体制，管理葡人内部所谓自治事宜，同时从未停止试图管辖华人的努力。由于葡国王室只顾处理印度事务及其他军事与商贸问题，无暇顾及澳门这一重洋阻隔的弹丸之地，澳葡议事会自1583年成立后，直至1783年《王室制诰》颁行前，这两百年间"以相对于中央而言较为自主的方式来管治其社群"，[2] 以致葡国学者如利萨（Almerindo Lessa）不无得意地将澳葡内部自治体夸耀为"东方第一个民主共和体"。[3] 而议事会在明清政府和葡萄牙王室之间设法保持"双重效忠"，[4] 尤其在面临一些严重事件时，不像某些澳督那样强横处置，而是采取"卑躬屈膝"的态度。利萨的观点招致另一些葡国学者的批判。[5] 尽管如此，明清政府对澳门的主导治理这一历史事实无可置疑。

其三，贬抑明清政府对澳门的主导治理，为葡国通过历次宪法单方宣称对澳门有权行使管辖的"资格"辩护。

在西方，尤其是在葡萄牙，那些为殖民主义辩护的史家，对明清政府要求澳葡缴纳"地租"甚为不满。他们以为葡人最初获允居澳是无须以缴付金钱作为回报的，只是由于议事会在一次例行贿赂地方官员时恰有更高级的官员在场，该地方官员诡称这是

---

[1] Austin Coates, *A Macao Narrative*, Hong Kong, Heinemann, 1978, p. 25.
[2] 萧伟华：《澳门宪法历史研究资料（1820-1974）》，第2页。
[3] 参见 Almerindo Lessa, *A História e os Homens da Primeira República Democrática do Oriente*, Macau, Imprensa Nacional, 1974。
[4] 吴志良：《生存之道——论澳门政治制度与政治发展》，第56-72页。
[5] 例如徐萨斯认为，派驻当地的中国官员发现对澳门葡人施加压力的理想"武器"，就是要胁割断对聚居地的粮食供应。见徐萨斯《历史上的澳门》，第51页。

"进贡皇帝"的税金,"贿赂因此转变为地租"。① 缴纳"地租"成为中国政府介入澳葡社会的一大显证,固然使议事会在特定时期可能陷入财政困窘,但也使一些西方人士认为葡人占据澳门的法律状况是一种"租赁"。

另一让他们"耿耿于怀"的是中国海关问题。清政府于1688年在娘妈阁（Praia Pequena）设立海关后,向中外船只征收关税。在一些西方人看来,这些税金是议事会的主要收入来源,居澳葡人的财政收入因此遭受严重影响。正因如此,乾隆年间总督梅内则斯（Antonio Jose Teles de Meneses,时译若些）率领黑奴损毁中国海关栅栏的劣迹,鸦片战争之后澳督亚马留（Joao Maria Ferreira do Amaral）强横拆毁中国海关、驱赶官员的恶行,葡国却始终有一些史学者也为之喝彩。②

此外,明清政府派驻地方官员"就近弹压",尤其是18世纪末19世纪初对澳门华洋讼案行使司法管辖权,③ 都使居澳葡人倍感"受制于人",以致一名澳门主教在1803年哀叹:"葡萄牙人在这里连一巴掌大的土地都没有,倘无中国地方官的准许,不可买地,不可建墙、开窗或修补屋顶,只有支付相当昂贵的金钱后才获得这些准许"。④ 如此种种,不一枚举。

在绝大多数场合,澳门华洋之间的共处关系,是一幅各行其道、和谐相处、相对融合的场景。至于共处之上的"分治",是以明清政府主导治理,澳葡内部辅以自治。因此,居澳葡人筹建自

---

① 徐萨斯:《历史上的澳门》,第51-52页。
② 徐萨斯:《历史上的澳门》,第211-212页。
③ 葡国学者关于葡萄牙法官与中国官员在审判职能与司法管辖制度的研究,参见贡世生《1862-1887:澳门与中国两个条约》,第138页。中国学界新近研究成果可参见刘景莲《明清澳门涉外案件司法审判制度研究（1553-1848）》,笔者对此问题所做探讨参见《明清澳门的司法变迁》第一至三章。
④ C. R. Boxer: *Dares-e-Tomares nas Relacoes Luso-Chinesas durante os Seculos* XVII *e* XVIII *atraves de Macau*,政府印刷署,1981,第9页。

治机构议事会,虽未遭遇中国政府的严正抗议,也未得到中国政府的明确承认。对居澳葡人及其自治机构不同于"当地政治习惯及决策"之特征及"一切状况"的默认,① 不妨碍中国政府显示其对澳门及当地居住华人的主权行使。

但是,如果以为这种状况使得澳门"处于一个中葡分治或混合式的管辖"下,由此认定澳门"主权由两个民族瓜分行使",② 甚至认为这种"双轨制"无孔不入地体现于日常生活的不同方面,包括政权行使、司法、宗教组织及活动、商业关系、市政管理等,③ 则实为大谬。

从更深层次看,这种谬误不仅颠倒历史、混淆真相,还通过颠覆明清政府对澳门充分行使主权的历史正义性,为近代葡萄牙以立宪方式擅自宣称澳门属其远东"殖民地"或"海外省"奠定了殖民主义的"立宪"基础。

三 所谓"主权问题"的文化审思

在从传统澳门法文化转向近代的过程中,澳门葡人陆续撕破"效忠"的伪装。但葡萄牙政府中的一部分"有识之士",还是主张设法找一点可以遮羞的理由,即寻求葡萄牙人对澳门"拥有主权"的证据,并由此投入了相当多的精力。④

事实上,他们寻找到的和炮制的各种假说,不仅丝毫无助于他们"拥有主权"的"事实",甚至连由来已久的居留合法性危机

---

① 贡世生:《1862-1887:澳门与中国两个条约》,第11页。
② 萧伟华:《澳门宪法历史研究资料(1820-1974)》,第6页。
③ Rui Afonso & Francisco Gonsalves Pereira, "The Political Status and Government Institutions of Macao," *Hong Kong Law Journal*, vol. 16, Jan. 1986, p. 30.
④ 关于这一问题的系统研究,参见吴志良《〈关于葡萄牙人居留澳门的备忘录〉——葡萄牙寻找澳门主权论据的过程》,《近代史研究》1996年第2期。

也无从克服。

正如澳门议事会在1837年12月致葡印总督的信中所说，"本居留地并非葡萄牙征服所得，只是中国人不断特许葡商居住，没有国王与国王或政府与政府之间的协议或契约。澳门居留地在中国以及葡萄牙法律管辖下的情况如下：中国的土地给葡商使用，葡商为葡萄牙臣民，一直服从葡萄牙的法律和风俗习惯"，并上书葡国议政会，指出澳门非同其他殖民地，葡萄牙从未征服澳门，本澳居民仍在中国政府管辖下承担"沉重的税收"。[①] 1839年9月26日，澳门葡人法官巴士度（J. M. Bastos）致函海事暨海外部部长时也对此直言不讳，"从我们涉足此地，他们政府从未就我们与华人、与这个国家的关系做出任何必要的指示。这块土地是中国的，为此，我们多年要向中国皇帝缴纳地租"；半年后进一步指出，葡萄牙只有使用权而无所有权，"即便这一使用权也是有限的"。[②] 可见直至鸦片战争前夕，葡人寻找澳门主权证据的努力，仍不可避免地归于失败。

近代以来，相当一部分葡人虽未寻找到有利于他们的历史证据，却始终不甘心承认中国政府历来对澳门享有的主权。直至澳门回归前夕，他们仍极力鼓吹"葡人拥有澳门主权"的论调。其中还包括一些学者，不仅继续鼓吹所谓中葡对澳门治理的"双轨制"或"共同行使主权"论，还有更令人惊异而必须驳斥的所谓葡人"享有澳门完全主权"论。例如，曾任澳门历史档案馆主任的葡萄牙学者山度士，就广泛引证葡国和其他国家学者的著作，根据所谓"助剿海盗而得赐澳门"观点而认为："毫无疑问，一份正式割让澳门的文件应曾存在，无论其什么内容，尽管迄今无人见过这份文件。否则，葡萄牙人早已被视为入侵者或不速之客。

---

① 转引自吴志良《生存之道——论澳门政治制度与政治发展》，第127-128页。
② 转引自吴志良《生存之道——论澳门政治制度与政治发展》，第128页。

第五章
结语：两种文化对垒下的治理与秩序

倘若如此，随时会遭到驱逐"。①

在这些葡国学者眼里，中国并未驱逐葡萄牙人，未正式责备葡萄牙人在澳门的存在，也未让其他国家的人在中国久居；中国曾在澳门半岛筑起围墙作为其领土与澳门的边界，事实上已承认澳门对其的"独立"，还有就是欧洲国家请求里斯本政府批准其在澳门设领时，葡萄牙的主权已获得这些国家的公开承认。因此，即使中国官吏对澳门有切实的管辖权（如设置官府、收缴地租、行使海关权），不过是所谓"国际地役"，国际法上将此作为对主权的限制，绝非对主权的排除；不是以使葡国的主权失效，虽可能对主权上次要方面造成影响，但不曾损害主权的实质内容，葡国拥有澳门的主权只是受到了中国政府的"干涉"。②

这类观点实则荒谬之至。其问题首先在于以现代国家主权观念看待明末清初的中葡关系与澳门问题，而当时无论中葡都没有这方面的意识。对中国而言，澳门是天朝地界之内的"化外之地"，让葡人管理内部事务，而保留最终处分权，对葡人究竟有何想法则基本忽略不计，既没有"割让"也没有"租让"。对葡人而言，澳门最初是亦商亦盗的葡萄牙人为在华贸易而设法争取的立足之地，这种私人行为并未得到葡国政府的同意或派遣，至鸦片战争之前，没有"国王与国王或政府与政府之间的协议或契约"，因此，这种国家主权式的分析对早期澳门法文化史研究没有实质意义。

即使这种主权观念便利分析，这类观点的推论也没有尊重历史真实，反而颠倒了葡人在澳门处于"赁居"地位而主权归属中

---

① 依查乌·山度士：《十六、十七世纪围绕澳门的中葡关系》，黄启臣、邓开颂编《中外学者论澳门历史》，澳门基金会，1995，第252页。
② 依查乌·山度士：《十六、十七世纪围绕澳门的中葡关系》，黄启臣、邓开颂编《中外学者论澳门历史》，澳门基金会，1995，第252页。

国的基本事实。① 并且，这种推论也完全自相矛盾：既对土地拥有主权即所有权却又须缴纳租金，既有永远行政管理权又须听命于中国官府，既有司法主权又要适用中国法律。如此种种，均为无可调和的悖论，足见其分析之矛盾实则来自法理之不通。

由此可见，这类观点不仅没有可靠史料支撑，而且论证也完全失当，结果适得其反地证明了明清时期的葡人自治是在中国政府管辖之下的有限自治，中国对澳门的主权与治权从未分离，根本就不是什么"双轨制"或"拥有主权"论。

葡国早期的殖民主义精神延续到1887年签订《中葡和好通商条约》，② 才终于借助国际条约的文件形式得以"落实"，这真可谓"多少磨难，多少夙愿"。③ 诚然如此。早期葡人东来寻找据点的最初几十年间，所作所为迫使明政府不得不派兵先后在上川、屯门、宁波、漳州及浪白滘等地进行讨伐。他们未能在中国打下一个如同葡萄牙在远东和非洲等地的其他海外殖民地，不是不想，而是不能。即使在立足澳门之后，他们也始终不懈地争取把澳门变为其殖民地，每遇机会就乘人之危、趁火打劫，但终究无法实现其野心。

基于此点，我们对居澳葡人所谓"双重效忠"的说法持保留态度，更对葡人陆续抛出的种种主张"双轨制"或"拥有主权"论保持高度戒备，这些论调不过是为掩饰葡萄牙的殖民主义野心而做的理论粉饰。而综观明清以来澳门法文化的流变，可见澳门葡人对澳门主权的野心一直潜伏着，唯有在特定时刻的特定事件

---

① 关于葡萄牙人借助所谓近代"国际法"原理主张对澳门"拥有主权"的批判分析，参见柳华文《1887年〈中葡和好通商条约〉国际法简析》，《澳门研究》第10期，1999，第46–65页。

② 关于1887年《中葡和好通商条约》的签订及影响，参见吴志良《生存之道——论澳门政治制度与政治发展》，第164–188页。

③ 潘日明：《殊途同归——澳门的文化交融》，第55页。

第五章
结语：两种文化对垒下的治理与秩序

中暴露真实。可以说，没有葡人的野心及其相应行动，就不可能有澳门华洋共处中形形色色的冲突，也不可能有中国政府与澳葡乃至葡萄牙之间错综复杂的交涉，当然，也就不可能使澳门法文化的主导成分与辅助成分一再发生龃龉。

总之，无论是澳门开埠这一历史事件，还是在随后逐渐形成的明清澳门法文化之中，中华文明的开放精神始终有着深刻的影响。如果没有中国文明继承下来的宽容与开放精神，明清时期葡人居留澳门是不可能被轻易接受的，即使有这样那样的"好处"或"理由"。如果不从这一角度去考察中国文化在澳门传统法文化中的地位，我们可能难以理解在时人与后世看来貌似"妥协"的种种举措。因此，在认识澳门法文化时，显然不可能只考察种种外在的经济、政治因素，而忽略文化精神的支配性影响。这也正是一些葡国学者在论述澳门文化之交融色彩时，不惜大篇幅纵论中国对外开放精神的史实之动因。① 唯其如此，才能真正理解中葡政治关系之下的澳门法文化源流。

如今，迭经460年风雨洗礼的澳门，确乎是人类文明史上一个令人称奇惊叹的"政治奇观"，② 不仅依然葆有独具文化魅力的华洋共处，更以极具全球化色彩的多样性彰显文明共生的时代价值。这种彰显是由包括《澳门基本法》在内的一整套政制架构和法律制度加以落实的，也是由中国宪法和《中葡联合声明》赋予其保证的。不同于早期澳门治理与秩序中的共处分治，更不同于近代澳门治理与秩序中的殖民宪制，它允许在统一的主权国家内部不同地区实行不同的政权组织形式，并以《澳门基本法》这一地区宪制性法律加以定型。其更为深刻的政治意义，正如邓小平多次强调的：

---

① 潘日明：《殊途同归——澳门的文化交融》，第1-27页。
② 吴志良：《生存之道——论澳门政治制度与政治发展》，第3页。

和平共处原则用之于解决一个国家内部的问题,恐怕也是一个好办法。根据中国自己的实践,我们提出"一个国家,两种制度"的办法来解决中国统一问题,也是一种和平共处。①

因此,将这种新型国家结构形式由理念转向实践,是对中国政治文化传统单一制模式、当今世界普遍的单一制国家模式的创造性突破。相信这一极具中国特色的政治智慧,既是在"小剧场"上演的一场前所未见的"大剧目",② 也是国际舞台上以和平共处原则来解决国家内部问题的积极尝试,既充分体现当代国际新形势下和平与发展的时代主题,更有望为仍处于分裂状态的国家实现和平统一提供新思路或新途径。至于未来澳门的法制建设和社会发展,仍将涉及诸多关乎宪制安排的根本问题,值得各界同人共同瞩目和共同努力。

---

① 邓小平:《邓小平文选》第3卷,第96-97页。
② 杨允中:《"一国两制":实践在澳门》,第380页。

参考文献

一 档案文献集

（明）嘉靖《广东通志》，广东省地方志办公室影印，1997。
（明）郭棐：《粤大记》（标点本），中山大学出版社，1996。
（明）严从简：《殊域周咨录》（标点本），中华书局，1993。
（明）颜俊彦：《盟水斋存牍》（点校本），中国政法大学出版社，2002。
（明）陈子龙辑《明经世文编》（影印本），中华书局，1997。
（明）沈德符：《万历野获编》（标点本），中华书局，1980。
（明）叶权：《贤博编》（标点本），中华书局，1987。
（明）王临亨：《粤剑篇》（标点本），中华书局，1987。
（明）张燮：《东西洋考》（标点本），中华书局，2000。
（清）贺长龄辑《清经世文编》（影印本），中华书局，1992。
（清）张廷玉纂修《明史》（点校本），中华书局，1974。
（清）谈迁：《国榷》（标点本），中华书局，1958。
（清）印光任、张汝霖：《澳门记略》，广东高等教育出版社，1988。
（清）梁廷枏：《粤海关志》（标点本），广东人民出版社，2002。
（清）屈大均：《广东新语》（标点本），中华书局，1985。
（清）夏燮：《中西记事》（标点本），中华书局，1982。
（清）王之春：《国朝柔远记》（标点本），中华书局，1989。

（清）徐继畲：《瀛寰志略》（标点本），上海书店，2001。

澳门基金会等编《葡萄牙外交部藏葡国驻广州总领事馆档案（清代部分·中文）》，广东省出版集团、广东教育出版社，2009。

广东省档案馆编《广东澳门档案史料选编》，中国档案出版社，1999。

广西师范大学组织整理《美国驻中国澳门领事馆领事报告，1849-1869》，广西师范大学出版社，2012。

胡滨编译《英国档案有关鸦片战争资料选译》，中华书局，1993。

黄汉强、吴志良主编《澳门总览》（第二版），澳门基金会，1996。

黄鸿钊编《中葡澳门交涉史料》，澳门基金会，1998年。

黄鸿钊编《澳门史料拾遗——〈香山旬报〉资料选编》，澳门历史文化研究会，2003。

黄彰健编著《明代律例汇编》（上下），台北，"中研院"历史语言研究所，1979。

刘芳辑、章文钦校《葡萄牙东波塔档案馆藏清代澳门中文档案汇编》，澳门基金会，1999。

汤开建、吴志良主编《〈澳门宪报〉中文资料辑录（1850-1911）》，澳门基金会，2002。

汤开建、陈文源、叶农主编《鸦片战争后澳门社会生活纪实——近代报刊澳门资料选粹》，花城出版社，2001。

吴志良、杨允中主编《澳门百科全书》（修订版），澳门基金会，2005。

吴志良、金国平、汤开建主编《澳门编年史》（全6卷），广东人民出版社，2010。

夏东元编《郑观应文集》，澳门历史学会、澳门历史文物关注协会，2002。

萧蔚云主编《澳门现行法律汇编》，北京大学出版社，1994。

张海鹏主编《中葡关系史资料集》上、下卷，四川人民出版社，1999。

张星烺编著《中西交通史料汇编》，中华书局，2003。

郑言实编《澳门过渡期重要文件汇编》，澳门基金会，2000。

中国第一历史档案馆编《澳门问题明清珍档荟萃》，澳门基金会，2000。

中国第一历史档案馆、澳门基金会、暨南大学古籍研究所合编《明清时期澳门问题档案文献汇编》（全6卷），人民出版社，1999。

中山市档案局、中国第一历史档案馆编《香山明清档案辑录》，上海古籍出版社，2006。

二 中文著述

卞利：《国家与社会的冲突和整合——论明清民事法律规范的调整与农村基层社会的稳定》，中国政法大学出版社，2008。

蔡鸿生主编《澳门史与中西交通研究》，广东高等教育出版社，1998。

陈奉林、魏楚雄主编《东方外交史之发展》，澳门大学出版中心，2009。

陈惠馨：《传统个人、家庭、婚姻与国家——中国法制史的研究与方法》，台北，五南图书出版公司，2006。

陈乐民：《十六世纪葡萄牙通华系年》，辽宁教育出版社，2000。

陈伟明：《清代澳门社会生活消费研究（1644－1911）》，广东人民出版社，2009。

陈欣欣：《澳门发展现况》，香港，广角镜出版社有限公司，1993。

陈尚胜：《开放与闭关——中国封建晚期对外关系研究》，山东人民出版社，1993。

初晓波：《从华夷到万国的先声》，北京大学出版社，2008。

崔维孝：《明清之际西班牙方济会在华传教研究（1579－

1732)》，中华书局，2006。

戴裔煊：《〈明史·佛郎机传〉笺正》，中国社会科学出版社，1984。

戴裔煊、钟国豪：《澳门历史纲要》，知识出版社，1999。

邓开颂：《澳门历史》，澳门历史学会，1995。

邓开颂、陆晓敏主编《粤港澳近代关系史》，广东人民出版社，1996。

邓开颂、吴志良、陆晓敏主编《粤澳关系史》，中国书店，1999。

邓思平：《澳门土生葡人》，香港三联书店，2009。

董丛林：《龙与上帝：基督教与中国传统文化》，广西师范大学出版社，2007。

杜文忠：《边疆的法律——对清代治边法制的历史考察》，人民出版社，2004。

法律翻译办公室编《澳门的宪政制度及司法组织》，澳门，法律翻译办公室，1995。

范金民：《明清商事纠纷与商业诉讼》，南京大学出版社，2007。

范忠信等：《情理法与中国人》（修订版），北京大学出版社，2011。

方豪：《中西交通史》，岳麓书社，1987。

费成康：《澳门四百年》，上海人民出版社，1988。

费成康：《澳门：葡萄牙人逐步占领的历史回顾》，上海社会科学院出版社，2004年。

费孝通：《乡土中国·生育制度》，北京大学出版社，1998。

傅衣凌：《明清社会经济史论文集》，人民出版社，1982。

甘怀真编《东亚历史上的天下与中国概念》，台北，台湾大学出版中心，2007。

高岱、郑家馨：《殖民主义史（总论卷）》，北京大学出版社，2003。

高明士：《律令法与天下法》，台北，五南图书出版公司，2012。

高伟浓：《走向近世的中国与"朝贡"国关系》，广东高等教育出版社，1993。

顾明义：《中国近代外交史略》，吉林文史出版社，1987。

顾卫民：《基督教与近代中国社会》，上海人民出版社，1997。

顾卫民：《葡萄牙文明东渐中的都市——果阿》，上海辞书出版社，2009。

郭廷以：《近代中国史》，台北，台湾商务印书馆，1966。

郭廷以：《近代中国的变局》，台北，联经出版公司，1987。

郭卫东：《转折——以早期中英关系和〈南京条约〉为考察中心》，河北人民出版社，2003。

郭永亮：《澳门香港之早期关系》，台北，"中研院"近代史研究所，1990。

郝雨凡、吴志良、林广志主编：《澳门学引论——首届澳门学国际学术研讨会论文集》，社会科学文献出版社，2012。

何春超主编《国际关系史（1945-1980）》，法律出版社，1986。

何芳川：《中外文明的交汇》，香港城市大学出版社，2003。

何兆武：《中西文化交流史论》，中国青年出版社，2001。

何兆武、柳卸林主编《中国印象——世界名人论中国文化》，广西师范大学出版社，2001。

何志辉：《明清澳门的司法变迁》，澳门学者同盟，2009。

何志辉：《从殖民宪制到高度自治——澳门二百年来宪制演进述评》，澳门理工学院一国两制研究中心，2009。

何志辉：《近代澳门司法：制度与实践》，中国民主与法制出版社，2012。

贺卫方：《司法的理念与制度》，中国政法大学出版社，1998。

贺卫方：《运送正义的方式》，上海三联书店，2002。

胡根：《澳门近代博彩业史》，广东人民出版社，2009。

胡旭晟：《解释性的法史学》，中国政法大学出版社，2005。

胡旭晟主编《狱与讼：中国传统诉讼文化研究》，中国人民大学出版社，2012。

霍志钊：《澳门土生葡人的宗教信仰》，社会科学文献出版社，2009。

华荔：《澳门法律本地化历程》，澳门基金会，2000。

黄国盛：《鸦片战争前的东南四省海关》，福建人民出版社，2000。

黄鸿钊：《澳门史》，福建人民出版社，1999。

黄鸿钊：《澳门同知与近代澳门》，广东人民出版社，2006。

黄鸿钊：《澳门海洋文化的发展和影响》，广东人民出版社，2010。

黄启臣：《澳门通史》，广东教育出版社，1999。

黄启臣、郑炜明：《澳门经济四百年》，澳门基金会，1994。

黄庆华：《中葡关系史》（上、中、下），黄山书社，2006。

黄文宽：《澳门史钩沉》，星光出版社，1987。

黄显辉：《澳门政治体制与法渊源》，澳门，东方葡萄牙学会，1992。

黄一农：《两头蛇——明末清初第一代天主教徒》，新竹，清华大学出版社，2005。

强磊：《论清代涉外案件的司法管辖》，辽宁大学出版社，1991。

蒋竹山：《当代史学研究的趋势、方法与实践：从新文化史到全球史》，台北，五南图书出版公司，2012。

金国平：《中葡关系史地考证》，澳门基金会，2000。

金国平：《西力东渐——中葡早期接触追昔》，澳门基金会，2000。

金国平、吴志良：《镜海飘渺》，澳门成人教育学会，2001。

金国平、吴志良：《东西望洋》，澳门成人教育学会，2002。

金国平、吴志良：《过十字门》，澳门成人教育学会，2004。

金国平、吴志良：《早期澳门史论》，广东人民出版社，2007。

蓝天主编《"一国两制"法律问题研究（澳门卷）》，法律出版社，1999。

黎晓平、何志辉：《澳门法制史研究》，21世纪科技研究中心，2008。

李炳时：《澳门总督与立法会》，澳门基金会，1994。

李长森：《明清时期澳门土生族群的形成发展与变迁》，中华书局，2007。

李长森：《近代澳门外报史稿》，广东人民出版社，2010。

李捷理主编《社会学：西方人文社科前沿述评》，中国人民大学出版社，2007。

李庆新：《明代海外贸易制度》，社会科学文献出版社，2007。

李庆新：《濒海之地——南海贸易与中外关系史研究》，中华书局，2009。

李鹏翥、杨允中主编《澳门基本法文献集》，澳门日报出版社，1993。

李向玉：《汉学家的摇篮——澳门圣保禄学院研究》，中华书局，2006。

李育民：《近代中国的条约制度》，湖南师范大学出版社，1995。

李育民：《中国废约史》，中华书局，2005。

李育民：《近代中外关系与政治》，中华书局，2006。

李育民：《近代中外条约研究综述》，湖南人民出版社，2011。

李育民：《近代中外条约关系刍论》，湖南人民出版社，2011。

李育民：《中外不平等条约史话》，社会科学文献出版社，2011。

李云泉：《朝贡制度史论——中国古代对外关系体制研究》，新华出版社，2004。

李兆祥：《近代中国的外交转型研究》，中国社会科学出版社，2008。

廉希圣、程洁、王巧珑：《澳门司法制度与基本法的实施》，澳门理工学院一国两制研究中心，2010。

梁嘉彬：《广东十三行考》，广东人民出版社，1999。

梁治平：《清代习惯法：社会与国家》，中国政法大学出版社，1996。

梁治平编《法律的文化解释（增订本）》，三联书店，1998。

林发钦：《澳门史稿》，澳门近代文学学会，2005。

林学忠：《从万国公法到公法外交——晚清国际法的传入、诠释与应用》，上海古籍出版社，2009。

林中泽：《早期基督教及其东传》，上海古籍出版社，2011。

林子升：《十六至十八世纪澳门与中国之关系》，澳门基金会，1998。

刘高龙、赵国强主编：《澳门法律新编》，澳门基金会，2005。

刘禾：《帝国的话语政治——从近代中西冲突看现代世界秩序的形成》，三联书店，2009。

刘海鸥：《澳门法律史纲要——澳门法的过去、现在和未来》，吉林大学出版社，2009。

刘景莲：《明清澳门涉外案件司法审判制度研究（1553－1848)》，广东人民出版社，2007。

刘培华：《近代中外关系史》，北京大学出版社，1986。

刘然玲：《文明的博弈——16至19世纪澳门文化长波段的历史考察》，广东人民出版社，2008。

刘羡冰：《双语精英与文化交流》，澳门基金会，1994。

刘月莲：《澳门历史语言文化论稿》，澳门文化研究会，2003。

刘志伟：《在国家与社会之间——明清广东里甲赋役制度研究》，中山大学出版社，1997。

刘作翔：《法律文化理论》，商务印书馆，1999。

罗荣渠：《现代化新论——世界与中国的现代化进程》，北京大学出版社，1993。

罗荣渠主编《各国现代化比较研究》，陕西人民出版社，1993。

骆伟建：《澳门特别行政区基本法概论》，澳门基金会，2000。

马小红：《礼与法：法的历史连接》，北京大学出版社，2004。

茅海建：《天朝的崩溃——鸦片战争再研究》，三联书店，1995。

米也天：《澳门法制与大陆法系》，中国政法大学出版社，1996。

米健等：《澳门法律》，中国友谊出版公司，1996。

米健主编《澳门法律改革与法制建设》，社会科学文献出版社，2011。

那思陆：《清代州县衙门审判制度》，台北，文史哲出版社，1983。

戚印平：《东亚近世耶稣会史论集》，台北，台湾大学出版中心，2004。

钱乘旦：《世界现代化进程》，南京大学出版社，1996。

钱乘旦主编《现代文明的起源与演进》，南京大学出版社，1991。

钱乘旦主编《欧洲文明：民族的冲突与融合》，贵州人民出版社，1999。

邱澎生：《当法律遇上经济：明清中国的商业法律》，台北，五南图书出版公司，2008。

瞿同祖：《瞿同祖法学论著集》，中国政法大学出版社，1998。

瞿同祖：《中国法律与中国社会》，中华书局，2003。

瞿同祖：《清代地方政府》，范忠信等译，法律出版社，2003。

沈定平：《明清之际中西文化交流史——明代：调适与会通》（增订本），商务印书馆，2007。

沈定平：《明清之际中西文化交流史——明季：趋同与辨异》（上、下），商务印书馆，2012。

石之瑜：《近代中国对外关系新论——政治文化与心理分析》，台北，五南图书出版公司，1995。

宋黎明：《神父的新装——利玛窦在中国（1582 – 1610）》，南京大学出版社，2011。

苏亦工：《明清律典与条例》，中国政法大学出版社，2000。

苏亦工：《中法西用：中国传统法律及习惯在香港》，社会科学文献出版社，2002。

谭世宝：《澳门历史文化探真》，中华书局，2006。

谭世宝：《金石碑刻的澳门史》广东人民出版社，2006。

谭树林:《英国东印度公司与澳门》,广东人民出版社,2010。

谭志强:《澳门主权问题始末(1553-1993)》,台北,永业出版社,1994。

汤开建:《明清士大夫与澳门》,澳门基金会,1998。

汤开建:《委黎多〈报效始末疏〉笺正》,广东人民出版社,2004。

唐德刚:《晚清七十年》,岳麓书社,1999。

田涛:《国际法输入与晚清中国》,济南出版社,2001。

田涛、李祝环:《接触与碰撞——16世纪以来西方人眼中的中国法律》,北京大学出版社,2007。

万明:《中国融入世界的步履:明与清前期海外政策比较研究》,社会科学文献出版社,2000。

万明:《中葡早期关系史》,社会科学文献出版社,2001。

王尔敏:《晚清商约外交》,香港中文大学出版社,1998。

王尔敏:《五口通商变局》,广西师范大学出版社,2006。

王尔敏:《弱国的外交:面对列强环伺的晚清政局》,广西师范大学出版社,2008。

王建朗:《中国废除不平等条约的历程》,江西人民出版社,2000。

王巨新、王欣:《明清澳门涉外法律研究》,社会科学文献出版社,2010。

王巨新:《清朝前期涉外法律研究——以广东地区来华外国人管理为中心》,人民出版社,2012。

王立诚:《中国近代外交制度史》,甘肃人民出版社,1991。

王日根:《明清民间社会的秩序》,岳麓书社,2003。

王绳祖主编《国际关系史(17世纪中叶-1945年)》,法律出版社,1986。

王叔文:《澳门特别行政区基本法导论》,中国人民公安大学出版社,1993。

王文达:《澳门掌故》,澳门教育出版社,1997。

王禹：《授权与自治》，濠江法律学社出版，2008。

王振民：《中央与特别行政区关系：一种法治结构的解析》，清华大学出版社，2002。

魏美昌：《澳门纵谈》，澳门基金会，1994。

吴伯娅：《康雍干三帝与西学东渐》，宗教文化出版社，2002。

吴吉远：《清代地方政府的司法职能研究》，中国社会科学出版社，1998。

吴建雍：《18世纪的中国与世界：对外关系卷》，辽海出版社，1999。

吴义雄：《开端与进展：华南近代基督教史论集》，台北，宇宙光全人关怀机构，2006。

吴志良：《澳门政制》，中国友谊出版公司，1996。

吴志良：《东西交汇看澳门》，澳门基金会，1996。

吴志良：《生存之道——论澳门政治制度与政治发展》，澳门成人教育学会，1998。

吴志良、陈欣欣：《澳门政治社会研究》，澳门成人教育学会，2000。

吴志良、金国平、汤开建主编《澳门史新编》（全4卷），澳门基金会，2008。

吴志良、林发钦、何志辉主编《澳门人文社会科学研究文选·历史卷》，社会科学文献出版社，2010。

武树臣：《中国传统法律文化》，北京大学出版社，1994。

萧蔚云：《论澳门基本法》，北京大学出版社，2003。

萧蔚云主编《论澳门特别行政区行政长官制》，澳门科技大学出版社，2005。

萧致治、杨卫东：《鸦片战争前中西关系纪事》，湖北人民出版社，1986。

谢贵安：《明清文化史探研》，商务印书馆，2010。

徐爱国主编《无害的偏见——西方学者论中国法律传统》，北京大学出版社，2011。

徐忠明:《案例、故事与明清时期的司法文化》,法律出版社,2006。

许昌:《澳门过渡期重要法律问题研究》,北京大学出版社,1999。

严忠明:《一个海风吹来的城市:早期澳门城市发展史研究》,广东人民出版社,2006。

杨鸿烈:《中国法律发达史》(影印本),中国书店,1990。

杨静辉、李祥琴:《港澳基本法比较研究》,北京大学出版社,1997。

杨开荆:《澳门特色文献资源研究》,北京大学出版社,2003。

杨瑞松:《病夫、黄祸与睡狮:"西方"视野的中国形象与近代中国国族论述想像》,台北,台湾政治大学出版社,2010。

杨贤坤主编《澳门法律概论》,中山大学出版社,1994。

杨雪峰:《明代的审判制度》,台北,黎明文化事业公司,1978。

杨允中:《"一国两制":实践在澳门》,澳门基本法推广协会,2002。

杨允中主编《郑和与海上丝绸之路》,澳门大学澳门研究中心,2005。

杨允中、黄鸿钊、庄文永等:《澳门文化与文化澳门——关于文化优势的利用与文化产业的开拓》,澳门大学澳门研究中心,2005。

叶秋华、王云霞、夏新华主编《借鉴与移植:外国法律文化对中国的影响》,中国人民大学出版社,2012。

余振编《澳门政治与公共政策初探》,澳门基金会,1994。

余振、刘伯龙、吴德荣:《澳门华人政治文化》,澳门基金会,1993。

于沛主编《全球化和全球史》,社会科学文献出版社,2007。

于兴中:《法治与文明秩序》,中国政法大学出版社,2006。

于兴中:《法理学检读》,海洋出版社,2010。

查灿长:《转型、变项与传播:澳门早期现代化研究(鸦片战争至1945年)》,广东人民出版社,2006。

张国刚:《从中西初识到礼仪之争——明清传教士与中西文化

交流》，人民出版社，2003。

张国刚、吴莉苇：《中西文化关系史》，高等教育出版社，2006。

张嘉中：《日本国政发展——军事的观点》，台北，生智出版公司，2005。

张嘉中：《权力斗争与军人的政治角色：1949 - 1973 年的中国》，台北，扬智文化事业股份有限公司，2008。

张晋藩：《中国法律的传统与近代转型》（第二版），法律出版社，2005。

张晋藩：《中国法制史》，商务印书馆，2010。

张晋藩总主编《中国法制通史（第 7 卷·明）》，法律出版社，1999。

张仁善：《礼·法·社会——清代法律转型与社会变迁》，天津古籍出版社，2001。

张世明、步德茂、那鹤雅主编《世界学者论中国传统法律文化（1644 - 1911）》，法律出版社，2009。

张曙光：《美国对华战略思考与决策》，上海外语教育出版社，2003。

张天泽：《中葡早期通商史》，姚楠、钱江译，香港，中华书局，1988。

张廷茂：《明清时期澳门海上贸易史》，澳门，澳亚周刊出版有限公司，2004。

张廷茂：《晚清澳门番摊赌博专营研究》，暨南大学出版社，2011。

张维华：《明史欧洲四国传注释》，上海古籍出版社，1982。

张维华：《明清之际中西关系简史》，齐鲁书社，1987。

张中秋：《中西法律文化比较研究》，中国政法大学出版社，2006。

章文钦：《澳门历史文化》，中华书局，1999。

章文钦：《澳门与中华历史文化》，澳门基金会，1995。

赵秉志、高德志主编《澳门法律问题》，中国人民公安大学出版社，1997。

赵利峰:《尴尬图存:澳门博彩业的建立、兴起与发展（1847-1911）》,广东人民出版社,2010。

赵晓华:《晚清狱讼制度的社会考察》,中国人民大学出版社,2001。

赵占全主编《澳门市民的权利、自由及保障》,澳门,法律翻译办公室,1998。

郑妙冰:《澳门:殖民沧桑中的文化双面神》,中央文献出版社,2003。

郑永常:《海禁的转折:明初东亚沿海国际形势与郑和下西洋》,台北,稻乡出版社,2011。

郑言实编《澳门回归大事记:1972-1999》,澳门基金会,2000。

周景濂:《中葡外交史》,商务印书馆,1936。

周文彦等编《澳门老照片》,广州出版社,1998。

周一良主编《中外文化交流史》,河南人民出版社,1987。

朱杰勤:《中外关系史论文集》,河南人民出版社,1984。

朱静编译《洋教士看中国朝廷》,上海人民出版社,1995。

朱雍:《不愿打开的中国大门:18世纪的外交与中国命运》,江西人民出版社,1989。

朱勇:《清代宗族法研究》,湖南教育出版社,1987。

朱勇:《中国法律的艰辛历程》,黑龙江人民出版社,2002。

珠海市委宣传部等主编《韦卓民与中西方文化交流——"第二届珠澳文化论坛"论文集》,社会科学文献出版社,2011。

三 外文著述

Almerindo Lessa, *A História e os Homens da Primeira República Democrática do Oriente*, Macau, Imprensa Nacional, 1974.

António Vasconcelos de Saldanha, *A Memória Sobre o Estabelecimento dos Portugueses em Macau do Visconde de Santarém* (*1845*), Macau, Instituto Português do Oriente (IPOR), 1995.

António Vasconcelos de Saldanha (organização), *Colecção de Fontes Documentais para a História das Relações entre Portugal e a China*, Vol. II, Fundação Macau, Universidade de Macau, 1996.

A. V. de Saldanha (organização), *Colecção de Fontes Documentais para a História das Relações entre Portugal e a China*, Vol. III, Fundação Macau, Universidade de Macau, 1997.

Austin Coates, *A Macao Narrative*, Hong Kong, Oxford University Press, 1999.

Anders Ljungstedt, *An Historical Sketch of the Portuguese Settlements in China and of the Roman Catholic Church and Mission in China & Description of the City of Canton*, Viking, Hong Kong Publications, 1992.

C. R. Boxer, *Dares – e – Tomares nas Relações Luso – chinesas durante os Séculos XVII e XVIII através de Macau*, Macau, Imprensa Nacional, 1981.

C. R. Boxer, *The Great Ship from Amacon*, Instituto Cultural de Macau, Centro de Estudos Marítimos de Macau, 1988.

C. R. Boxer, *Estudos para a História de Macau*, Lisboa, Fundação Oriente, 1991.

Eudore de Colomban, *Resumo da História de Macau*, 3rd ed, Macau, Tipografia Mandarin, 1980.

Jordão A. de Freitas, *Macau: Materiais para a Sua História no Século XVI*, Macau, Instituto Cultural de Macau, 1988.

Jaime de Inso, *Macau, A Mais Antiga Colónia Europeia no Extremo Oriente*, Macau, 1930.

J. M. Braga, *The Western Pioneers and Their Discovery of Macau*, Macau, Imprensa Nacional, 1949.

Jorge Miranda, *Manual de Direito Constitucional*, Coimbra Editora, 1990.

Jorge Morbey, *Macau 1999——O Desafio da Transição*, Lisboa,

Edição do Autor, 1990.

Lourenço Maria de Conceição, *Macau entre Dois Tratados com a China*, Macau, Instituto Cultural de Macau, 1988.

Manuel Teixeira, *Macau no Séc. XVIII*, Macau, Imprensa Nacional, 1984.

Manuel Teixeira, *Primórdios de Macau*, Macau, Instituto Cultural de Macau, 1990.

Montalto de Jesus, *Historic Macao*, Hong Kong, Kelly & Walsh, 1902.

Maria Helena Garcia da Fonseca, *A Unidade Económica entre a Metropole e o Ultramar no Direito Português*, Lisboa, 1961.

Mário Soares, *Democratização e Descolonização: Dez Meses no Governo Provisório*, Lisboa, Publicações Dom Quixote, 1975.

Oliveira Salazar: *Discursos e Notas Políticas*, Vol. VI, Coimbra, Coimbra Editora, 1967.

Roderich Ptak, *Portugal in China*, Bad Boll, Klemmerberg Verlag, 1980.

Vitalino Canas, *Relações entre o Ordenamento Constitucional Português e o Ordenamento Jurídico do Território de Macau*, Lisboa, 1987.

John King Fairbank (with E. O. Reischauer), *East Asia: The Great Tradition*, HUP, 1960.

John King Fairbank (with E. O. ReischaueF and A. Craig), *East Asia: The Modern Transformation*, HUP, 1965.

John King Fairbank (with E. O. Reischauer and A. Craig), *East Asia: Tradition and Transformation*, HUP, 1973.

John King Fairbank (with Reischauer), *China: Tradition and Transformation*, Houghton Mifflin Company, Boston, 1978.

John King Fairbank (ed. and contrib.), *The Chinese World Order: Traditional China's Foreign Relations*, HUP, 1968.

John King Fairbank, *The Great Chinese Revolution*, *1800 – 1985*, Harper and Row, New York, 1986.

Jerome Alan Cohen, R. Randle Edwards, and Fu – mei Chang, *Essays on China's Legal Tradition*, Princeton, Princeton University Press, 1980.

John E. Wills, Jr., *Embassies and Illusions*, *Dutch and Portuguese Envoys to K'ang – hsi*, *1666 – 1687*, Harvard University Press, Cambridge and London, 1984.

仁井田陞：《中国法制史：法と慣習・法と道徳》，東京，東京大學出版會，1964。

松浦章：《中国の海賊》，東京，東方書店，1995。

松浦章：《清代海外貿易史の研究》，京都，朋友書店，2002。

松浦章：《近世東アジア海域の文化交涉》，京都，思文閣出版，2010。

中岛乐章：《明代乡村の纷争と秩序》，東京，汲古書院，2002。

四　外文译著

〔澳大利亚〕杰弗里·C. 冈恩：《澳门史：1557－1999》，秦传安译，中央编译出版社，2009。

〔德〕贡德·弗兰克：《白银资本：重视经济全球化中的东方》，刘北成译，中央编译出版社，2008。

〔法〕佩雷菲特：《停滞的帝国——两个世界的撞击》，王国卿等译，三联书店，1993。

〔法〕杜赫德编《耶稣会士中国书简集——中国回忆录》，郑德弟等译，大象出版社，2001。

〔法〕费尔南·布罗代尔：《15至18世纪的物质文明、经济和资本主义》第1卷，施康强译，三联书店，1992。

〔法〕费尔南·布罗代尔:《菲利普二世时代的地中海和地中海世界》第1-3卷,唐家龙、吴模信等译,商务印书馆,2009。

〔法〕高龙鞶:《江南传教史》第1册,周士良译,台北,辅仁大学出版社,2009。

〔法〕魁奈:《中华帝国的专制制度》,谈敏译,商务印书馆,1992。

〔法〕谢和耐、戴密微等:《明清间耶稣会士入华与中西汇通》,耿昇译,东方出版社,2011。

〔韩〕李宽淑:《中国基督教史略》,社会科学文献出版社,1998。

〔荷兰〕邦特库:《东印度航海记》,姚楠译,中华书局,1982。

〔美〕C. W. 克劳利编《新编剑桥世界近代史》,中国社会科学院世界历史研究所译,中国社会科学出版社,1992。

〔美〕D. 布迪、C. 莫里斯:《中华帝国的法律》,朱勇译,江苏人民出版社,1995。

〔美〕伯尔曼:《法律与革命——西方法律传统的形成》,贺卫方等译,中国大百科全书出版社,1993。

〔美〕伯尔曼:《法律与革命——新教改革对西方法律传统的影响》,袁瑜琤、苗文龙译,法律出版社,2008。

〔美〕伯尔曼:《信仰与秩序:法律与宗教的复合》,姚剑波译,中央编译出版社,2011。

〔美〕费正清、刘广京编《剑桥中国晚清史》,中国社会科学出版社,1993。

〔美〕亨特:《旧中国杂记》,沈正邦译,广东人民出版社,1992。

〔美〕黄仁宇:《十六世纪明代中国之财政与税收》,三联书店,2001。

〔美〕黄仁宇:《万历十五年》,三联书店,1997。

〔美〕黄仁宇:《中国大历史》,三联书店,1997。

〔美〕黄宗智、尤陈俊编《从诉讼档案出发:中国的法律、社会与文化》,法律出版社,2009。

〔美〕黄宗智：《法典、习俗与司法实践：清代与民国的比较》，上海书店，2003。

〔美〕黄宗智：《过去和现在：中国民事法律实践的探索》，法律出版社，2009。

〔美〕黄宗智：《经验与理论：中国社会、经济与法律的实践历史研究》，中国人民大学出版社，2008。

〔美〕黄宗智：《清代的法律、社会与文化：民法的表达与实践》，上海书店，2001。

〔美〕惠顿：《万国公法》，丁韪良译，何勤华点校，中国政法大学出版社，2003。

〔美〕吉尔伯特. 罗兹曼等编《中国的现代化》，课题组译，江苏人民出版社，1995。

〔美〕杰里·本特利、赫伯特·齐格勒：《新全球史：文明的传承与交流》，魏凤莲译，北京大学出版社，2007。

〔美〕柯娇燕：《什么是全球史》，刘文明译，北京大学出版社，2009。

〔美〕柯尼格：《社会学：社会之科学导论》，朱岑楼译，香港，协志出版社，1962。

〔美〕劳伦. 本顿：《法律与殖民文化——世界历史的法律体系（1400－1900）》，吕亚萍、周威译，清华大学出版社，2005。

〔美〕梁伯华：《近代中国外交的巨变——外交制度与中外关系变化的研究》，香港，商务印书馆，1990。

〔美〕梁伯华：《近代中国在世界的崛起——文化、外交与历史的新探索》，武汉大学出版社，2006。

〔美〕罗兹·墨菲：《亚洲史》（上、下），海南出版社，2004。

〔美〕马士、宓亨利：《远东国际关系史》，姚曾廙等译，上海书店，1998。

〔美〕马士：《东印度公司对华贸易编年史》，区宗华译，中山大学出版社，1991。

〔美〕马士：《中华帝国对外关系史》，张汇文等译，上海书店出版社，2000。

〔美〕孟德卫：《1500－1800：中西方的伟大相遇》，江文君等译，新星出版社，2007。

〔美〕孟德卫：《奇异的国度：耶稣会适应政策及汉学的起源》，陈怡译，大象出版社，2010。

〔美〕牟复礼、〔英〕崔瑞德编《剑桥中国明代史：1368－1644 年》上卷，张书生等译，中国社会科学出版社，1992。

〔美〕史景迁：《利玛窦的记忆之宫：当西方遇到东方》，陈恒、梅义征译，上海远东出版社，2005。

〔美〕斯塔夫里阿诺斯：《全球通史：从史前史到 21 世纪（第七版）》（下），吴象婴等译，北京大学出版社，2006。

〔美〕沃勒斯坦：《现代世界体系》第 1 卷，罗荣渠等译，高等教育出版社，1998。

〔美〕鄢华阳等：《中国天主教历史译文集》，顾卫民译，台北，宇宙光全人关怀机构，2006。

〔美〕约翰·R. 麦克尼尔、威廉·H. 麦克尼尔：《人类之网——鸟瞰世界历史》，王晋新等译，北京大学出版社，2011。

〔葡〕Mário Júlio de Almeida Costa：《葡萄牙法律史》，唐晓晴译，澳门大学法学院，2004。

〔葡〕戴维.亚诺尔德：《大发现时代》，范维信译，澳门，东方文萃，1994。

〔葡〕费尔南·门德斯·平托等：《葡萄牙人在华见闻录——十六世纪手稿》，王锁英译，澳门文化司署等，1998。

〔葡〕卡蒙斯：《卢济塔尼亚人之歌》，张维民译，中国文联出版公司，1998。

〔葡〕廉辉南：《澳门：她的两个过渡》，曾永秀译，澳门基金会，1999。

〔葡〕罗理路：《澳门寻根（文献汇编）：导言、解读与注释》，陈用仪译，澳门海事博物馆，1997。

〔葡〕罗理路编《16和17世纪伊比利亚文学视野里的中国景观》，大象出版社，2003。

〔葡〕洛理路：《澳门历史指南（1500－1900）》，陈用仪译，澳门，纪念葡萄牙发现事业澳门地区委员会，1999。

〔葡〕马丁斯：《葡萄牙的机构及实事》，黄徽现译，中国文联出版公司，1995。

〔葡〕马尔格斯：《葡萄牙历史》，李均报译，中国文联出版公司，1995。

〔葡〕马里奥·苏亚雷斯：《轭下的葡萄牙》，李小冰等译，中国文联出版公司，1992。

〔葡〕马楂度：《勘界大臣马楂度：葡中香港澳门勘界谈判日记（1909－1910）》，舒建平等译，澳门基金会，1999。

〔葡〕莫嘉度：《从广州透视战争：葡萄牙驻广州总领事莫嘉度关于中日战争的报告》，舒建平等译，上海社会科学院出版社，2000。

〔葡〕潘日明：《殊途同归——澳门的文化交融》，苏勤译，澳门文化司署，1992。

〔葡〕萨安东：《葡萄牙在华外交政策：1841－1854》，金国平译，澳门，葡中关系研究中心、澳门基金会，1997。

〔葡〕萨拉依瓦：《葡萄牙简史》，李均极、王全礼译，中国展望出版社，1988。

〔葡〕施白蒂：《澳门编年史：二十世纪（1900－1949）》，金国平译，澳门基金会，1999。

〔葡〕施白蒂：《澳门编年史：二十世纪（1950－1988）》，思磊译，澳门基金会，1999。

〔葡〕施白蒂：《澳门编年史（十九世纪）》，姚京明译，澳门基金会，1998。

〔葡〕施白蒂：《澳门编年史》，小雨译，澳门基金会，1995。

〔葡〕萧伟华：《澳门宪法历史研究资料（1820-1974）》，沈振耀、黄显辉译，澳门，法律翻译办公室、澳门法律公共行政翻译学会，1997。

〔葡〕徐萨斯：《历史上的澳门》，黄鸿钊、李保平译，澳门基金会，2000。

〔葡〕叶士朋：《澳门法制史概论》，周艳平、张永春译，澳门基金会，1996。

〔葡〕叶士朋：《欧洲法学史导论》，吕平义、苏健译，中国政法大学出版社，1998。

〔葡〕曾德昭：《大中国志》，何高济译，上海古籍出版社，1998。

〔日〕滨下武志：《近代中国的国际契机——朝贡贸易体系与近代亚洲经济圈》，朱荫贵等译，中国社会科学出版社，2004。

〔日〕松浦章：《东亚海域与台湾的海盗》，卞凤奎译，台北，博扬文化事业有限公司，2008。

〔日〕松浦章：《明清时代东亚海域的文化交流》，郑洁西等译，江苏人民出版社，2009。

〔日〕滋贺秀三等：《明清时期的民事审判与民间契约》，王亚新等译，法律出版社，1998。

〔瑞典〕龙思泰：《早期澳门史》，吴义雄等译，东方出版社，1997。

〔意大利〕菲利浦·米尼尼：《利玛窦——凤凰阁》，王苏娜译，大象出版社，2012。

〔印度〕桑贾伊·苏拉马尼亚姆：《葡萄牙帝国在亚洲：1500-1700政治和经济史》，何吉贤译，澳门，纪念葡萄牙发现事业澳门地区委员会，1997。

〔英〕S. 斯普林克尔：《清代法制导论——从社会学角度加以

分析》，张守东译，中国政法大学出版社，2000。

〔英〕阿诺德·汤因比：《历史研究》，刘北成、郭小凌译，上海人民出版社，2005。

〔英〕艾兹赫德：《世界历史中的中国》，姜智芹译，上海人民出版社，2009。

〔英〕博克塞编著《十六世纪中国南部纪行》，何高济译，中华书局，1990。

〔英〕崔瑞德、〔美〕牟复礼编《剑桥中国明代史：1368—1644年》下卷，杨品泉等译，中国社会科学出版社，2006。

〔英〕赫德：《这些从秦国来——中国问题论集》，叶凤美译，天津古籍出版社，2005。

〔英〕赫德逊：《欧洲与中国》，王遵仲译，中华书局，1995。

〔英〕罗伯特·莱顿：《他者的眼光——人类学理论导论》，罗攀、苏敏译，华夏出版社，2005。

〔英〕马丁·雅克：《当中国统治世界：中国的崛起和西方世界的衰落》，张莉、刘曲译，中信出版社，2010。

〔英〕马戛尔尼：《1793年乾隆英使觐见记》，刘半农译，天津人民出版社，2006。

〔英〕施美夫：《五口通商城市游记》，北京图书馆出版社，2007。

〔英〕斯当东：《英使谒见乾隆纪实》，叶笃义译，香港，三联书店，1994。

〔英〕詹姆士·奥朗奇编著《中国通商史——17-19世纪西方人眼中的中国》，何高济译，北京理工大学出版社，2008。

后　记

　　这部书稿是澳门基金会资助项目"全球化进程中的澳门法"的结题报告，被纳入钱乘旦教授总主持的"全球史与澳门"丛书系列出版。如同此前我已出版的几部著述，它同样是赶鸭子上架的产物，仓促有加，缺憾必多，不免心生惶恐。

　　之所以惶恐，首先是因为自己并非治史出身，对全球史观的认识既失之肤浅，将其运用于澳门法制史研究亦因之浮草。这部书稿的许多章节曾以更粗糙的面貌发表过，在重新编订和几乎重写期间虽试图贯之以全球史观，但毕竟不是对此方法论的系统运用，故而只能以"全球史观下"勉强涵摄诸篇。其次，我近年专治澳门法制史的体会之一，是愈研究愈发现还有更多的领域未被触及而亟待拓展。而我恰是一个不太安分的好奇者，在时间和精力皆不足济的情况下，好奇心带来的后果便是许多问题都像猴子掰玉米，捡一个丢一个，糟蹋甚多，所获甚少。再者，随着"澳门学"的日趋发展，澳门法制史领域终于告别近乎蛮荒的状态，陆续涌现的相关成果使我更有信心坚持开垦，但也在某种程度上带给我无形的压力。这种压力往积极一面看，是促使我比以往更关注此一领域及相关领域的研究进展，汲取这些成果有助于深化自己的研究；往消极一面看，则使自己经常陷于急迫和浮躁的心境之中。正因如此，这部作品远未达到自己预期的目标，只能视为一种"在路上"的探索。

　　尽管如此，我还是期望这样的探索能获得人们的关注，哪怕

后　记

这种关注是以批判或责难的方式做出，也胜于就此在汗牛充栋的出版物中销声匿迹。无论如何，方兴未艾的全球史观已向世人展示其独特的学术魅力，澳门法制史要想摆脱既往的研究框架，在殖民主义与民族主义的对垒之外另寻出路，是完全有必要借此新兴的方法论进行思考的。这样的思考不管来自大宗师，还是来自小字辈，它们在性质上是平等的，不因身份、地位或其他影响因子而判然有别，亦不因话语权的持掌状况而被给予差别待遇。职是之故，钱乘旦教授热诚勉励我展开探索，并将拙稿纳入这套作者阵容相当可观的丛书，的确是对我这类小字辈的抬举；从另一角度看，也可视为他一贯秉持的全球史观在待人处事方面的德性浸染。这是我必须预先致以谢忱的一位师长，无论治学还是为人都堪为我辈景仰的楷模。

一如既往，后记也是表达个人感恩的场所。谨在此先向以下师长致以诚挚的谢忱：感谢我的硕士导师胡旭晟教授和博士导师黎晓平教授，是他们的引领使我找到了志趣与职业的结合点；感谢澳门科技大学校长许敖敖教授，是他的提携使我免却了为五斗米奔波的后顾之忧；感谢澳门科技大学常务副校长张曙光教授，他对国际关系史的精湛研究启发了我未完待续的研究项目；感谢澳门基金会主席吴志良博士，是他的关照使我在此领域摆脱懵懂状态而渐入治学之乐境；感谢澳门理工学院杨允中教授，是他的勉励使我提前出版过两部作品并得以忝列于澳门学界。

不仅如此，这几年辗转各地结识不少学界贤达，使我深谙"与君一席谈，胜读十年书"的三昧。基于此，我应特别感谢日本关西大学松浦章教授，有幸结下的师生缘分使我踏入又一片生机勃勃的领域；感谢葡萄牙中国学院金国平研究员，他的译介使我大大拓展了研究的视野并激发我持续的兴趣；感谢美国康奈尔大学于兴中教授，他对文明秩序的智性探索是我汲取最多的养分之一，其价值将在我今后的研究中获得呈现；感谢美国俄亥俄大学李捷理教授，他关于社会冲突的新锐见解使我看到社会学视角探究澳门法文化的新景观；感谢美国西东大学梁伯华教授，他对近代中国外交史的深入研究使我意识到近代澳门法必须置于外交巨变下的历史语境；感谢美国洛杉矶加州大学黄宗智教授，他从诉讼档案出发的实证路径极大地启发我今后要展开的明清澳门华洋诉讼档案研究；感谢英国杜伦大学博士、牛津大学圣安东尼学院资深研究员张嘉中教授，他对近代国际政治的透辟分析使我探询中葡关系时避免见木不见林；感谢台湾政治大学陈惠馨教授，她关于清代法制的诸多研究尤其在方法论上给予我很大的影响；感谢澳门大学魏楚雄教授，他对东方外交史的深入探索使我进一步意识到澳门法制史的时空背景不容小觑；感谢澳门大学汤开建教授，他以极见功力的考证成果为我（以及如我辈者）筑就了最具质感的学术基石；感谢中国政法大学张晋藩教授，他对这一领域研究给予的肯定和勉励使我更有信心坚持探索；感谢中国政法大学朱勇教授，他盛情邀请我加盟他主持的项目，使我有机会认真回顾和检点自己关于早期澳门法制史的若干缺憾；感谢北京大学张千帆教授，我此前的一部著作承蒙他的关照才有顺利出笼之日；感谢北京大学贺卫方教授，他对司法制度与理念的研究使我多年来一直从中受益；感谢中国人民大学马小红教授，她为我提供了又一个可在京城学界广结良师益友的发展平台。

此外，我还想借此机会感谢往来较多的同道朋友，交流互动的过程既是愉悦的也是充实的，鉴于名单难免挂一漏万，这里不再逐细枚举。最后但并非最不重要的是，端赖我身边的亲人们长期做出的无私奉献，我才有福祉于治学之外陪伴活泼闹腾的儿子奔奔，分享他咿呀学语时代最纯真、最澄澈、最甘醇的快乐。

行文至此，快到凌晨。这部书稿几乎都是在夜深人静时零敲碎打而成，字里行间是一个有心治学且乐此不疲的小字辈对于全球史观下的澳门法制史研究的点滴心得，它们也许粗疏，也许浅陋，也许甚至是偏见或谬识，因此，我诚挚地祈请学界师长和朋友们多多指教，以便在未来对此及后续研究进行调整或修正。

不经意间一抬头，窗外深沉至极的夜色反而透出了些微的曙光，让我再次想起了鲁迅当年之所言："世上本没有路，走的人多了，也便成了路。"诚哉斯言，与君共勉。

2012 年圣诞之夜定稿于澳门

图书在版编目（CIP）数据

治理与秩序：全球化进程中的澳门法：1553~1999 / 何志辉著. -- 北京：社会科学文献出版社，2013.3（2017.11 重印）
（澳门研究丛书·"全球史与澳门"系列）
ISBN 978-7-5097-4328-7

Ⅰ.①治… Ⅱ.①何… Ⅲ.①法制史-澳门市-1553~1999 Ⅳ.①D927.659

中国版本图书馆 CIP 数据核字（2013）第 035578 号

澳门研究丛书·"全球史与澳门"系列
治理与秩序：全球化进程中的澳门法（1553-1999）

著　　者 / 何志辉

出 版 人 / 谢寿光
项目统筹 / 徐思彦
责任编辑 / 赵　薇

出　　版 / 社会科学文献出版社·近代史编辑室（010）59367256
　　　　　 地址：北京市北三环中路甲29号院华龙大厦　邮编：100029
　　　　　 网址：www.ssap.com.cn
发　　行 / 市场营销中心（010）59367081　59367018
印　　装 / 北京京华虎彩印刷有限公司
规　　格 / 开　本：787mm×1092mm　1/20
　　　　　 印　张：16.6　字　数：270千字
版　　次 / 2013年3月第1版　2017年11月第3次印刷
书　　号 / ISBN 978-7-5097-4328-7
定　　价 / 49.00元

本书如有印装质量问题，请与读者服务中心（010-59367028）联系

▲ 版权所有 翻印必究